나의 삶, 나의 통영

-천명주, 김세윤, 박형균 3인의 삶과 통영-

이 연구는 2024년 교육부 재원으로 국립대학 육성사업 지원을 받아 수행되었음.
This work was supported by of the National University Promotion Project, 2024.

경상국립대학교 인문대학 경남학 교양총서 11

나의 삶, 나의 통영

-천명주, 김세윤, 박형균 3인의 삶과 통영-

김상현 지음

훈자향

김상현

한산신문 해양수산부, 정치부 기자
통영인뉴스 대표기자
국사편찬위원회 통영지역사료조사위원

〈통영 섬 부엌 단디 탐사기〉
〈통영 섬 어무이들의 밥벌이 채록기〉
〈통영의 무형문화유산〉(공저)

경상국립대학교 인문대학 경남학 교양총서 11

나의 삶, 나의 통영_천명주, 김세윤, 박형균 3인의 삶과 통영

발행 2025년 2월 13일 초판1쇄

지은이 김상현
펴낸이 조윤숙
펴낸곳 문자향

신고번호 제300-2001-48호
주소 서울 양천구 목동서로 186 성우네트빌 201호
전화 02-303-3491
팩스 02-303-3492
이메일 munjahyang@kakao.com

값 17,000원
ISBN 978-89-90535-64-1 03990

저자의 말

흔히 '어른이 없는 시대'라고 말한다. 국어사전에서 어른을 '한집안이나 마을 따위의 집단에서 나이가 많고 경륜이 많아 존경을 받는 사람'이라고 풀이한다.

이 책 〈나의 삶, 나의 통영 -천명주, 김세윤, 박형균 3인의 삶과 통영〉은 통영을 대표하는 3인의 어른에 대한 이야기다. 1928년생인 천명주 전 기선권현망수협 조합장, 1933년생인 김세윤 전 통영문화원장, 1938년생인 박형균 전 통영사연구회장, 이렇게 3인이다.

천명주 전 조합장은 6·25때 경찰로 참전했다. 1956년 잠수기어선 '복천호'를 시작으로 1959년 기선권현망어선 '홍은호'를 경영하는 등 수산업의 길로 들어섰다.

1972년부터 1993년까지 총 5번(6, 9, 10, 11, 12대), 18년 동안 멸치잡이 권현망수협 조합장을 역임했다. 통영문화재단 이사장, 통영시정자문위원도 맡았다. 구 통영극장, 구 경남여객차부, 구 통영소방서를 구입할 정도로 통영에서 현금 보유액이 가장 많았던 인물로 손꼽힌다.

김세윤 전 통영문화원장은 6·25때 해군에 자원입대, 해군헌병대, 61함 승선 등 군 생활을 경험했다. 1950년대 중반 두룡국민학교와 충렬국민학교 축구부 코치로 사회생활을 시작했다.

통영체육회 사무국장과 상임부회장을 맡아 시민대운동회를 개최했고, 통영관광협회장으로서 고성 상족암, 거제 해금강 해상관광 루트를 개발했다. 통영 사람들에게는 '남망산장지기'로 익숙하다. 시민들과 함께 '1,000회 산행'이라는 대기록을 세웠으며, 통영문화원장을 역임했다.

박형균 전 통영사연구회장은 소설 〈김약국의 딸〉에 모티브가 된, 통영 3대 부자인 명정동 '하동집의 아들'이다. 백석이 사모했다는 '란'이 친 고모이기도 하다.

1990년대 충무시의원으로 활동하면서 '지방화시대를 맞아 지방사가 중요하다'는 인식을 갖고 통영사연구회를 설립했다. 이순신 장군과 관련된 〈조선해전〉과 〈조선 이순신전〉을 번역 발간했으며, 일제강점기 통영 자료인 1915년 〈경남 통영군 안내〉, 1932년 〈통영안내〉를 펴냈다.

이 책은 3인의 일생에 대한 이야기다. 이들의 삶은 한 사람, 한 사람 개인의 삶인 동시에 통영이란 도시와 사람들이 겪어온 이야기이기도 하다. 비단 통영이란 남쪽 작은 도시의 이야기일까? 이들의 삶을 관통한 일제강점기, 1945년 광복, 1950년 6·25, 그리고 개발의 시대는 경남 사람들의 삶과 맞닿는다.

한 사례로 6·25 당시 상황을 들어본다. 천명주 조합장은 남해경찰서에서 복무하면서 하동에서 북한군의 탱크에 밀려, 노량으로 후퇴한다. 노량바다를 사이에 두고 북한군과 총격전을 벌인다. 후퇴에 후퇴를 거듭 미조항에서 잠수기어선을 징발해 도착한 곳이 통영 소매물도였다.

김세윤 문화원장은 해군에 자원입대, '빳다'가 난무하던 신병훈련을 거친다. 부산 중앙부두에 배치됐을 때는 영화 〈국제시장〉에서나 볼 법한 노무자들의 생활을 증언한다. 61함 함정을 타고 북한 나진 앞바다에서 작전을 펼치기도 했다. 포탄이 함정 앞, 뒤로 떨어졌다.

박형균 회장은 자신이 살고 있던 '하동집'에 통영상륙작전(1950년 8월 17~19일)을 성공한 해병대가 주둔했다. 충렬국민학교에 있던 야전병원이며, 나라를 위해 목숨 바쳤으나 국가의 보훈이 부족하자 행패를 부린 상이군인들이 처했던 비참한 현실을 전한다.

3인 모두 6·25 당시 민간인 학살을 생생하게 증언하며 "다시는 전쟁이라는 비극이 일어나서는 안 된다"고 입을 모았다. 천명주 조합장은 "내가 죽으면 집안의 대가 끊긴다"는 진주 3대 독자의 부탁에 징발한 버스에서 자리를 바꾸었는데, 3대 독자는 죽고 자신은 살아난 삶과 죽음의 갈림길을 겪었다. 김세윤 문화원장은 아버지와 고성으로 피난 가는 길에 '무지기 보도연맹 총살' 직후 참상을, 명정동 '절골 민간인 총살' 현장을 지켜봤다. 박형균 회장은 해병대 상륙작전 직후 부역자들을 시가지에서 조리돌림한 후 산에서 사형시키는 장면을 목도했다.

해상과 육상 교통 상황도 알 수 있다. 천명주 조합장은 일제강점기 6시간이 걸리던 부산과 통영의 뱃길이 낮에는 독일제 엔진을 단 태안환, 태평환이 운항하고 밤에는 작은배 장구환이 항해해 3시간으로 단축됐다가 광복 후에는 미군 소해정을 개조한 한양호, 금양호가 다녔다고 설명했다. 박형균 회장은 6·25때 12시 낮배인 창경호로 부산에 피난갔다가 돌아올 때는 통영과 부산 자갈치를 오가던 해병대 운반선(일명 고도리)를 타고 돌아왔다. 김세윤 문화원장은 1950년대 중반 복운회사에서 근무, 당시 통영의 3대 해운사와 섬을 오간 여객선들을 상세하게 설명했다. 당시 충무김밥 아지매들의 활동도 흥미롭다. 무엇보다 1970년 개통한 경부고속도로와 연계해 통영과 거제(해금강), 고성(상족암)을 연결하는 해상관광 시대를 열었다.

일제강점기, 광복, 그리고 6·25라는 격동기 교육 사정도 알 수 있다. 천명주 조합장은 통영제일공립보통학교(현 통영초등학교)를 다녔다. 국가유산(국보)인 '통영 세병관'이 학교 교실이었다. 김세윤 문화원장이 다닌 두룡국민학교는 호주선교사가 일제에 의해 스파이 혐의를 받아 떠난 '간창골 장로교회' 건물이었다. 박형균 회장이 다닌 충렬국민학교는 6·25 당시 국군 부상병을 치료하는 야전병원으로 쓰였다.

문화예술의 경우 작곡가 윤이상이 등장한다. '세계적인 작곡가'라는 칭송과 '빨갱이'라는 굴레 속에서 이들은 어떤 인연으로 연결돼 있을까? 박형균 회장의 당숙인 박기영은 윤이상, 최상한, 탁혁수와 함께 '통영현악4중주단'을 결성했다. 천명주 조합장은 통영문화재단 이사장을 맡아

사상적으로는 '빨갱이'라고 생각하지만, 개인적 인연으로는 '화양강습소 선생님'이었던 윤이상을 위해 '윤이상 가곡의 밤'과 '통영현대음악제'를 주최했다.

천명주 조합장은 통영(충무)시정자문위원을 맡았다. 통영시민문화회관이 남망산 중턱에 세워진 이유, 통영시청이 지금도 버스 노선도 제대로 없는 산 중턱에 위치한 이유가 '시민들을 생각하지 않은 위정자들의 문제'라고 지적한다. 위정자가 꼭 새겨들어야 할 조언이다.

3인을 인터뷰하기 전에는 몰랐다. '통영의 어른'이라는 이들에게도 시련과 고난이 있었음을. 권현망업계의 대부인 천명주 조합장은 30대에 멸치 권현망어선을 구입해서 일약 선주가 됐다. 하지만 몇 년째 실적이 저조해 아내의 결혼반지를 팔아야 할 지경에 이르렀다. 스스로 '아, 권현망은 내 운명이 아닌가!'하고 절망했었다. 김세윤 원장은 20대 초반, 군 제대 직후 집안 형편이 어려워지면서 대학 진학을 포기해야 했다. 박형균 회장은 토지개혁으로 하동집 일가가 소유한 사천비행장 부지를 포함한 통영과 거제, 고성 일대의 토지를 정부에 내놓아야 했다.

인연因緣도 있었다. 천명주 조합장에게는 '냇가에 논 사지 말고 젊은 사람한테 돈 빌려주라'는 명언과 함께 돈 한푼 없는 젊은이에게 첫 어선 '복천호'를 구입할 돈을 빌려준 강대한씨가 있었다. 김세윤 원장에게는 스스로 '나는 박종옥씨의 가방 모찌였다'고 말한 만큼, 어렵거나 힘들 때마다 상의할 박종옥씨가 있었다. 그리고 박형균 회장에게는 '평생의 벗' 정갑섭 통영향토사학자가 있었다. 이처럼 한 사람의 일생은 혼자가 아니라 인연과의 만남이기도 하다.

3인의 일생을 '있는 그대로 보여 주고 싶어' 인터뷰 양식을 취했다. 〈통영인뉴스〉를 통해 천명주 조합장은 2013년 4월부터 9월까지 6개월 동안 만났고, 김세윤 문화원장은 2015년 2월부터 7월까지 6개월, 그리고 박형균 회장은 2019년 2월부터 5월까지 4개월 동안 직접 묻고 들었다.

그래서, 책에 등장하는 인물이나 건물, 상호는 해당 인물을 인터뷰한 시점을 기준으로 한다.

한 사람의 인생에 공功과 과過가 있을 것이다. 이들의 인생 여정을 조명해 봄으로써, 통영, 나아가 경남의 과거, 현재, 미래에 대한 나침반으로 삼고자 한다.

<경남학 교양총서>를 발간할 기회를 주신 경상국립대학교 인문대학 김정필 학장과 김세호 부학장에게 감사의 말씀을 드린다. 김세윤 전 통영문화원장과의 인터뷰에서 사진을 찍어주고 출판을 허락해 주신 김상환 전 교수, 6·25 당시 해군 61함 사진과 육군 병원 등 관련 자료를 제공해 주신 전갑생 성공회대학교 동아시아연구소 연구교수에게도 감사드린다.

독자들의 가독성을 높일 수 있는 편집을 해주신 도서출판 문자향(대표 조윤숙)에게도 감사드린다. 거친 글을 다듬어 매끄러운 글이 될 수 있도록 여러 차례 교정을 해준 교정가이자 첫 번째 독자인 막내딸 선나에게 고마움을 전한다.

2025년 1월
김상현

차례

2. 김세윤 _89

3. 박형균 __175

1. 천명주

1. 86년 파란만장한 삶을 회고하다.

할아버지대는 연대도에서, 아버지대에 달아로 이주
겨울이면 연 날리고, 여름이면 갯가에서 수영하고
갈마(끝) 사람들, 간첩침투 사건으로 소개를 당했지
7살에 처음 본 통영, 항남동을 가득 채운 왜식 건물들

1928년 태어나, 86년 파란만장한 삶을 이야기하는 천명주 전 기선권현망수협 조합장

　　일제강점기인 1928년 산양읍 달아마을에서 태어난 천명주 전 기선권현망수협 조합장은 화양학원(화양강습소), 통영제일공립보통학교(통영초교)를 재학했고, 6·25 당시 경찰로 참전했을 뿐만 아니라 부산의 경남도경에서 근무하기도 한 근대사의 증인이다. 또한 1956년 잠수기어선 '복천호'를 시작으로, 59년 기선권현망어선 '홍은호' 어업을 경영하는 등 수산업의 길로 들어섰다.

　　1972년 제6대 기선권현망수협 조합장으로 선출된 후 93년 3월 29일까지 제9대, 10대, 11대, 12대 조합장(18년)을 맡은 멸치 권현망업계의 대표다. 또한 구 통영극장(현 국민은행 중앙지점), 구 경남여객 차부(성광호텔), 구 통영소방서(시선집중)를 소유하거나 구입할 정도로 통영에서 현금 보유액이 가장 많았던 인물로 손꼽힌다. 팔각회 총재, 통영문화재단 이사장 등 통영의 사회, 문화활동에도 큰 영향을 미쳤다.

　　한 사람의 인생에는 공과 과가 있을 것이다. 천명주 전 조합장의 80여 년 인생이 통영의 근현대사와 맞닿아 있는 만큼 그의 인생 여정을 조명해 봄으로써 통영의 과거, 현재, 미래에 대한 나침반이 될 것으로 기대한다.

○ <나의 삶, 나의 통영> 연재를 허락해주셔서 감사합니다. 언제, 어디에서 태어났습니까?

그러니까 내가 소화昭和 3년 1928년생이야. 이제 90년이 다 되어가네. 우리가 무진생戊辰生인데, 당시는 다들 소화 3년이라고 했지. 우리보다 앞세대 앞 어른들은 무슨 생, 무슨 생이라고 했고, 뒤에는 단기檀紀를 쓰기도 했고, 요즘에야 1928년생이라고 하지. 원적지가 당시 주소로는 통영군 산양면 미남리 773번지야. 우리집이 달아에서 제일 북쪽 위쪽에 있었어. 마을에서 조금 떨어져서 두 집이 있었는데, 옆집이 바로 이일규 전 대법원장 집이야.

할아버지는 치자 준자(천치준)를 쓰시는데, 할아버지는 연대도에 사셨어. 그래서 인동 장씨 할머니 묘는 지금도 연대도에 있어. 원래 우리 선조는 오늘날 경기도 고양에서 사셨다는데, 왜 멀고도 먼 섬 연대도에 정착을 하셨는지 지금도 의문이야.

사람이 세상을 사는 게, 다 인연인가봐. 나중에 이야기 하겠지만, 내 어업 인생에서 연대도가 중요한 비중을 차지하거든. 그 인연은 차차 풀어보자고.

부모님 함자는 아버님이 원자, 조자(천원조)를 쓰셔. 호는 정학을 쓰셨어. 당시 어른들은 이름을 부르지 않잖아. 젊고 늙고 간에 나이가 한 40세를 넘으면 호를 맹글어. 젊어서는 이름을 부르지만 나이가 들면 호로 불러. 아버지가 살아계셨으면 한 120세 정도 될 거야. 아버지는 농사도 짓고, 남의 어장일도 하시고, 일본인 회사에서 일도 하셨어. 그래도 식구가 많다보니까 참 가난했어.

어머니는 박남악이야. 여자 이름에 왜 '악'이 들어갔나 몰라. 아마 '애기'라는 뜻일 텐데, 이름이 좀 그래. 달아 사람들은 발음이 안 되니, '나무(남우)'라고들 불렀어.

아버지 대에 연대도에서 달아로 살림을 옮겨서 나와.

어린 시절을 보낸 산양읍 달아마을

(남)동생이 천기주 31년생이고, 천영주가 34년생이야. 기주, 영주는 통영 사람들이 많이 알지. 여동생으로 영순이, 명순이가 있어. 여동생들은 나이 차이가 많이 나. 옛날 사람들은 아이가 안 되다가 뒤늦게 되는 수가 있잖아. 여동생들은 70세가 막 넘었어.

○ 어릴 때 일상은 어떠했습니까? 기억에 남는 일이 있었나요?

아침에 일어나면 갯가로 나갔지. 나도 남들하고 다를 바가 없었지. 천둥벌거숭이였지. 사타구니에 뭘 좀 가리는 것 빼고는 하루 종일 벌거숭이째로 달아선창 앞 바닷가에서 놀았지. 그런데 재미난 것은 외조부 집이 달아선창하고 우리집 사이에 있어. 그래서 꼭 외갓집을 들려서 갯가로 나갔어. 외조부는 참 재미난 분이셨어. 옛날 도깨비 이야기, 바닷일 이야기, 선비 이야기 같은 걸 막힘 없이 술술 풀어내셨지. 그리고 없는 살림이라도 외손주한테 꼭 뭘 챙겨 주시려고 하셨어. 그래서 갯가에 나갈 때는 외갓집을 꼭 들려서 갔지.

겨울에는 연 띄우는 게 일이지. 우리집이 지대가 높으니까, 그냥 마당에서 띄워도 잘 올라가. 바람이 잘 닿아서 연이 참 잘 올라가. 그래도 달

7살, 어머니를 따라 처음 통영 시내로 가던 길(박경리기념관 앞에서 본 미륵산)

아 마당에서 띄우면 친구들하고 같이 노니까 재미가 있지. 지금도 연 만들라고 하면 잘 맹글 자신이 있어.

부모님이 용돈은 잘 안 주셨는데, 우리집에 어디서 났는지 참종이는 많더라고. 그걸 훔치서 맨날 연을 만들어. 강약국 집 뒤에 대밭이 있어서 대는 자연스럽게 공급이 됐어.

그때도 백사를 믹있어. 유리병이 그때도 많이 있었어. 맥주병도 있고, 사이다병도 있었어. 요새 생각해 보면 맥주병이 백사가 잘 묵더라고. 그때는 민어부레도 제법 많았어. 민어부레 고아고, 애(아)교 고아고. 부모님이 혼을 내니깐 집에서 안 하고 보리 짚단을 쌓아놓은 곳 같은 데서 숨어서 백사를 믹이는 기라.

나중에 이야기 하겠지만 새바지(봉전) 화양학원(화양강습소)이 원래 달아에 있었다꼬. 내가 어릴 때 태풍이 얼마나 불어닥쳤는지, 학교가 그냥 홀랑 날아가 버려. 그래서 학교를 새바지로 옮기는 기라. 그래서 1학년때부터 나는 새바지로 걸어서 화양학원을 다녔지.

○ 연명이나 척포에 아이들끼리 싸움놀이 원정은 안 다녔습니까?

그 때 생각해 보면 열망(연명)이나 달애(달아) 사람들이 서로 교류를 잘 안 해. 척포 쪽하고도 마찬가지고. 아마 언덕이 높게 있으니까 서로 큰 일이나 제사 갈 일 없으면 왕래를 안 했던 것 같아.

반면에 갈마라꼬. 지금 수산과학관 너머에 작은 마을이 있었는데, 그게 행정구역이 달아부락 소속이었거든. 한 다섯 가구가 살았다고. 그래서 갈마 사람들이 일을 볼려면 꼭 달아로 나왔어. 김장수라꼬 우리하고 같이 학교 다닌 친구가 살았고. 김종권이라꼬 맨날 낚시만 하는 사람도 있었어.

지금은 수산과학관 밑에 해안도로가 나서 척포까지 가지. 그때는 갈마 끝에 갈라쿠면 수산과학관 있는 데로 넘어서 갔다꼬. 언제든가, 간첩 침투 사건이 발생하는 바람에 마을 사람들이 전부 소개됐지.

○ 통영 시내 구경은 언제가 처음이었습니까?

우 리 어머니가 장날이 되모 통영 시장을 나가는 기라. 달아에서 김이 났거든. 김 하고 개발한 거 하고, 통영 시내에 가서 팔고 생필품을 사 가지고 오잖아. 한달에 한, 두 번은 장에 가시는 기라.

어린 마음에도 얼매나 따라 가고 싶던지, "어매, 한번만 날 델꼬 가주오" 하고 노랠 불렀지. 그래 하루는 어머니가 다짐을 받는기라. "니는 어리서 안 된다. 따라오다 못 오모 내삐고 갈끼다. 그래도 갈래?" 카는 기라.

새바지를 넘어서, 요새 박경리기념관 있는 그 욱(위)에 산으로 해서, 용화사 뒷편으로 고개를 넘어가는 기라. 척포, 달아, 열망개 사람들이 통영 가는 대로였지. 길이 얼마나 넓었다꼬.

고개에 딱 서서, 내가 제일 처음 통영 시내를 본 인상이 지금도 남아 있어. 도시를 그날 처음 본거야. 지금도 그때 동충에 있던 건물들이 하나하나 기억이 나. 일본식 건물도 있었지만, 양옥 건물도 있었다고.

국제수산하던 이평기씨 집이며 세관이며 많이 뜯어서 그렇지 참 특이했어. 그래서 그랬는지, 나중에 하숙을 동충에서 해. 통영초등학교, 그때 이름으로는 통영공립보통학교지. 그때 통영군청이 동충에 있었다꼬. 요새 사람들은 도천동에 통영군청(1943년 준공)이 있는 줄은 알지만 내가 어릴 땐 동충에 있었어.

그리곤 지금 용화사 주차장이 있는 벅시골(봉숫골)로 해서, 해저터널(1932년 준공)로 해서 도천동을 거쳐 지금 서호시장을 지나갔어. 그때는 새터시장(서호시장)이 없었어. 그기까지 갈 때까지 차라꼰 한 대도 못 봤어.

그런데 소방서 앞에 가니, 빨간 소방차를 2대 세워놨더라고. 까만 차가 하나 지나가더라꼬. 첫 인상이 강한 휘발유 냄새야. 차라꼬는 몰랐다가 차 휘발유 냄새를 맡아서 그런지, 지금도 뚜렷하게 남아있어. 그게 내가 맡은 첫 번째 도시, 통영의 냄새야.

지금 경남은행 아직도 있나? 그 뒤에 보면 빨간 벽돌이 있는데 그 주변에 음식집이 있어. 옛날에 산양면 사람들은 흰 쌀밥을 잘 못 묵었잖아. 흰쌀밥에 멸치를 넣고 끼린 시락국을 주는데, 너무 맛이 있더라고. 물론 걸어간다고 배도 고팠을 끼고. 그게 통영 시내를 제일 처음 본 소감이야.

2. "내 음악 선생님 윤이상!"

엄청난 태풍으로 달아 화양학원 날아가
화양학원을 바람 덜 타는 새바지로 옮겼지
남다른 면모를 보였던 음악 선생님 윤이상
4학년 때 통영제1공립 전학, 세병관이 우리 학교

산양읍 봉전마을 '화양학원' 자리. 지금은 밭밖에 없다.

천명주 전 기선권현망수협 조합장과의 두 번째 만남. 아흔을 바라보는 나이지만, 학창 시절 이야기를 펼치자 어릴 적 모습으로 돌아간다. 자신의 개인적인 경험담이지만 대부분이 일제강점기와 광복 정국에 맞물려 당시의 학교생활과 통영을 알아볼 수 있는 좋은 기회였다. 특히 화양학원 1~4년때 음악 선생님이던 통영 출신 세계적인 작곡가 윤이상 선생님에 대한 진술은 앞으로 윤이상을 연구하는 이들에게 도움이 될 것으로 보인다.

○ 초등학교는 몇 살 때, 어디를 다니셨습니까?

9살(1936년)에 학교에 들어가. 지금이야 7, 8세가 되면 학교에 들어가는
게 당연하지만, 그때는 학교 보내는 것도 쉽지 않았어. 9살이면 양반이
라. 열 살이 넘는 학생들이 천지였지. 새바지(산양읍 봉전) 웃땀에 있던 화
양학원을 다녔어. 사립인데, 조선사람들이 세운 학교라. 원래 화양학원
은 내가 살던 달아마을에 있었어. 그런데, 내가 대여섯살 때쯤에 엄청난
너울, 태풍이 닥쳤다꼬. 학교고 뭐고 싹 다 날라가 삐리. 만지도 목에 물
이 넘어왔다고 그래. 한산도 벌바우(봉암)에도 물이 넘었다고 하고. 그러
니까 얼마나 파도가 컸겠노. 엄청났겠지.

집이 덜덜 떨리더라꼬. 지진 온거 맹키로. 하도 겁이 나서 벽에 붙어가
지고 잠을 못 잤다니까. 그때는 사라호 태풍(1959년)이다, 매미 태풍(2003
년)이다는 식의 태풍 이름이 없었어.

내 생각으로는 사라호 태풍보다 컸을 것 같아. 그래서 어른들이 바람
덜 타는 새바지(산양읍 봉전)로 화양학원을 옮겼지. 달아는 물론이고 척개,
열망개, 중화, 새섬, 딱섬, 연대도, 오곡도 아이들까지 홀빡 화양학원을
다녔어. 저쪽 신봉, 영운리 아이들도 화양학원으로 오고.

(집필자 주: 천명주 전 조합장의 태풍 관련 기억은 기록과도 상당수 일치한다. 1933년 (태
풍)3383호로 인해 전국에서 416명이 사망 또는 실종돼 역대 태풍 피해 순위 7위로 기록
돼 있다. 또한 1914년, 1925년, 1933년에는 한해 4개의 태풍이 한반도에 상륙했다.)

○ 그러니까 일제시대 엄청난 태풍이 불어서 원래 달아에 있던 화양학원이 새바지로
   이전하게 되는 거군요. 어린 나이에 달아에서 새바지까지 걸어가는 게 힘들었을
   텐데요.

하나도 안 힘들었어. 지금 새로 난 도로(산양일주도로) 말고, 그때는 달아
에서 재(고개)만 하나 넘어가면 새바지였거든. 재를 넘어가면 친구들
도 많이 만나지고. 참 재밌었어.

달아 우리 동네에서는 박이구(이종사촌), 박대구가 화양학원을 다녔지. 지금 수산과학관 너머 갈마에선 김장수, 열망개에선 이기선이. 이기선이는 나중에 척개 이모 사위가 돼. 척개엔 김태권이가 있었고.

그런데, 달아곡을 넘기 전에는 잘 안 만나져. 갈마끝에 김장수는 달아보다 머니까 일찍 출발을 해서 못 만나고. 척개 아이들은 물개로 해서 지금 온천인가 있는 큰골로 오니까 길이 달라. 척개에서 그리 오모 빠리거든. 열망개 애들은 새바지로 넘어오는 고개가 다리고(다르고). 하여튼 학교 가모 다 만나지. 그때는 우리 달아는 물론이고 척개, 열망개, 중화, 새섬, 딱섬, 연대도, 오곡도 아이들까지 홀빡 화양학원을 다녔어. 저쪽 신봉, 영운리 아이들도 화양학원으로 오고.

○ **화양학원에선 뭘 배우셨나요?**

일반학교 배우는 거하고 똑같아. 국어(일본어). 나는 광복 전까지는 한글을 학교에서 배워 본 적이 없어. 그래서 요새까지도 국어 받침을 제대로 못써.

화양학원은 선생님들이 전부 다 조선인이었어. 나중에 4학년때 통영제1공립보통학교(통영초등학교)로 옮기는데, 통영초등학교는 교장도 일본인이었고 선생님들도 일본인들이 많았지. 국어하고 산술하고, 음악, 미술. 그때는 미술을 붓으로 글 쓰는 걸 가르친다고 해서 습자習字라고 그랬어. 일반학교에서 가르치는 건 다 가르쳤지.

교실은 학년마다 하나씩 있었고. 한 학년이 최소한 30명 정도는 됐어. 새섬, 연대도, 딱섬 아이들은 하숙을 했지.

○ **그때 교장이 이정규씨라고 하셨지요?**

화양학원 원장, 그러니까 교장이 이일규 대법원장의 사촌인 이정규씨야. 앞에서도 이야기 했지만 이일규 대법원장 집이 바로 달아 우리

옆집이었다고. 참 가까웠지. 그런데 원래 이일규 대법원장은 달아사람이 아니야.

화양학원이 원래 달아에 있었고, 사촌인 이정규씨가 교장이니까, 이 일규 대법원장도 달아에 살았는 것 같아. 이정규 선생은 수학을 가리쳤는데, 엄격했어. 한참 자신이 가르치고 나면 우릴더러 설명을 해보라고 그래. 못 하면 수업 한시간 하는 동안 백묵 한통이 다 날아다녀.

"한 시간 동안 목이 터져라 가르쳤는데, 그것도 못 알아 들어!"라고 하시면서, 호통을 치셨어. 참 엄격했어. 내가 알기론 이정규 선생은 일본 중앙대 영문과를 졸업한 모양이야. 영어도 좀 하데. 학교 다닐 때 보면 한번씩 영어로 뭐라 그래. 어릴 때였으니까 못 알아 들었지만 나중에 보니 그게 영어였더라고. 이정규 선생은 나중에 충무시장이 되시지.

선생님들 이름이, 그러니까 달아에 이강욱 선생님도 기억이 나네. 보통 달아에는 철성 이씨가 많은데, 이강욱 선생은 전주 이씨였지. 이강욱 선생은 나중에 검사가 됐지.

그때 학교에서 가르치는 정규과정을 화양학원에서는 전부 가르쳤어. 박길례라꼬 새바지 사람은 윤이상 선생님한테 사사를 좀 받았어. 그래서 서울에 경찰청이 치안국 시대일때, 문모씨가 치안국장이었는데 그 집에 들어가서 음악 개인교사를 했거든. 걸마가 인기를 끌었다꼬. 오래 살았시모 이름난 음악가가 됐을 지도 모린다꼬. 학교 마치고 나모, 윤이상 선생님이 따로 불러서 사사를 해주더라꼬. 윤이상 선생님이 아이들을 참 좋아했는데, 나는 영 음악이나 미술에 소질이 없어서.

○ 윤이상 선생님이 음악 선생님이셨다고요?

응. 1학년 때부터 내가 4학년 통영초교로 전학갈 때까지 쭈욱 음악을 가르쳤는데. 새바지 학교 안에 조그마하게 사택이 있었어. 선생별로 하나씩 네, 다섯 분이 사택에 거주했어. 주산, 부기 가르치던 제 선생도 사택에 머물렀고. 제 선생 아버지는 제태민이라고 통영 시내 큰 부자였어. 윤이상 선생님은 좀 다른면이 있었어. 풍금을 치는데 우리는 보통 의자에 앉아서 치잖아. 윤이상 선생님은 곡조에 따라서 엉덩이를 들썩 들썩하고 어깨를 흔들흔들하면서 풍금을 치는 거야. 아마도 음악을 아니까, 곡조가 좋고 나쁨에 따라서 치는 게 달라져.

우리를 보고 참 좋아하셨는데, 음악에는 별 취미가 없었어. 수업 듣고 나모 잊어삐리고. 그때 교가도 윤이상 선생님이 작곡 했는지, 그건 정확히 기억이 안나네. "미륵산~~~"으로 시작하는 가사였는데….

○ 도시락은 싸가셨나요?

도시락을 싸갔지. 쌀반 보리반이었다꼬. 달아사람들이 그때로 치모 중간 치는 산기지. 달아에는 그때 문어단지(어업)를 마이 했다꼬. 달애사람들이 문어단지 전문이라. 그때 문어는 일본으로 바로 수출했거든. 그때 상사가 히노하고 시케모토라고, 문어를 살려서 모아놓으면 운반선을 가져와서 바로 일본으로 싣고 갔어. 통영 시내에도 상사 건물이 다 있었는데.

요새는 부부 둘이서 통발작업을 하지만, 그때는 여럿이서 작업을 했어. 저어, 소지도하고 비진도 사이가 어장이 좋았지. 물살이 세고 수심이 깊었거든. 그물은 뒤에야 가볍고 질긴 나일론이 나오지만 그때는 짚으로 엮었어. 그걸 그물로 쓰면 물이 채여서 얼매나 무겁다꼬. 닻줄은 칡 덩쿨이고. 그라니까 사람 한, 둘이서는 문어단지가 안되는 기라.

달아에선 어업을 크게 한 사람이 김봉재라고 있어. 요새로 치면 정어리 건착이라. 3배(베)선이라꼬 돛대를 3개 세우는 큰 풍선風船이라. 보통은 돛이 2개인데, 배가 크모 3배선이라.

그때 국도, 좌사리라고 하모 엄청난 원양어업이거든. 그기까지 가서 한배 가득 잡아오더라꼬. 달아 정자나무 앞에가 그때는 바닷가라. 거기에 솥을 걸어 놓고 기름을 짜는 기라. 고기 어체는 사료로 팔고. 그걸로 기름을 짜내고, 화장품도 만들었으니까. 정어리가 중요한 생선이었지. 달애 사람들은 보통 개인 어업을 하지 않고, 어장주 밑에서 너댓 가구씩 일을 했어. 마을에는 논도 있고, 밭도 있어서 반농반어였지.

○ 학교 마치고 나면 무얼 하셨습니까? 소나 염소를 먹였나요?

아니, 나는 학교 마치고 나모 공부를 했어. 다른 집 아이들은 소나 염소를 믹이러 다니더만은, 우리집은 어른들이 다 하셨어. 서,너시 돼서 집에 오모 공부만 해도 놀 시간이 별로 없어. 그 덕분에 화양학원 다닐 때는 1, 2등은 했지.

지금 생각해 보면, 우리집 어른들이 자식을 공부시켜야겠다는 학구열이 대단했던가봐.

○ 4학년 때 당시 통영제1공립보통학교(현 통영초교)로 전학을 가시죠. 전학을 하게 된 계기는 무엇이었나요?

그 때가 1939년 정도 될끼라. 화양학원은 사립학교, 통영초교는 공립학교라 아무래도 격차가 있었어. 나중에 상급학교로 진학을 하거나 취직을 하게 되면 차이가 컸거든. 그런데 통영공립보통학교로 전학가기가 쉽지를 않더라꼬.

마침 달애 사람인 강정주란 분이 통영공립보통학교 훈도(정교사)를 하셨어. 그 분은 머리가 참 좋아서 독학을 해서 훈도시험에 합격을 했어. 해방되고 충렬초등학교 교장도 했어.

그때 훈도는 사범학교를 나와야 훈도가 됐는데, 사범학교를 안 나오면 훈도시험을 쳤어. 왜정 시대에 조선사람이 훈도가 되기 쉽나? 게다가 통영보통학교 훈도는 아무나 되는 게 아니라. 특히 조선사람은. 그냥은 바로 전학이 안되더라꼬. 그래 우리 선친이 강정주 선생한테 부탁을 한기지. 그때 교장이 일본인인데, 오쿠무라라꼬. 학제는 그대로 인정해

국보 통영세병관. 일제는 세병관에 칸막이를 쳐서, 통영제1공립보통학교 교사로 사용했다.
@통영시립박물관

쥐서, 4학년 그대로 전학을 갔어.

○ 당시 학교 교사가 세병관이었나요?

세병관에 칸막이를 쳐서, 학교 교사로 썼지. 세병관에는 4교실짜리 교실이 있고 6교실짜리가 있었어. 그러고 본관이 따로 있고. 그때 한 학년이 5학급씩 있었고, 고등과가 2개 학급이 있었어. 그러니까 총 32개 학급이 있었던 거지.

6학년 소학교 과정이 있고, 2개 중학교 과정이 있었던거지. 한반에 40명 정도 됐어. 여학생도 있었어. 남학생반이 4개 있었고, 여학생반이 1개 있었지. 남학생반 이름은 마츠구미 솔조松組, 다츠구미 대조竹組, 카츠라구미 계조桂組, 여자는 우메구미 매조梅組. 그랬지.

한 반에 40명이나 되고, 한 학년에 5개 학급이 있으니, 같은 반이 아니면 잘 몰라. 화양 다닐 때는 몇 안되니까 다 알았는데. 학생 수가 워낙 많으니

화양학원 제15회 졸업기념 사진(1940년 3월). 오른쪽에서 3번째가 교사 윤이상 @윤이상기념공원

까 원족遠足(소풍)을 나가면 볼만했어. 주로 용화사 뒤편 띠밭등으로 갔는데, 거짓말 조금 보태면 띠밭등에서 학교까지 학생들 줄이 쭈욱 이어졌어.

지금도 기억이 나는 게, 당시만해도 세병관 앞 세무서 자리에 이조(조선)시대 건물이 있었어. 그러다가 나중에는 뜯어버렸지. 세병관도 컸지만 당시 세무서 자리 이조시대 건물도 굉장히 컸어. 통제사들이 머물렀다는 운주당 같은 경우에는 내가 전학을 가니까 벌써 뜯어내고 양옥 건물로 바뀌었더라고. 그게 법원이고 검찰이었어. 경찰서는 충무데파트 자리였고.

○ 하숙은 어디서 하셨어요?

도 남동 되메 근처에서 하기도 하고, 항남동(당시 길야정)에서 하기도 했지. 예전에 도남동 되메에는 술 만드는 누룩 가공공장이 있었어. 그걸 곡자공장이라 카거든. 그기 오늘날로 치모 동양유전하고 신아조선(신아Sb) 사이쯤 돼. 기와 건물들이 제법 컸다꼬.

공장 옆에 기숙사가 따로 있을 정도였어. 해방 전에는 엄청 컸는데, 해방이 되고 나서는 술 만드는 게 자유화되면서 없어졌어. 통제경제시대였으니까. 곡자공장 바로 밑에 기왓집이 주욱 있어. 주인 이름이 박세진씨라고 지금도 기억이 나.

아침 묵고 일찍 출발해서 해저터널 지나서 통영초교까지 통학을 했지. 걸으모 한 40분이모 학교에 가지. 아이들 걸음이 안 빠르나. 그때는 해저터널을 철저히 관리해서 물이 채이고 하는 일은 없었지.

동충에서는 나중에 내가 살았던 집 근처, 서너 집 떨어진 곳에서 하숙을 했어. 그 집이 쌀집을 했는데, 우리 어머니하고 아버지가 거래를 해서 서로 알게 됐지.

○ 보통 통영군청이 도천동에 있는 줄로 아는데, 그때는 항남동에 있었군요.

그 때는 통영군청이 요시노마치(吉野町)라고 길야정에 있었지. 2층 양옥 건물인데, 위에는 기와로 되어있었어. 늘 생각나는 풍경이 면棉 수집하는 장면이야. 통영군청은 오늘로 치면 국민은행 자리고, 면 수집하는 자리는 조금 뒤쪽에 있어. 최양진씨 창고 건물 자리가 면 수집하는 곳이야.

산양면이고 각지에서 면을 가져오면 군에서 모았다가 보냈지. 군복에도 면이 안 들어가나. 면은 중요한 군수물품 중에 하나였지. 그때는 아무 작물이나 심으면 안 돼.

군이고 면에 면작계라고 따로 있어. 만약 고구마를 심었다면 면작계에서 와서, 드러누워. 고구마밭을 엉망으로 만들어. 조나 수수를 심으모 밭을 갈아 뒤집어 버려. 오직 면만 심어야 해. 고구마나 조, 수수를 먹으려면 새로운 밭을 일궈서 심는 거야. 원래부터 있던 논밭에는 아무거나 못 심어. 그때는 통제경제라, 일본 왜정시대라 군에서 하라면 무조건 해야 돼.

○ 그때 객선머리는 어디에 있었습니까?

그 때 강구안에 객선 타는 데가 2군데가 있었어. 조선기선회사라꼬 요
새 거북선 대는 쪽에 있었지.

배가 부산~여수 댕기는 태안환, 태평환 이랬지. 왜정시대는 낮에는 태
안환, 태평환이 다니고, 밤에는 장구환이 댕겼어. 왜정시대라도 태안환,
태평환은 독일제 엔진을 달아서 제법 빨랐다꼬. 부산에서 통영 오는데,
3시간이 걸렸어. 그 전에는 6시간이 걸렸고.

태안환, 태평환은 나중에 전쟁이 터지면서 남방으로 징발이 됐지. 그
래서 작은 배 장구환이 댕겼어. 해방이 된 후에는 한양호, 금양호가 다
녔어. 그건 미국 소해정을 개조해서 만든거라. 군청 앞에는 부산 댕기는
복운호 잔교가 있었고. 그때 일본 사람들은 조선인 여객이 타는 건 관심
이 없었고, 제일 중요한 게 우편물을 제대로 배달하는 거였어. 통치를 하
려면 정보가 빨리 전달돼야 하는데, 당시로선 우편이 제일 빨랐으니까.

3. 내 인생의 갈림길 '경찰'

재정보증인을 요구하지 않아 응시, 경쟁률 16대 1
경찰 첫 임무가 '여순반란사건(여순사건)' 토벌
모심기 지원 때 터진 6·25, 화개에서 인민군 탱크를
남해 노량해협을 사이에 두고 인민군과 교전

첫 임무 여순반란사건 토벌. 당시 배치됐던 경남 하동군 악양면 개치 일대를 그리고 있다.

나라의 혼란기는 개인의 인생 역시 뒤흔들어 놓는다. 천명주 전 기선권현망 조합장의 인생 역시, 45년 광복과 50년 6·25 전쟁을 거치면서 전환기를 맞는다. 워낙 혼란스런 시대 상황 때문이었을까? '통영에서 가장 기억력이 좋다'는 천명주 전 조합장 역시, 광복 전후에 대한 기억이 조금씩 엇갈린다. 그 조각난 기억을 '모자이크'처럼 맞추는 일로 3번째 인터뷰가 진행됐다. 특히 이번에는 천명주 전 조합장의 인생에서 큰 갈림길이 되는 '경찰' 이야기가 펼쳐진다.

○ 이제 인생에서 가장 큰 갈림길인 경찰 이야기를 해볼까요? 왜 경찰을 선택하셨습니까?

그때 일반 공장 같은 데는 갈 생각을 안 했어. 공무원이 하고 싶었어. 그런데 일반 공무원은 시험을 치고 재정보증인이 필요하잖어. 그런데 선친이 나이가 많아서 힘들겠더라고.

당시 경찰학교는 재정보증인을 요구하지 않더라꼬. 그래서 경찰시험을 쳤어. 그때 경쟁률이 16대 1이었어. 그때 경찰학교가 부산 초량동에 있었어. 옛날에 철도청이란 데인데, 미군정 제7관구였어. 미군정 제7관구 경찰청이 바로 경상남도 경찰청이라.

지금도 그때 경찰 훈련 받던 기억이 생생하게 나. 아침에 옷을 벗고 맨몸으로 물통 수조에 달려 들어갔다가 나왔다가 했어. 얼마나 추웠던지. 그때는 속성으로 3개월 훈련을 했어. 경찰학교를 마치고 나서, 첫 번째 임무가 여순반란사건 토벌이었어.

○ 첫 임무가 여순반란사건(공식명 여순사건) 토벌이었다고요?

하동 악양에 개치라꼬 있어. 최참판댁 나오는 그 악양 개치에 주둔을 했어. 여순반란사건이 원래 제주 4·3사건을 토벌하기 위해 출동준비 하던 국방경비대 제14연대가 여수하고 순천에서 반란을 일으킨거라. 군경에서 토벌에 나서니까, 글마들이 지리산으로 들어가거든. 그 길목인 하동을 우리 제17관구 소속 경찰들이 지키고 있었던 거라.

여수에서 순천, 광양을 거쳐 하동 지리산으로 못 들어오거로 막기 위해서지. 제17관구는 하동 쌍계사 밑에 화계장터와 악양 일대에 주둔했어. 강을 하나 두고, 저쪽 전라도에는 반란군들이 있었고, 우리는 이쪽 경남쪽에 있었지. 다행히 우리쪽에선 큰 교전이 없었어. 아무래도 지리산 쪽하고 가까운 화계쪽은 교전이 많았지. 반란군 주력부대가 화계쪽으로 왔거든.

○ 그리고 나서 6·25를 또 겪으시고요?

그렇지. 여순반란사건 관련해서 한 1년 정도 하동 악양에 있다가 남해로 발령받아서 전출을 가. 그때 하동경찰서는 제19구, 남해는 제24구 경찰서라고 불렀어.

남해에서 한 2년반 있었어. 사진 보면 남해경찰서 정원에서 찍은 게 있지. 남해에서 승진시험을 쳐서 합격해. 그래서 진해로 옮기거든. 그때는 계급이 순경 위가 바로 경사야. 진해에서 한 6, 7개월 있다가 부산에 있는 경상남도 경찰국으로 들어가.

6·25는 제24구, 그러니까 남해경찰서 소속일 때 터져. 그때 남해 이동면으로 모심기 봉사활동을 하러 지원나갔어. 그런데 갑자기 "전쟁이 났다"고 빨리 복귀를 하래. 다음날 하동 전선으로 가라고 하데. 인민군이 전라도 구례쪽에서 밀고 내려왔어.

그래서 경남경찰국에서 연대 병력을 편성해서 하동 화개를 지키려고 했어. 화개가 전략적으로 요충지라. 인민군이 화개를 통과해서 하동까지 밀어닥치면 진주고 사천, 남해 같은 경남지역이 위험해지니까. 그때 경험이 많은 일본군 출신·장교들을 중심으로 연대 병력을 지휘해. 그런

부산 아치섬에서(1952년)

데 실제로는 화개에서 얼마 있지도 못했어. 인민군들이 탱크를 앞에다 세우고 밀려왔거든. 소총 든 놈하고 탱크하고 상대가 되나?

○ 화개에서 인민군 탱크와 맞딱드려졌다구요?

정확한 날짜는 기억이 안 나는데. 그때 화개에 경찰이 한 750명 정도 있었어. 화개에 면사무소고, 경찰지서가 있고, 전략적 요충지 니깐.

경찰 근무 시기 천명주

아침에 주먹밥 하나 얻어 묵을 끼라고 배식 받으러 가는 참인데, 저쪽 구례 도로쪽에서 뿌옇게 먼지가 일어나는 기라. 그때는 그 길 이 비포장이었거든. 처음에는 대수롭지 않게 생각했어. 그 전날부터 피난민들이 트럭에 한 가득씩 올라타고 내려왔거든. 그때는 구례에서 하동 화개로 내려오는 길은 강변 옆으로 하나였거든. 화개에서 구례쪽을 보면 구불구불 길이 보이거든. 처음에는 피난민이 또 내려오는 줄 알았어. 그런데 갑자기 포 신을 우리쪽으로 돌리는 기라. 이야, 정신이 하나도 없더라. 우리도 말 로만 이북 탱크 이야길 들었지, 탱크를 본 놈이 하나도 없었거든. 그렇 게 빨리 탱크가 하동까지 내리올 줄 몰랐지. 그때가 6·25가 터지고나서 한 보름이나 스무날 정도 될끼라.

그런데 다행인 거는 일마들이 포를 우릴 보고 안 쏘고, 멀리 산을 향 해 쏘더라꼬. 우릴 보고 쐈으면 희생자가 엄청나게 났을거야. 아마도 위 협용 같아. 민간인도 같이 있고 하니까 함부로 쏘지 않았던 것 같아.

그때부터 "다리야, 날 살려라" 하고 내빼는 거지. "하동읍으로 알아서 집결해라"고 명령이 떨어진거야. 화개에서 하동읍까지 70리거든. 약 28km야. 감히 국도를 따라 후퇴할 엄두도 못내고, 밭도 아니고 산도 아

남해경찰서 근무 시절(남해경찰서 후원). 왼쪽 첫번째가 천명주

닌 데로 후퇴를 했어.

그때 내가 한 분대를 지휘했어. 왜냐면 미군정에서 군사훈련을 받았고, 여순반란사건 때 전투 경험도 있으니까. 나머지 분대원들은 초짜들이었고. 악양 개치쯤 와서, "우리가 이렇게 개판으로 갈끼 아니라, 지휘체계를 세워서 가자"고 제안을 해. "너는 어떻게 할래?" 하고 분대원한테 물었지. 그래도 내가 전투 경험이 있으니까 대부분 날 따르겠다고 해. 그렇게 분대원들을 통솔해서 하동읍까지 후퇴를 해.

○ 그래서 어디로 후퇴를 하게 됩니까?

전라도에서 내려온 피난민들이 바글바글해. 하동경찰서에 들어가서 점심을 묵고할 새가 없어. 다시 후퇴를 해야할 껀데, 고민이 되더라꼬. 왜냐면 하동이 전라도쪽 구례, 경상도쪽으론 진주로 향하는 요충지라. 그대로 아래로 내려가면 하동 노량이고. 어디로 가야할까? 두서넛 사람은 고향이 가깝다고 진주쪽으로 가겠대. 그런데 내 생각으로 진주로 가려면 사천을 지나가야 하는데, '사천비행장이 있어서 함양쪽에서 내려온 인민군들이 그쪽부터 점령했을지 모른다' 싶더라꼬. 그 길이 맥히면 진주로 갈수가 없잖아.

나머지는 하동 노량으로 가기로 했어. 그런데 하동에서 노량에 가기도 전에 인민군들이 들어온거야. 고민이 되데. 그냥 지나치면 우리 후미가 불안하잖아. 후퇴 중에 교전하기도 그렇고. 그래서 전투 배치를 하고, 탄약 장전을 했어.

적을 정찰해 보니까, 민가에 들어가 밥을 묵고 있더라꼬. 그때 마침 저쪽에서도 우릴 보고 사격을 하더라꼬. 우리도 응사를 했지. 다행히 저쪽에도 탱크가 있는 것도 아니니까 산쪽으로 피해가더라꼬. 다행히 큰 피해 없이 결국 하동 노량까지 왔어. 다시 물었어. "우리가 남해경찰서에서 차출이 돼서 온 사람도 있고, 아닌 사람도 있다. 어떻게 할 꺼냐?" 하고. 이대로 남해 노량으로 건너갈 껀지, 진주 방향 금남면쪽으로 갈 껀지 물은 기지. 다들 "남해로 가입시다" 그래.

그땐 남해대교가 없었지. 하동 노량에서 남해 노량으로 건너가는 바지선이 대기를 하고 있었다꼬. 요즘 같으면 바다 사이로 돌 싣고 가는 배 같은 거 있잖아. 그걸 타고 남해를 건넜다꼬. 그런데, 남해에 도착하자 돌아서 보니까 벌써 인민군들이 하동 노량까지 왔더라꼬.

이때부터 전투가 벌어진거라. 그런데 실제로는 소총을 쏴서는 잘 안 맞아. 총알이 날아가기는 수km를 간다고 하지만 유효사거리라는 게 그리 안되거든. 그래도 이쪽에서도 응사를 해야, 저쪽에서 함부로 배를 타고 넘어오지를 못하잖아.

한 일주일 정도 지나니까, 이건 안 되겠더라고. 하루 저녁에 엠무원(M-1) 소총 탄창에 700발을 다 쐈어. 하루 700발을 쏴봐라. 엠무원이 반동이 세거든. 너무 힘들어. 그래서 남해경찰서에 "본서로 전출을 해달라" 요청을 해.

4. 전쟁, 그 어이없는 죽음들

살리려고 자리 바꾸었는데, 죽은 진주 3대 독자
인민군 여수와 삼천포 점령, 포위된 남해경찰
상주에서 모구리배로 남해 탈출, 도착한 곳이 소매물도
통영 용화산 꼭대기에서 해병대 통영상륙작전 목격

6·25 당시 여수와 삼천포에서 포위된 남해 상황

북한이 미사일 발사 준비를 갖추고, 우리 군에 비상발령이 떨어지고…. 결국에는 남·북 화합의 상징이던 '개성공단'의 전면 철수 결정이 내려지는 등 연일 당장이라도 전쟁이라도 날 듯한 상황이 이어지고 있다. 천명주 전 조합장은 남과 북, 그리고 미국이 주도하는 UN군, 중국과 소련까지 투입된 6·25를 직접 겪은 이다. 그래서 현 대치 상황에 대해 만감이 교차하는 듯 했다. 남과 북의 상황에 대해서는 말을 아꼈지만 전쟁으로 인한 어이없는 죽음에 대해서는 많은 사례를 이야기했다.

○ 최근 남과 북이 대결 국면으로 치닫고 있습니다. 전쟁 중에 주변에서도 많은 분들이 죽어 나갔지요?

전쟁이 나면 사람이 죽기 마련이지. 안타까운 죽음도 있지만 어이없는 죽음도 많아. 남해경찰서 본서에서 미조로 후퇴할 때는 3대 독자가 있었어. 그 사람이 늘 날더러 "천순경, 제발 내 옆에 있어줘. 꼭 챙겨줘야 해. 나는 3대 독자라 죽으면 집안에 대가 끊겨"라고 입버릇처럼 말하더라고.

그래서 본서에서 미조로 후퇴할 때, 버스를 징발했는데 버스 문 옆에 태웠어. 혹시 인민군들이 나타나면 제일 먼저 내릴 수 있도록. 근데 우리가 이동면 검무소를 지나갈 때, 먼저 접수한 인민군들이 버스를 향해 총을 쏜거야. 우리 모두 다 엎드렸는데… 버스 문옆에 있던 그 양반이 총에 맞은 거야. 원래는 내가 그 자리에 앉으려다, 양보를 한 거였는데…. 나로선 천행이지만 그 사람으로선 불행이었지. 참 어이가 없고, 안타깝더라고.

통영에서도 보도연맹에 연루돼서 많은 사람들이 죽었지. 남해에서도 그런 일이 많았어. 경찰서 내에 사찰계가 있었거든. 그쪽 팀에서 바다로 나가서 많이도 수장시켰어. 그때는 '빨갱이다' 싶으면 즉결처형이야. 전시인데, 지금처럼 재판이 있나. 그 중에는 왜 억울한 죽음이 없겠어. 그 반대인 경우도 있지. 남해같은 경우에는 우리가 9·28 수복을 할 때까지 6·25가 터진 후에 3개월 남짓 인민군 치하였어. 인민군들이 당시 지주들이나 우익 인사들을 또 죽였잖아. 남해 창선 같은 경우에는 인민 재판을 열어서, 항복한 지서 경찰들을 다 죽창으로 찔러 죽였어. 전쟁이란 게, 그렇게 어이없고 안타까운 죽음들을 만들어내지.

○ 지난번에 북한군과 노량바다를 사이에 두고, 남해 노량과 하동 노량 사이에서 일주일 동안 대치를 하시다 너무 힘들어서 "본서로 전출해 달라" 요청하신 걸로 끝이 났습니다. 그 뒤에는 어찌 되었습니까?

전출 인사는 본서, 그러니까 남해경찰서 경무계에서 담당을 하는데, 마침 "본서로 들어오라"더라고. 본서라고 해도 별로 형편이 좋지를 않아. 당시에 우리가 본서 안이나 여관에서 자는 게 아니라, 밤낮으로 경찰서 앞마당에서 대기를 해야 하는 상황이었어.

당시 남해 시내에 적이 들어오지는 않았지만서도, 전쟁이란 게 피를 말리는 거지.

○ 당시 남해의 상황은 어땠습니까?

남해가 참 상황이 안 좋은 곳이라. 노량은 이미 인민군하고 대치중이고, 서쪽 여수에서도 적이 들어올 수 있고, 동쪽 삼천포에서도 창선으로 들어올 수 있는 거라. 까딱 잘못하면 적에게 포위당하기 십상이라.

이때 이미 여수, 삼천포가 적에 점령된 상황이었거든. 우리가 제일 두려워하는 것은 여수에서 적의 주력 부대가 들어오는 거였는데, 생각밖으로 삼천포 쪽에서 뚫렸어. 내가 본서로 들어온 지 얼마 안돼서, 인민군이 삼천포에 들어와서 삼천포 지서 11명을 죽여. 한 사람만 간신히 헤엄을 쳐서 지족지서로 피해.

당시 창선지서도 항복을 하는데, 인민군들이 처참하게 죽여. 인민 재판을 해가지고 돌을 던지고 대창으로 찔러 죽인거야. 왜 지금 죽방렴 많은 데 있잖아. 그때는 지금처럼 다리도 없어. 그 바다를 죽자 살자 헤엄을 쳐서 건너온거야. 그래서 우리가 창선이 점령된 걸 알았어.

○ 그래서 미조쪽으로 후퇴를 하시게 된 거군요.

그러고 나서, 본서에서 지족지서로 연락을 해도 전화를 안 받는 거야. 그래서 '지족도 점령 됐구나' 싶었지.

그래서 밤에 본서에서 긴급 회의를 해. 한쪽은 완전 포위가 되기 전에 후퇴를 하자고 하고, 다른 한쪽은 조금 더 상황을 지켜보자고 해. 한참 논의를 하다가, 마침내 "후퇴를 하자"고 결정을 해. 버스 한 대를 징발해서 철수를 하게 돼. 미조에다 객선 한 대를 징발해서 대기를 시켜두고. 그때 남해 서면에서 여수를 왕복하는 객선이 있었거든.

그런데, 미조로 갈려면 이동면 삼가락길(삼거리)을 지나야 하거든. 아무래도 적이 점령했을 것 같은거야. 지족에서 길이 갈라져서 이동면쪽으로 올 수도 있고, 본서가 있는 남해읍쪽으로 올 수도 있으니까. 그런데, 후퇴를 하다보니 이미 이동면 지서를 점령했더라고. 본서쪽은 아무래도 병력이 많다고 보고, 이동면부터 접수를 한 것 같아. 이제 철수한 날짜는 잘 기억이 안 나는데, 6·25가 나고나서 한달 조금 더 된 것 같아. 적이 먼저 여수고, 삼천포부터 점령을 한거라. 아무래도 남해는 섬이니까 조금 늦어진 거지.

우리가 버스를 탄 때가 새벽 2시라. 미조를 갈려면 이동지서를 꼭 지나쳐야 하는데, 이동지서 앞에 다리가 하나 있어. 그기서 다시 회의를 해. 이대로 버스를 타고 돌진해서 지나칠 거냐. 버스를 세워두고 산으로 우회를 할 거냐. 그래서 일부는 산으로 우회를 하고, 대부분은 버스를 타고 돌진을 해서 통과를 시도해.

아니나 다를까. 다리를 통과하려니 총소리가 "빵빵" 나는 거라. 다행인 게 날이 덜 새서, 우리가 제대로 안 보인거라. 그리고 버스가 아무래도 높으니까, 유리했고. 총소리가 나자마자, 전부 몸을 숙여. 버스 운전기사가 머리를 숙이고 한 손으로 운전을 해가지고 이동지서 앞다리를 그냥 통과한거야. 우리가 응사를 못해도, 총을 가지고 있다는 걸 아니까 나와서 총을 쏘지는 못하고 뒤에 숨어서 쏜거라. 덕분에 어쨌던 버스가 다리를 통과하게 돼. 그때 딱 한명이 죽어. 바로 그 진주 사람 3대 독자였어. 전쟁이란 게 참!

○ 그래서 무사히 목적지인 미조까지 후퇴를 합니까?

그렇게 이동면을 지나, 구불구불 고갯길을 넘어 상주에 도착해. 그때 내가 아무래도 예감에 지족이나 이동에서 출발한 적이 미조를 점령했을 것 같아. 그래서 원래 계획을 했던 미조까지 안 가고 날 따르겠다는 사람들이 상주에서 열 대엿 명이 내려. 같은 순경이라도 아무래도 내가 전투 경험이 있고, 바닷가에서 살아서 바다를 안다고 본 거지. 당시 상주에는 모구리(잠수기)배가 2척이 있었어. 그걸 징발을 해서 남해를 벗어나는 거야. 그런데, 경찰이고 경찰가족들이고 배를 잘 모르는 거야.

배하고 바다를 아는 사람이 성포에 김진석이라고 딱 한사람이 있는 거라. 성포에서 댓마를 타고 낚시라도 해보고, 노라도 저어본 경험이 있었어. 모앗줄이라도 잡아줄 사람이 있어서 그나마 다행이었어.

당시에도 모구리배는 엔진이 있었어. 그러니까 야끼다마 시동을 걸어야 하잖아. 그런데 우리가 직접해 본 경험은 없잖아. 그래 내가 김진석 그 양반을 보고, 배에 모앗줄을 가져와 보고 경운기마냥 줄을 확 댕기라고 한거야. 그리고 불을 댕겨서 야끼다마를 구웠어.

"사정없이 댕겨라!"고 신호를 하니, 한방에 걸리는 거라. 얼마나 다행이던지. 내가 배를 몰아서 후진을 하고, 김진석 그 사람이 치를 잡은 거라. 그렇게 상주에서 남해를 탈출하게 돼. "휴~~~, 살았다!" 싶더라고.

○ 그럼 이제는 바다로 후퇴를 하시는 거네요.

남해에서 치리, 지금으로 치면 갈도로 철수를 해. 발동선이 돼 놓으니까 한 시간쯤 걸리더라고. 섬에 내려가 보니, 전라도 피난민들이 우글우글해. 얼마나 피난민이 많은 지, 섬 전체가 인산인해라. 집에는 들어갈 곳이 없고, 잦밭(자갈밭)이 좋거든. 그래서 경찰가족들하고 "요서 일단 밥을 해먹자" 이런 거야.

그런데 우리가 요즘처럼 쌀을 가진 게 아니라 나락을 가지고 있었던 거야. 그래 절구에다가 찧어서 밥을 해먹어. 밥을 먹고 좀 쉬고 하니까 저녁이라 그래서 우리도 치리 잦밭에서 잤지. 다음 날 아침에 일어나서, 가만히 생각을 했지. '치리에서 동쪽으로 가면 욕지나 거제쪽으로 가겠다!' 싶더라고.

그래, "밥을 많이 먹어"라고 해. 언제 또 먹을 수 있을 지 모르니까. 동쪽으로, 동쪽으로 배를 몰아서 가기 시작했지. 그렇게 한참을 가는데, 아, 배가 바다 가운데에서 딱 멈춰 서버린거라. 기름이 다 된기지. 아마도 욕지도는 지났고 매물도하고 연화도 사이 정도 될 것 같아.

그래, 또 생각을 했지. 모구리배에는 큰 노가 있잖아. 그걸 김진석씨하고 나하고 둘이서 젓은 거야. 모구리배는 노가 엄청나게 크다고. 혼자서는 못 저어. 그렇게 한참을 저어가니, 소매물도 동굴 앞에 배가 닿더라꼬. 우리가 힘이 좋은 게 아니라 마침 조류가 우리를 그쪽으로 밀었던 것 같아.

그런데 동굴이 희안하게, 차가

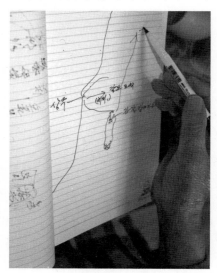

6·25 당시 남해 미조에서 모구리배를 타고, 후퇴할 때 치리(갈도) 상황

마치 차고지에 들어가듯이 배를 딱 넣으면 되겠더라고. 그래서 배를 동굴 속으로 밀어넣었지. 양쪽 바위에다 보드 쪼가리를 망치로 쳐서 박아 배를 고정시켰어. 비행기가 폭격을 해도 괜찮겠더라고. 그러고 나니까 석양이 됐더라꼬.

6·25사변 종군기장 수여증서

　가만히 보니까 저 위에 집이 있어. 나락 두 가마니를 가져가서 한 가마니를 주고 한 가마니를 또 찧어. 치리에서 한 것처럼. 낼 아침에 우찌 될 지 모르니, "주먹밥을 많이 만들어라" 했지. 그런데 섬에서 정보를 들으니, "지금 바다 위에 배가 있으면 해상방위대에서 배를 접수해버린다"는 거라. 그런데, 모구리는 그냥 못 끌고가. 지금 잠수기어선이야 작지만 그때는 엄청 컸다고.

　○ 바다하고 섬에서 이틀 밤낮을 고생하셨네요.

그래도 소매물도까지는 피난민이 안 왔더라고. 내가 통영 출신이고 하니, "여기까지 왔으니 살았다" 싶기도 하고. 김진석 그 양반은 거제 출신이니까, 마음이 놓였지. 해상방위대가 오면 우리는 소속대를 찾아가면 되는 거고.

　다음날 날이 밝으니, 어디에서 소문을 들었는지 거제 읍내에서 해상방위대가 오더라고. 그래 우리 신분증을 보여주고, "거제 읍내까지만 데려다 주면 우리는 소속대를 찾아갈 거라"고 했지. 그래놓고, 방위대한테 배를 인계해. 그러면서 "이 모구리배가 남해 상주 선주 누구의 배인데 나중에 주인을 찾아주라"고 당부를 해.

　그런 다음, 거제도에 가니 후퇴한 경찰들은 칠천도로 집결을 시키더라고. 칠천도가 마산하고 거제 사이에 있거든. 만약 거제가 함락이 되면 마산도 함락되기 십상이라, 바다 관문인 칠천도를 지키라고 한 거지.

삼사일 있어보니까, '어떻게든 소속대를 찾아야겠다' 싶더라고. 대부분이 전라도 장흥, 순천 이런데서 온 경찰이고 경남 경찰은 없더라고. 그래서 거제 경찰서장을 찾아가. 그리고 현재 사정 이야기를 하거든.

날 더러 경찰학교 전투훈련 지도교관을 하래. 내가 6·25가 나기 전에 차출을 받아서 미식 전투훈련을 받았거든. 그때 거제도로 피난온 사람들을 1기당 500명씩 뽑아서, 보름동안 기초훈련을 시키고 총만 쏠 줄 알면 낙동강 전선으로 보내는 기라.

나하고 같이 온 사람들은 거제서장을 통해서 부산 도경에 보내고, 나만 혼자 교관을 했어. 임시경찰학교가 장승포 국민학교에 있었어. 그때 장승포에 정치망이 많았거든. 그기에서 잡아오는 갈치, 부리가 진수성찬이라. 잠은 학교 교무실에서 책상을 펴고 자고. 교관이 다섯 명 정도 됐어. 그 사람들은 전투훈련이나 경험이 없어서 실제 훈련은 내가 시키는거라. 500명을 이끌고 다니면서 장승포 시내를 진군하고 했지. 그곳에서 한 달쯤 있었는데, 전쟁도 좀 안정이 되고 조직이 좀 정비가 되더라고. '이제는 남해 소속 본대로 돌아가야겠다' 싶더라고. 그때 전쟁중이라도 거제 장승포에서 부산으로 가는 여객선이 다녔거든. 부산에 가서 소속대를 찾으니까, 뿔뿔이 흩어져 버린 거야.

○ 그럼, 부산에 가서도 본대를 못 찾으신 거네요.

남해 경찰이 여러 쪼가리가 난 거야. 그 가운데 함안전선에 투입돼. 저기 대산면에 가면 '경찰 승전탑'이 있어. 그기가 밀리면 곧바로 마산이야. 후퇴한 경찰들은 그쪽에 많이 있어. 여항산 쪽에는 이미 괴뢰군 주력부대가 있고, 대산면 쪽에는 경찰 부대가 미군하고 지키고 있었어. 괴뢰군들은 낮에는 자고 밤이면 쳐들어와. 한 보름을 그러고 있었는데. 힘이 들어 꼭 죽겠더라고. '부산에 가서 치료를 좀 받아야겠다' 싶더라고.

○ 그때는 부대나 전선을 이리 쉽게 옮길 수 있었나요?

아무래도 우리는 본대가 없으니까. 꼭 어느 전선에서 싸워라. 부대 단위로 이동한다는데 얽매이지는 않잖아. 그러고 나서, 얼마 안돼서 9월 28일이 돼.

보통 '9·28 수복'이라고 불러. 9월 15일 맥아더 장군이 인천상륙작전을 성공시키고 나서 국군이고 경찰이고 전부 수복에 나서거든. 그게 바로 9·28 수복이라. 나도 그때는 명령에 따라서 남해군으로 돌아가.

○ 전쟁 중에는 아무래도 부모님이나 가족 걱정이 많이 되실 텐데요.

안그래도, 부산에 가서 가만히 생각을 해보니 우리 가족 걱정이 많이 되더라고. 피난은 잘 갔는지, 양친 모두 무사하신지. 그때 우리 가족을 못 본 지가 거의 4개월이 다 되어 갈 때라. 그래, 궁금해서 부산에서 통영으로 와본다꼬.(집필자 주: 천명주 전 조합장은 감정이 깊어지면 통영 사투리인 '꼬'가 나오고, 일반적일 때는 '고'라고 발음을 한다)

그런데 그때 경남 일대도 인민군이 차지하고 있었거든. 9·28 수복 전까지는 말이야. 그러니 육로로는 못 오잖아. 부산에서 거제로, 거제에서 섬에서 섬으로 건너서 비진도로 와.

비진도에 공익주 영감(공창영 부친) 정치망 어장에 아침마다 물 보러 가는 배가 있어. 그래서 그 배로 오시리(오곡도)로 건너온 거야. 그때나 지금이나 오시리 집은 엄청 높이 있어. 절벽을 기어 올라가다시피해. 오시리에 간 이유는 그기에 사촌 자형이 살았어. 그런데 없더라꼬. 선창가에 기다리고 있으니까, 그때가 감싱이(감성돔)철이라, 전쟁은 전쟁이고 사는 건 사는 기니까 감싱이 낚아가지고 오더라꼬.

"날 연대도에 좀 데려다 주오" 하고 부탁을 해. 연대도에 우리 사촌이고 육촌들이 있었거든. 밥은 다행히 사촌들 덕분에 먹었는데, 그때 내가 총을 가지고 있었는데, 맡기려고 하니까 겁을 내더라꼬. 그래서 내가 옷을 벗어가지고 남들 모르게 밭둑에다 묻어놓는다꼬. 구리스(기름칠)라도 제대로 했으면 괜찮았을 낀데, 뒤에 다시 찾아보니 녹이 쓸어 못씨게 되 버렸더라꼬. 그래도 그걸 나중에 본대에다 신고하고 돌려줬지. 그때나 지금이나 총은 개인이 마음대로 처분을 못 하거든.

다시 연대도에서 사선을 타고 척포로 건너와. 척포에 이모가 살았거 든. "부모님이 어디 계시냐?" 하고 물었더니, 산양면 야시골에 피난을 갔 다고 그래.

우리 가족이 피난간 곳이 이군현 국회의원 집이라. 이군현 국회의원 어머니가 우리 이종사촌 누님이거든. 그래서 지금도 이군현 의원 모친, 박장주내기(박이선) 누님의 은혜를 잊지를 못해. 그때 가니까, 이군현 의 원을 사촌 누님이 안고 있더라꼬. 6·25 사변 때 이군현 의원이 태어났거 든. 부모님 상봉을 하는데, 어찌나 눈물이 나는지.

당시 한달에 월급이 800원이라. 그런데 내가 전투 다닌다고 월급 4개 월치를 받을 새가 없어. 그래 통영으로 가면서 월급 4개월치를 챙겨갔 거든. 우리 어머니께 4개월치 월급을 드렸지. 식량은 사먹어야 하니까. 부산으로 갈려는데, 참 발걸음이 안 떨어지더라꼬.

○ 제가 듣기로는 해병대 통영상륙작전을 목격하셨다고 하던데요?

통영에서 가족 상봉을 하고 동생 (천)기주하고 용화사 꼭대기, 망에 올 라간 기라. 그기에서 전쟁을 하는 걸 봤어. 한산도 대섬 앞에서 해군 함정이 떠가지고 포를 쏘더라꼬. 불길이나 연기가 바다에서 원문고개까 지 '좌악' 날라가는 기 보인다꼬.

그때 아군은 원문고개 충혼탑 쪽에 있고, 인민군은 바로 길 건너 반대 편에 있는 거라. 불과 거리가 몇백 m도 안 돼. 그러면 서로 공격하는 불 길이 용화사 망에서도 보이는 거라. 해병대 통영상륙작전(8월 17~19일)을 그렇게 본 거라. 참 희안한 인연이지.

5. 이승만 대통령을 만나다.

인민군은 여항산, 국군은 대산면에서 대치
인천상륙작전, 9·28 수복으로 남해경찰서 재접수
기지로 바꾼 경찰서장 지프차, 서장의 신임을 얻다
이승만 대통령에게 "명사수" 칭찬을 듣다

부산 동아대학교 야간학부 시절

　일개 경찰이 당시 최고 권력자인 대통령을 만났다. 이승만 대통령에 대한 평가는 역사
의 몫으로 두고, 당시 경사 계급에 불과하던 천명주 전 기선권현망수협 조합장이 이승만
대통령을 수행하고, 대통령으로부터 "자네 명사수구만, 청와대로 와!" 하는 칭찬을 받는
순간은 얼마나 가슴 벅찼을까? 천명주 전 조합장에게 과연 무슨 일이 있었던 걸까? 그
의 이야기를 계속 들어보자.

○ 당시 최고권력자인 이승만 대통령을 만나고, "자네 명사수"라는 칭찬을 들은 게 사실입니까?

암, 사실이지. 그때가 진해경찰서 근무할 때야. 지난번에 어디까지 이야기 했지? 함안전선까지 했지. 그럼 9·28 수복으로 남해경찰서를 되찾은 이야기부터 해야 해.

○ 남해경찰서 경찰들이 뿔뿔이 흩어져 여러 전선에 투입됐었는데요, 이제 남해로 돌아오는 겁니까?

그래, 9월 15일 맥아더 장군이 이끄는 UN군이 인천상륙작전에 성공한 후, UN군과 국군, 그리고 경찰은 9월 28일을 D-day로 정하고 원래 위치 수복에 나서. 그게 9·28 수복이야. 요즘 젊은 사람들이야 잘 모르겠지만, 6·25 전쟁이 터지고 난 후 계속 밀리다 낙동강방어선만 겨우 지키던 당시로선 참으로 엄청난 일이었지.

우리도 함안, 대산 전선에서 하루 전날 연락을 받고 남해로 복귀를 해. 한밤중에 이동을 하는 바람에 일일이 어디를 통과했는지는 잘 모르겠지만, 걸어서 함안에서 의령으로 빠져서 진주 방향을 거쳐서 남해까지 들어갔지. 그날 저녁에 출발해서 다음날 새벽에 남해경찰서를 접수했어.

○ 남해경찰서를 접수한 후 제일 먼저 무엇을 했나요?

남해에 있던 빨갱이한테 부역한 사람들 조사를 했지. 6·25 이후 세 달이 넘었으니까 부역자가 엄청 많아. 경찰서로 불러들여서 자술서를 쓰라고 했지. 인민군 치하에서 빨갱이한테 부역 안 한 사람이 어디 있겠어? 총 대고 쌀 내놓으라고 하면 밥해주고, 방어선 만들라면 가야지. 안 가고 어떻게 해?

자수한 사람은 400~500명 정도였는데, 실제 부역자는 더 많았을 거야. 그때 남해군민이 8, 9만 명쯤 될거야. 당시 내 손으로 하나 하나 써서

도민증을 만들었는데, 13만번이 넘었어.

○ 부역자들은 어떻게 처리했나요?

백지를 하나 주고, 니가 인민군이 들어왔을 때 무엇을 했나. 하고 일지, 그러니까 자술서를 쓰라고 한 기지. 그걸 받아서 A급인지, B급인지 심사를 하는거야.

그 와중에도 똑똑한 놈들은 자기가 한 일을 다 안 쓰고, 절반 이하로 줄여서 쓰는 거라. 그래도 부역 정도가 심하다 싶은 200~300명만 남겨 놓고 나머지는 귀가시켰어. 그걸 사찰계에 다시 넘겨. 당시 사찰계가 엄청 무서웠어. 6·25 터지기 전에도 사찰계는 빨갱이에 대해서는 즉결심판을 할 수 있었어. '이놈이 빨갱이다' 하고 의심스러우면 바로 총살을 하는 거지. 거제에도 빨갱이 야산대가 많았거든. 잡히면 경찰에서 바로 즉결처분이야. 당시엔 재판도 없었어.

○ 아, 그러니까 북한군 부역자와 보도연맹 사건은 좀 다르네요?

아무래도 부역자들은 우리가 수복을 한 이후니까 여유가 있었지. 보도연맹 사건은 6·25가 터지면서 인천인가 어디에서 인민군이 내려오니까, 보도연맹 몇몇이 앞장을 서서 활개를 쳤나봐. 그러니까, 전 국군이며 경찰에 "보도연맹 가입자들을 처리하라"고 지시가 떨어진 거지. 당시 남해에서도 보도연맹과 관련된 사람들은 사찰계에서 조사를 해서 몇 십 명씩 바다로 실고 나가서 총살하거나 수장을 시켰어. 인민군이 내려왔을 때, 보도연맹이 앞장서서 우익이나 경찰 가족을 죽일 수도 있잖아.

그런데, 우리가 남해를 수복한 후에는 아무래도 여유가 있으니까, 처벌에도 사정을 봐줄 수 있었지. 당시에는 위에서도 즉결처분을 함부로 못 하도록 지시가 내려왔나봐. 200~300명 부역자들은 전부 훈계방면한 걸로 알고 있어.

○ 이승만 대통령을 만나려면 진해경찰서로 발령을 받아야 한다고 하셨죠? 진해경찰서에는 어떻게 가시게 되나요?

51년쯤으로 기억해. 전쟁이 고착화, 안정화되면서 경찰 승진 시험을 치더라고. 그때 부산 경남도경에서 시험을 쳤는데, 남해에서 7~8명이 갔는데, 나 혼자 합격했어. 그래 승진해서 진해경찰서로 간거야. 진해경찰서에선 경리계를 맡았어.

○ 이승만 대통령은 어떻게 만나게 됩니까?

이승만 대통령이 진해별장에 오면, 진해경찰서장이 꼭 영접을 나가거든. 경무대에서 오는 인원은 최근접 경호를 하고, 경찰이 넓은 범위를 경호하지. 제일 밖에는 헌병이 지키고.

그때 진해경찰서장이 '최동택'이라고 원래 경무대에서 대통령 수행 경감을 한 거라. 그러니, 아무리 진해 해군들의 별들이 많이 영접을 나와도 지근거리에서 이승만 대통령을 수행하는 사람은 최동택 서장이라.

진해에 별자리들이 엄청나게 많아도 이승만 대통령 근처에도 못 가. 최동택 서장은 옷도 입혀 주고 벗겨주고, 이런 저런 이야기도 나누는 거라. 경무대 안에서도 대통령 앞에서 권총을 차는 4명 중에 하나였으니까. 대통령의 심기를 얼마나 잘 알겠어.

그런데, 경찰서장이 대통령 영접하러 갈 때, 경무대 요원들한테 선물이라도 하나 줘야 할 거 아냐. 당시 최고 인기 선물은 담배였는데, 그걸 서장이 직접 줄 순 없으니까 항상 내가 준비해 가지고 가는거라.

경무대 요원들도 엄청 깐깐해서 아무한테나 선물을 안 받는데, 최동택 서장이 주는 거라면 잘 받아. 그만큼 이승만 대통령의 신임이 각별했어.

하루는 말이야. 이승만 대통령을 모시고 김해공항에서 진해로 오는데, 차량이 한꺼번에 달리니 오리가 날아오르더라고. 최동택 서장이 날 더러, 총을 쏴서 오리를 맞춰보래. 그래 총을 들어서 2방을 쏴서, 2방 모두를 맞췄어.

이승만 대통령이 "자네 명사수
구만, 청와대로 들어와!" 하는 거
라. 얼마나 감격했던지. 이승만 대
통령이 누구야? 당시 최고의 권
력 아닌가. 그 힘이 요즘 대통령
과는 비교도 할 수 없었지. 말만
듣기만해도 가슴이 벅차더라고.
그런데, 실제로 알고보면 별게 아
니야. 오리들은 놀라면 몸이 무거

경찰 천명주는 이승만 대통령을 만나 "명사수"
라는 칭찬을 받는다. @부산광역시립박물관

워서 앞으로 쭈욱 날아가거든. 그래서 똑같이 가니까 사정거리 안에만
들면 얼마든지 맞출 수 있어. 그런데도, 대통령은 대단하다고 감탄을 하
신 거지.

○ **그래서 청와대로 들어가십니까?**

아니, 아무리 생각해봐도 안 되겠더라고. 청와대가 어떤 곳인가? 체격
도 좋아야하고 늘 긴장해서 경호를 해야하고. 체질상 안 맞겠더라고.
그래서 일찌감치 포기를 했지.

당시 최동택 서장은 고민이 하나 있었어. 이승만 대통령의 깊은 신임
을 얻는 만큼, 진해경찰 서장차량이 늘 선두차량으로 달려야했어. 경호
수칙상 시속 60km이상 속도로 달려야하는데, 당시 서장 차량이 고물 똥
차야. 해군 장성은 차량이 삐까번쩍한데⋯ 늘 고물 지프차 때문에 고민
을 했던 모양이야. 그래서 매번 경리계에 차량 교체를 요구했는데, 전시
에 진해경찰서에 돈이 있나? 없지. 그래서 매번 똥차를 몰고 대통령을
영접하러 가니, 기분이 늘 찝찔했겠지.

하루는 날 부르더니, "무슨 수가 없나?" 하고 물어보는 거라. 내가 기

지를 발휘했지. "쌀 한 가마니만 달라"고 했어. 서장이 "쌀 한 가마니로 뭘 할려고?" 하면서도 내주데. 내가 그걸 들고, 부산으로 갔어.

당시 군용 차량은 모두 부산 범일동 미55보급창에서 배급을 했거든. 지프차를 교체하려면 고문관한테 사인을 받아야 해. 그런데, 고문관들한테 여자들이 있었거든. 그 여자가 젤 좋아하는 게 쌀가마니야. 쌀가마니 주고 고문관 사인을 받아낸거야.

그걸 들고 범일동 미55보급창에 가서 새 지프차를 받아왔지. 그런데, 지프차를 타고 나올려고 하니까 헌병들이 "No" 안 된대. 왜? 하고 물어보니까, "니가 타고 들어온 차는 경찰차고, 지금 타고 나가는 차는 군용차량이라 통과시켜줄 수 없다"는 거야.

이거, 뭐 다 된 밥에 코 빠뜨릴 순 없고. 한참 고민을 하다, 또 기발한 생각이 나는 거야. 당시 경찰은 차량 앞에 'Police'이 있고, 경무대 경찰은 'National Police'라고 달았거든. 미군 헌병이 경무대 경찰은 예외를 시키는 거야. 그래서 차는 범일동 보급창에 놔두고, 뺑끼(페인트) 사와서 'National Police'라고 쓴거야. 그랬더니, 헌병이 나가라고 경례를 '탁' 붙이더라고.

○ **진해경찰서장이 무척이나 좋아했겠네요.**

좋아하다 뿐인가. "자네 기술이 이리 좋은 줄 몰랐네" 하고 새 지프차를 탈 때마다 칭찬이야. 이때부터 김해공항에 이승만 대통령 영접하러 나가려면 폼도 나고, 선두차량으로도 씽씽 달리는 거야.

맨날 하는 소리가 "진작 자네가 이리 좋은 기술을 가르쳐줬으면 내가 고생을 안 했을 거 아이가" 하고 감탄을 하는거라. 그러면서 "앞으로 자네 하자는 대로 하겠네" 카는 거라. 결재서류를 들고 가면, 경리주임은 벌벌 떠는데 내가 들고가면 아무 것도 안 물어보고 바로 사인을 하는거라.

○ 이제 요직인 부산 경남경찰청 경리계로 가시겠네요?

당시 진해서장한테 잘 보인 게 아무래도 부산 경남경찰청으로 들어갈 수 있는 계기가 됐겠지. 하루는 서장이 날 부르더니. "이사람을 꼭 오늘 부산에 모셔다 주게" 부탁하는 거라. 당시는 전시라 진해에서 부산까지 마음대로 갈 수가 없어. 그리고 차량도 함부로 낼 수도 없고. 그래도 당시 경리계에 근무하니까, 쓰리쿼터 차량으로 그 분을 부산까지 모셔줬지. 지금이야 진해에서 부산 가는 길이 좋지만. 당시만 해도 비포장인 산길을 꼬불꼬불 한참을 가야했다고. 그래 정시에 그분을 부산 어딘가에 내려다 드렸어.

아, 알고보니 그 양반이 007처럼 비밀번호 '105' 경무대 비밀요원이라. 진해에서 부산까지 가면서, 서로 이런 저런 이야길 했을 거 아니야. 내 이야기를 듣고선 부산 경남본청으로 들어가도록 주선을 한거야.

그런데, 사실 당시에 나는 그걸 모르고 있었어. 그 양반하고 부산 아치섬(조도)에도 놀러가고, 주말이면 이 다방, 저 다방 순례도 많이 했거든. 그런데 비밀요원인줄 꿈에도 생각을 못한 거야.

1960년 3·15 부정선거가 터졌을 때, 이 양반이 통영에 왔어. 내가 복천장이나 동양여관에 모시겠다고 해도 꼭 우리집에서 자고 싶대. 그래서 서호동 우리집에서 모셨는데, 그제서야 자신이 경무대 비밀요원이라고 알려주더라고. 당시 부산다방을 이리저리 다닌 게, 이 당시 민정을 듣거나 첩보를 수집하는 거였지. 우리들은 다방 값 안 내고 이 다방, 저 다방 구경하니 그냥 좋아들 했었거든. 아마, 진해에서 부산으로 급히 가던 날도, 지금 생각해 보면 요원들이 시간, 장소를 정해서 모이는 비밀회합 같은 것 같아.

6. 돈 한푼 없이 '모구리'를 모으다

주먹에 쥔 돈 한푼 없이 모구리(잠수기)를 사다
조업을 나가려니 허가가 없네, 강원도까지 구하러
1956년 복천호 첫 출항, 돈을 자루에 쓸어 담다
동래파전의 비결이 뭔 지 아나? 바로 홍합이야

일제강점기 잠수기 작업 장면 @조선잠수기어업연혁사

천명주 전 기선권현망수협 조합장은 근 90년에 달하는 인생을 살아온 만큼 다양한 이력과 직함을 가지고 있다. 그 가운데 '조합장'이란 타이틀을 달았으니, 배를 모아야 할 게 아닌가. 드디어 배를 산다. 어? 그런데 기선권현망(오게드리)이 아니라 잠수기(모구리)다. 그렇다. 경찰 공무원이던 그가 처음으로 시작한 어업은 '잠수기'였다. 이번에는 돈 한푼 없이 잠수기를 모은 기적같은 이야기가 펼쳐진다.

○ 6·25 전쟁이 끝났어도, 경찰이란 직업이 평생 먹고 살기에는 꽤 괜찮은 직업이었는데, 왜 '잠수기'를 모을 생각을 하셨어요?

경찰에 있으면서 곰곰히 생각을 해보니, 승진이 내 마음대로 되는 것도 아니고, 설사 승진이 된다고 해도 내 한 몸은 쉬워도 내 가족을 믹이 살리는 것은 어렵겠더라꼬.

빽도 읍고, 미래도 불안하고…. '아, 이거는 영원히 할 수 있는 일은 아니다'라고 생각했지. 또 '젊어서 할 직업이지 나이 들어서는 할 일이 아니다' 싶더라꼬.

그래서 '사회 나가서 뭘 해야 지!' 하고 결심을 한기지. 그런데

투구와 잠수복을 입은 잠수부 @통영수산과학관

왜정 말엽에 우리집에서 잠시 잠수기어업을 한 적이 있어. 그래서 '잠수기를 한번 해보자' 이리 된기라.

○ **문제는 돈이 없으셨잖아요.**

그렇지. 잠수기를 모으려면 먼저 배가 있어야 하고, 면허도 있어야 하거든, 그리고 장비도 있어야 하고. 이 3가지가 한 세트거든. 그런데 내가 돈이 있나. 경찰하면서 조금 모은 걸로는 택도 읍었지. 신기하게도, 젊은 날에 뜻을 품으니 하늘이 도와주더라꼬.

한번 들어보지. 강대한(훗날 경남차부 소장, 경원여객 대표의 부친)이라꼬, 양복점을 해서 돈을 번 사람이 있었어. 누가 "모구리를 하모 돈을 번다"고 부추겨서, 강대한씨가 척포에서 모구리를 한 척 산 기라. 그런데 허가가

없어. 아까 말했듯이, 배하고 허가하고 장비하고 세 가지가 다 있어야 하거든.

막상 배는 모았는데, 잠수기 허가가 안 나는 기라. 지금도 잠수기 허가는 대통령 빽으로도 안 나와. 반드시 다른 사람 걸 사야 하거든. 그러니, 조업을 나갈 수가 있나! 척포 선창안에다 대 놓은거라. 그런데 배는 묶어 놓으면 금방 썩는다꼬. 나무를 파묵는 벌레(소)가 있어서, 금방 썩어. 그러니 강대한씨가 얼마나 속이 탔겠어.

그 무렵에 내가 강대한씨하고 종종 만나서 이런 저런 이야기를 하곤 했거든. 그래 내가 "송충이는 갈잎 묵으모 죽는데, 양복점 하던 사람이 우찌 배 사업을 할라카요. 고마 나헌테 파소" 카는 기라. 그래 둘이서 '시발 택시'를 타고 척포까지 가. 모구리 배를 확인해 볼라꼬. 그 자리에서 흥정은 물론이고 계약이 이뤄져. 그때 모구리 배가 한 60만원 정도 했거든. 강대한씨가 5만원을 깎아서 55만원에 줄려고 해. 내가 "50만원에 날로 주소" 캤지. 그러다가 "52만5천원"으로 결정이 났어. 그런데 신기한 거는 나도 돈이 없으니까, "한달 뒤에 줄께요" 칸 거라. 그러니까 강대한씨도 "그래라" 카면서 덜렁 배를 내주는 기라.

그런데, 60만원이든 52만5천원이든 그때 돈으론 참 컸거든. 우리 양친한테 말씀을 드리니, 어디서 5만원을 꾸어왔더라꼬. 그걸로 계약금을 하고, 나머지 잔금(사실 잔금이 더 많은 상황)은 한달 뒤에 주기로 하고 말이야. 그런데 참 우습지. "우찌 덜렁 돈 5만원에 배를 내줬을까?" 한편으론 지금 생각해 보면 참 무모하지. "나도 강대한씨 하고 똑같은 입장이거든. 허가도 없고, 장비도 없는데 말이야." 그런데 말이야. "젊은 날에는 좀 무모해야 해. 나이든 영감처럼 이리 재고, 저리 재모 기회가 안 와." 그래가지고, 지금 서호동 여객선터미널 자리 연안에 배를 대놓고, 우리 부친한테 배를 돌봐달라고 부탁을 드렸지. 그런데 허가를 얻는 게 참말로 어렵더라꼬.

○ 허가를 사러 강원도까지 가셨다면서요?

말도 마라. 허가를 구하려고 하니 마음대로 되나. 요즘 생각해 보니 참 웃기지. 요즘처럼 인터넷으로 허가장을 매매하나? 아니모 누가 허가를 판다고 써붙이고 다니는 것도 아니잖아. 그래 가지고 가만히 생각해 보니, "강원도 주문진에 잠수기 어업을 많이 하니 허가가 있겠다" 싶더라꼬. 그래서 버스를 타고 강원도 주문진까지 가.

아이고, 이제는 어디를 거쳐서 갔는지도 기억이 잘 안 나네. 하여튼 고불고불한 산길, 바닷길을 3일로 가는 기라. 지금 같은 도로는 양반이고. 버스도 부산에서 주문진으로 바로 가는 길이 있나. 참 그때 젊으니까 가능한 일이지, 요즘 같으모 어림도 없다.

그런데, 허가를 팔 사람이 없는 기라. 동네를 걸어가다가 모구리 배를 대놓으면 주변 사람들한테 물어보는 기라. 그라모 뭐하노? 허가를 팔 사람이 없는데. 참말로 허탈하더라.

그래 가지고, 집으로 돌아와서 이틀로 있다가 3일째 부산 경찰청으로 돌아가려는데, 일이 생기는 거야.

○ 무슨 일요? 허가를 누가 팝니까?

3일째 되는 날, 부산으로 갈라꼬 내려오는데, 우리 이우지(이웃) 유부세라꼬 우다시 타뢰망을 해서 돈을 좀 번 사람이 있는데, "우찌 집에 왔다가노?" 하고 인사를 건네는 거라.

그래 내가 이런 저런 사정을 설명했지. 그랬더니, "봉진씨가 모구리 허가를 팔려더라" 카는 거라. "김봉진씨가 바로 우리 집앞에 사는데, 강원도 가서 모구리 사업이 벨로 재미를 못 봐서, 허가를 팔라 카더라" 이러는 거라.

아이고 참. 강원도까지 가서도 못 산 허가를 바로 이웃에서 팔려고 한다니! 얼매나 반갑던지, 부산 가는 일은 뒷전이고, 그 질(길)로 김봉진씨를 만나러 갔어. "어장을 안 할 작정이모, 허가를 나한테 파소" 한 기라. 그때 강원도는 항시 조업을 하는기 아니라, 허가장하고 기구(장비)를 들고 다니면서 잠시 배를 빌려서 조업을 하는 형태였거든. 그러니, 김봉진 씨한테는 허가장이 있는 거라. 그래 35만원에 합의를 봤어. 그때는 모구리 배보다도 허가하고 기구가 더 비싼 시절이었거든.

○ **돈은요? 또 한달 외상입니까?**

그래 그날 또 집으로 와서. 부모님하고 상의를 했지. 또 5만원을 어디서 구해서, 김봉진씨한테 주고, 또 "한달 뒤에 갚거마" 하고 약속을 했지. 그러니까, 그 양반도 수월케 기계하고 허가장을 주더라꼬. 참, 웃습게 일이 되잖애.

자, 이제 배도 있고 허가도 있고, 장비도 있으니, 모구리 한 척이 제대로 마련된 거지.

그때 잠수기조합 본소가 통영 동충 끝에 있었거든(지금은 부산에 있다). 김창구 상무라꼬 그 사람한테 명의 변경 수속 절차를 부탁했거든. 그라모 잠수기조합을 해서, 해무청으로 해서 허가 변경이 되거든. 그때 첫 배이름이 '복천호'야. 마침내 모구리배 선주가 된 거야. 1956년. 내 나이 29살 때였어.

○ **전에 제가 이대목에서 '명언'을 하나 들은 것 같은데, 오늘은 말씀이 없으시네요.**

아, 이 말인 갚네. 옛말에 "냇가에 논 사지 말고 젊은 사람한테 돈 빌려주라"는 말이 있어. 그게 무슨 뜻인고 하모, 냇가 논은 홍수가 나모 떠밀리 가삐잖어. 젊은 사람한테 돈 빌려줘서 성공하모 좋잖아. 요새는 경지 정리를 하고, 제방 관리도 제대로 하니까 괜찮지만, 옛날에는 냇가 논이란 게 홍수가 나모 이리 떠밀리 갔다가 저리 떠밀리 오고 했거든. 2, 3년만에 한번은 홍수가 나거든.

○ 첫 출어는 기억이 나십니까?

1956년 3월 31일 첫 출항을 했다꼬. 내가 노트에다가 돈 들어간 거를 기록해 놨다꼬. 그때 3종 세트로 살라카모 200만원은 있어야 했거든. 그런데, 나는 배가 52만5천원, 허가가 30만원, 취사도구며 노, 텐트까지 모두 총 들어간 돈이 131만원 들었더라꼬.

요새는 두, 세명이 모구리를 하지마는 그때는 잠수부는 한 명이라도 바다 물건이 많아서 12명이 일을 했다꼬. 해삼이 올라오모 창자를 빼고, 문어가 올라온다, 고동이 올라온다하모 분리를 하고, 전복이 올라오모 별도로 배 옆에다가 살라가지고 왔거든.

그렇게 한달 조업을 해보니, 하루 2~3만원, 한달에 50~60만원이 올라오더라꼬. 공동경비 15만원을 제외하고 선주하고 선원(모구리 잠수사 포함)이 반반을 나누니까, 선주 손에 20만원은 잡히는 기라. 그때 내 경찰 월급이 한달에 2만8천원이었어. 우찌 비교가 되겠노! 그러니까, 5~6개월 만에 빚을 다 갚아.

○ 그래서 모구리로 돈을 좀 버십니까?

그런데, 그때 가만히 이야길 들어보니까 통영보다 부산이 더 모구리 사업의 사정이 좋더라꼬. 동래파전에 뭐가 들어가는 줄 아나. 바로 홍합이야. 홍합. 신선한 홍합이 동래파전 맛의 비결이거든. 지금도 그 맛이 기억나.

그래서 사업 터전을 통영에서 부산 다대포로 옮겼지. 그때 박진호씨하고 문명준씨하고 나하고 셋이서 모구리 배 3척이 돌아가면서 홍합을 채취했지. 배가 이틀에 한번 정도 들어오는데, 홍합을 트럭에 실으면 5톤 트럭에 한 가득이라. 그만큼 자원이 많았어.

그때 홍합을 전문으로 취급하는 여자들이 있었는데, 밤새 홍합을 까서 짚으로 묶어서 부산항에 가서 파는 기라. 그라모 그 80~90%가 동래파전 재료가 되는 기라. 동래파전 덕분에 내가 돈을 좀 벌었지. 그때 통영에선 선주 몫으로 20만원 정도였는데, 부산에선 40~50만원 정도를 벌었어.

○ 근 1년만에 모구리배 2척을 모은 이야기도 좀 해주십시오.

연안이라고 아나? 그때 배는 목선이어서 자주 갯가로 끌어올려서 배 밑바닥을 불로 태웠거든. 그걸 보고 어떤 사람은 묻더라. "그렇게 군불을 떼면 며칠 동안 배안이 따뜻하나"꼬.(서로 한참을 웃음). 연안할 때 소나무를 재료로 불을 떼면 좋거든. 설 쇠고 이른 봄에, 몰운대 근처에 소나무산판이 있어서, 소나무 살려고 배를 그리 몰아가고 있었어. 선주인 내가 배 이망에 앉고. 그런데, "어?" 배옆에 온통 숭어가 천지라. 그런데 이놈들이 반은 죽어 있고 반은 살아 있어. 가만히 보니, '뺑치기' 그러니까 다이너마이트 같은 걸로 터트려서 물고기가 충격에 떠오르면 그걸 잡는 불법 어업을 하다, 다른 배가 지나가니까 도망을 간 것 같아.

그런데 숭어가 제법 많아. 그래 우리 잠수사한테 "잠수복 입고 물밑에 한번 내려가 보라" 그랬어. 그랬더니, "숭어가 물밑으로 산더미"래. "물 위로 보이는 것보다 물 아래에 더 많다"는 거야. 그래 내가 "숭어를 실어담아라" 칸 거라. 연안은 다음에 하기로 하고, 그길로 숭어를 실어담아서 부산 위판장으로 갔지. 그날 경매가가 얼마나 나왔는지 아나? "121만원이야, 121만원."

내가 모구리 배를 모은 게 130만원 정도였고, 당시 모구리 시세가 200만원이었거든. 그날 하루 숭어 경매한 걸로 모구리배 한 척을 더 모았지. 참, "내가 어업할 운이 있구나" 싶더라고. 그래서 경찰도 1957년 5월에 퇴직해.

7. "멸치 권현망은 내 운명이 아닌가 보다!"

1년만에 모구리 어선 2척… 어자원이 계속 감소
권현망 전환, "권현망 1통을 다 모으면 어선 8척"
실패의 연속, "권현망은 내 운명이 아닌가 보다!"

권현망어선의 멸치잡이

　"권현망은 내 운명이 아닌가 보다 했어. 그땐!" 처음 천명주 전 기선권현망수협 조합장으로부터 이 말을 들었을 때, 내 귀를 의심했다. 천명주 전 조합장이 누군가? 바로 권현망으로 자수성가, 통영 최고의 거부의 반열에 올랐던 이가 아닌가! 게다가 근 20년 동안 권현망수협 조합장을 역임, 이 분야에서 타의 추종을 불허 하는 분이다. 이런 분이 "권현망을 괜히 시작했다!"고 후회할 정도라면 도대체 무슨 일이 있었던 것일까? 천명주 전 조합장의 말을 들어보자.

○ "오게드리(권현망)를 괜히 했어!"라고 후회하셨다고요? 그 전에 한번 여쭤보고 싶습니다. 모구리(잠수기) 배도 2척이나 모으고, 안정적인 직업인 경찰도 그만두셨잖아요. 갑자기 오게드리(권현망) 배를 모으신 이유가 뭡니까?

잠수기를 하다가 권현망을 샀잖애. 2~3년 하고 나니, 자원이 없어. 급격하게 자원이 감소하는 거야. "이 어업은 오래 할 수 없는 사업이다" 이렇게 판단한 거야. 그리고 물밑에 사업이니까, 언제 어떻게 될지 모르잖애. 모든 일이 잠수사 한 명한테 달린 거라.

멸치잡이 권현망어선 '홍은호'

"그래도 권현망 하모 당대 최고의 어업 아이가. 그리고 물밑이라도 그물로 잡으니, 아무래도 안정적이다" 그렇게 생각한 기지.

○ 잠수기 사업이 잘 안된 게 아니셨잖아요?

사업이 참 잘됐지. 부산에서 동래파전에 들어가는 홍합 잡을 때는 한번 조업 나가모 5톤 트럭 한대 분량을 채워왔다고. 늘 만선이지. 5톤 트럭 크기의 배(실제 잠수기 배는 6톤 정도)에, 5톤 트럭만큼 홍합이 까뿍(가득)이 쌓여 있다고 생각을 한번 해보지. 얼마나 흐뭇하겠는가.

처음에는 전복을 30~40관씩, 3.75kg이 한 관이거든. 하루 100kg를 넘게 잡은 기지. 그런데, 3년 뒤에는 하루 3~4관을 잡는게 고작이었어.

잠수기가 그때는 배도 크고 선원도 10~12명이 탔다꼬. 지금 한번 생각을 해보지. 배는 고작 1톤 남짓, 선원도 2~3명이 고작이잖애. 내 눈에는 끝이 보이는 것 같더라꼬.

○ 그래도, 처음 잠수기 배 모을 때보다는 훨씬 수월했겠네요. 어느 정도 돈을 모았을 때 아닙니까?

아무래도 잠수기 모을 때랑은 틀리지. 그때 내가 가지고 있던 돈이 잠수기 2틀(면허 포함)을 팔아서, 350만원씩 700만원, 시제금이 1,000만원, 어장 외상차입이 한 6~700만원 남짓, 그러니까 2,400만원 정도 되지. 이것 가지고도 권현망 배를 사기에는 조금 모자랐어. 지금은 멸치를 잡으면 수협을 통해 경매하고 유통하지만, 그때는 개인 객주가 컸거든. 나는 '장지만'이라고 객주랑 거래를 했거든. 그래 300만원을 빌려 주더라꼬.

그때는 은행 대출보다는 객주한테 돈을 빌렸어. 그게 편해. 목돈을 객주한테 받고나서, 생산한 걸 객주한테 위탁판매하면 이자하고 수수료 떼고 돈을 주니까, 얼마나 편해.

금성수산의 김재기씨도 당시 통영의 상당히 큰 객주 중에 한명이었지. 다른 객주들도 4~5명 있었는데, 이제는 이름이 생각이 안 난다. 5년 전만 됐어도, 기억이 날 낀데.

하여튼 그때 돈이 3,000만원 들었어. 그렇게 1958년에 권현망으로 전업을 했어. 그때 내 나이가 31살이지. 배 이름은 '홍은호'야. 어장막은 화도, 불섬이야. 그때 장지만씨가 그 터를 가지고 있더라꼬.

○ 그때는 권현망 1틀(통)이 몇 척이었습니까?

보자, '그물배(망선)'가 2척이 있어야 하고, '이리야' 따로 '운반선' 따로 각각 1척하고 1척이야. 지금은 이리야에서 삶고 운반선 역할도 하지만 그땐 이리야는 바다에서 잡은 멸치를 바로 삶고, 따로 운반선을 통해서 육지에 있는 어장막으로 가져왔어. 그라고 전마선이 2척이야.

하나는 '지휘선'이고…. 여기에는 어로장이 타. 요즘으로 치모 '어탐선'이지. 하나는 그물을 손 봐주는 '정비선'이라고 보면 될 끼라. 만약 그물을 끌거나 당기다가 걸리면 전마선이 달려가서 손을 봐주는 기지.

여기에 예인선이 2척이 또 있어. '히끼다치'라꼬 그물을 끌어당기는 배야. 그때는 망선에는 그물만 싣고, 예인선 2척이 끌어주는 기라. 그러니까 배를 다 모으면 1틀(통)이 8척이야.

○ 왜 후회를 하셨어요?

그 때는 너무 비과학적이었어. 지금이야 어탐기가 있지만 그때는 오로지 '어로장의 판단'이 최고 중요했어. 배를 항진하다가, 어로장이 "투망해라" 하모 하는 거거든. 그런데 어로장이 뭐 장부를 적어놓는다든지, 차곡차곡 일지를 적어서 '데이타를 모아서' 하는 방법이 아니라, 자신의 감을 믿는 거야.

그러니까 어로장이 고기가 있을 끼라꼬 보고 투망을 지시했는데, 고기가 없을 수도 있고, 반대로 기대도 안 했는데 고기가 많이 올라오기도 하는 거라. 완전히 운수였지.

○ 지금까지 살아오시면서 계속 운수가 좋았잖아요. 대학교도 나오시고, 경찰도 하시고, 잠수기 사업도 승승장구했고요.

말 도 마라. 다른 사람하고 같이 바다로 가서 투망을 해도, 고기가 들지 않는 경우가 많은 거라. 처음 1, 2년은 고생을 무척이나 했어. 1년은 그래도 자금도 좀 있고, 아무것도 모르니깐 견딜만 했어. 2년째는 '아, 이래 가지고 안되겠다' 싶었어.

그때는 "권현망이 내 운명이 아닌가 보다!" 싶었어. 우리 집사람 결혼반지까지 내다팔아야 할 순간이 오니깐, "내 운명이 아니다" 하는 후회감이 들더라꼬. 심지어는 내가 엽총을 가지고 있었는데, 그것도 팔았지. 단돈 100원이라도 돈 되는 거는 다 팔아넣었다꼬.

몇 번이라도 포기할 생각을 했어.

그래도 형제간이 좋다는 걸 이때 알았어. 내가 "내 운명에 어장할 복이 없는가 보다!" 하고 한탄을 하면, 동생 (천)기주가 "행님, 앞으로 잘 될 끼요" 하면서 격려를 해주는 기라. 그러면서 "어장 시설은 다 있고, 엔진 같은 거는 내가 수리를 해줄낀께 걱정말고요. 다른 데는 크게 돈 들어갈 때가 없잖소" 하고 북돋아 주는기라. 큰 돈을 내게 준 것도 아닌데, 참 마음으로 힘이 나더라꼬.

○ 다른 사람들은, 항상 사업이 승승장구하신 걸로만 알고 있었는데, 처음에 고생을 많이 하셨네요!

그러게, 말도 마라. 그래서 내가 속으로 "이래선 안되겠다!" 싶더라꼬. 그래서 다른 사람 어장(권현망배)에 타서 배우기 시작했어. 그렇게 배나 바다에 대해, 권현망 어장에 대해 배우기 시작하고, 어로장하고 선장 인선을 다시 재정비를 했어. 그러고 나니, 3년차에는 경비하고 생산이 엇비슷해. 4년차부터는 조금 이익이 나더라꼬. 그러다가, 결정적으로 권현망어장이 잘 된 건 '어탐기'를 도입하면서야.

○ 아, 어탐기를 도입하셨어요?

그래. 60년대 초반인데 내가 구주(큐슈, 九州)하고 사국(시코쿠, 四国)에 갔거든. 그쪽이 아무래도 배나 어구, 어법이 많이 발달했거든.
참 신기한 게, 우리가 일제시대를 겪었잖애. 그러니까 일본말을 할 줄 알잖애. 그라고 내가 부산에서 고등학교때 전자, 전기 이런 걸 전공했잖애. 그러니까, 일본에 집단적으로 어업을 하는 곳에 가서도, 말도 잘 통하고 어군탐지기나 휴대용 무선기 같은 거도 눈에 들어오더라꼬.

○ 그래서 요즘 말로 '대박'이 나셨어요?

아니. 당시 12만원, 비싼 돈을 주고 어군탐지기를 가져왔는데···. 우리 어로장이 이걸 쓸려고 안 하는 거라. "일본 사람들은 이걸(어군탐지기) 써

가지고, 물밑에 고기가 있는지 없는지를 보고 투망을 한다. 우리도 이걸 써보자" 캤거든.

그랬더니, 날더러 "이상한 선주"래. "이상한 도깨비 상자를 하나 사와선, 이걸 보고 고기를 잡으라"한다면서. "이래선 안되겠다" 싶어서 내가 따로 어탐선을 쾌속선으로 하나 모았어. 이 어탐선에 어군탐지기를 싣고는 내가 직접 "투망하라"고 지시를 했어.

결국에는 우리 어로장이 어군탐지기를 쓰더라꼬. 그때부터 사업이 점차 잘 됐어. 생각을 한번 해보라꼬. 어군탐지기로 바다물 속에 멸치떼가 있는지 없는지를 확인하고 투망을 하면 성공 확률이 높아지잖애.

처음에는 날 더러 "이상한 선주"라꼬 여기던 어로장이며 선주들도 하나, 둘씩 어군탐지기를 도입하기 시작해. 그래서 내가 일본 회사하고 선주들 사이에 중간다리 역할을 했어. 그랬더니, 날 더러 "수수료를 챙겼다"고 험담하는 사람들도 있더라.

하지만 후회는 없어. 어로장의 감을 통해, 주먹구구식 투망을 하던 멸치잡이 기선권현망이 이때 어군탐지기를 도입하면서 바다 속 멸치떼를 확인하면서 투망하는 과학적인 어업으로 발전하거든.

8. 권현망수협 조합장이 되다. 첫 번째 한 일은

광도온망어업조합에 근거를 둔 조합, 그런데 재산 계승 안돼
조합장 당선 후 첫 번째 한 일은 조합의 잃어버린 재산 찾기
1945년 광복 이후 막힌, 멸치 일본 수출길을 다시 열다
냉동선 선적 통관 금지, 경남도지사 관용차를 막다

기선권현망수협 조합장 시절

30대에 기선권현망(오게들이 혹은 오게드리) 어선의 선주가 됐던 천명주 전 조합장. 초기 1, 2년 동안 어업 부진으로 "내가 권현망 어업을 할 팔자가 아닌가 보다"란 실의에까지 빠졌었다. 그런 그가 1972년 4월 제6대 기선권현망수협 조합장에 취임한다. 당시 그의 나이 45세에 불과했다. 이후 72년~77년(6대), 81~92년(9, 10, 11, 12대) 총 5대 약 20년 동안 권현망수협 조합장을 맡았다. 가히 대한민국 수협사에서도 전후무후한 일이라고 할 수 있다. 70년대 권현망수협, 통영 어업사에 무슨 일이 있었기에 당시 45세이던 그가 조합장을 맡게 되었던 걸까? 천명주 전 권현망수협 조합장의 이야기를 들어보자.

○ 40대 조합장이라면 매우 드문 일인데, 그때 권현망조합의 사정이 어떠했나요?

한마디로 엉망이었어. 오늘날 기선권현망수협은 1919년 일본 히로시마 즉 광도현에서 온 어업인들이 세운 '광도온망어업조합'에 그 근거를 두고 있어.

그런데 광복 후에 일본인들이 물러나자, 미군정 하에서 '경남온망어업수산조합'으로 이름만 바꾼단 말이야. 그러다가 1964년 '기선권현망어업협동조합', 1977년 '기선권현망수산업협동조합'으로 계승이 되지.

그 뿌리가 광도온망어업조합에 있으면, 그 재산도 기선권현망수협으로 이전돼야 하잖아. 일제시대 한해에 비행기 1대씩을 헌납할 정도의 재산과 부를 축적한 곳이 광도온망어업조합인데, 내가 72년에 조합장에 취임을 해보니까 이건 뭐 재산이라곤 제대로 된 게 없어.

누구라 밝히기는 어렵지만 전대 조합장 몇 명과 이·감사들은 아예 조합 재산을 사유재산으로 빼돌리기에 급급했지. 그래서 조합의 재산을 개인의 재산인 적산으로 둔갑시켜서, 아예 헐값에 사들여서 저택으로 쓰고, 개인 창고로 쓰고 있더란 말이야.

서울 중앙회며 중앙 관청에 가서, 조합 일을 보냈다던 사람들이 조합 돈으로 흥청망청 술집을 드나들고 말이야. "이래서는 안되겠다" 싶었던 거야. 그래서 젊디 젊은 날, 조합장으로 뽑은 거지.

○ **조합장 취임 후 첫 번째 한 일은 조합의 잃어버린 자산 찾기였나요?**

응, 바로 그거야. 그런데 생각보다 쉽지 않았어. 72년에 시작한 일이 93년에야 마무리됐어. 20년이 걸린 거야. 알고 있다시피, 오늘날 통영 항여객선터미널 맞은편 기선권현망수협 옛 본소를 비롯해서 엔젤호 선착장(현 한산호텔)까지, 그리고 그 뒷편 건물 대부분이 원래는 광도온망수협 소유의 사무실과 창고였어.

그런데, 지금은 반 쪼가리도 안돼. 그게 그나마, 내가 재산을 찾기 위한 재판을 한 덕분이야. 참 오래도 걸렸지. 20년이라니. 그게 그리 오래 걸릴 줄은 몰랐어. 그래도 보람은 있어. 상당수 자산을 권현망수협으로 돌려놓을 수 있었으니까.

○ **20년이나 끌어오던 재판이 종지부를 찍게 된 데는 결정적인 계기가 있었나요?**

해방은 1945년 8월 15일 됐잖애. 그래도 미군이 들어오기 전에는 사실상 무정부 상태였어. 1945년 10월 9일 미군이 이땅에 들어와. 그리고 미군정을 실시하게 되지. 당시 미군정 경남지사가 수차례에 걸쳐, 구 단체인 광도온망어업조합의 권리와 의무, 재산에 대한 인수청산 지시를 내렸어.

그런데, 당시 조합장이나 간부진들은 이걸 숨긴 채 자기 이익을 채우기 급급했던 거야. 심지어는 6·25 전쟁시에 공산군에 의해 관련 서류 전부가 소실되고 없다고 주장하기도 했지. 결정적으로는 그 미군정의 지시문을 찾아낸 거지. 그걸 찾는 데, 너무도 오래 걸렸어. 당시에는 지금처럼 인터넷이나 전산망이 발달돼 있는 시대가 아니었잖아. 그러니, 미군정에서 보낸 문서를 폐기하거나 소각해 버리면 우린 알 수가 없었던 거지. 마침내 그걸 찾아낸 거야.

그리고 당시 주○○씨가 권현망조합과 통영수협에 10월 9일자로 전무이사로 임명됐다는 문서를 발견해. 경남도청의 산더미 같은 문서 창고에서 겨우 '주○○가 재산관리인이었다'는 임명장 원본을 찾아냈어. 그런데, 주○○이 당시 구 조합을 청산하고 새 조합으로 재산을 인계해야 하는 데, 당시 그 의무를 다하질 않은 거야.

그래서 재판을 시작한 지 꼭 22년만인 93년이 되어서야, 구 조합을 청산하고 기선권현망수협의 권리를 되찾게 돼. 참으로 오래 걸렸어. 오래.

그래도 노파심에서 하는 말인데…. 내 이전에 모든 조합장이 다 나쁜 사람은 아니었어. 열심히 일해 보려고 한 사람들도 있었는데, 뜻을 제대

통영시 항남동에 있던 기선권현망수협 전경 @멸치권현망수협발전사

로 펴질 못했어. 그런 점도 있었다는 걸 잊지 말아줘.

○ 많은 권현망 어업인들이 조업구역에 대해 불만이 많은 걸로 압니다. 당시 조합장 시절에 전국구를 경남으로 한정했나요?

내가 조합장을 근 20년 했으니 그런 오해를 할만도 해. 그런데, 권현망 조업구역을 경남으로 한정한 일도 내 조합장 재직 시절이 아니고, 그 유명한 군산항 포위 역시 내 때가 아니야. 원래 수협이고 어구어법이고, 1961년 박정희 대통령이 5·16혁명에 성공한 후에 그 이전의 수협이고 수산관렵 법규를 완전히 제로화시키고 다시 만들어.

그때 권현망수협에 물어봤대. "전국구로 할거냐?"고. 그런데, 당시 권현망 어업인들이 반대를 한거야. 왜냐면? 멸치란 게 원래 우리 조상들이 많이 먹은 고기(생선)가 아니야. 일본인들이 대동아전쟁이다. 무슨 전쟁이다 하면서 먹고 살기 힘드니까, 수산물로 영양을 공급받기 위해 많이 잡은 고기가 멸치야.

그러니, 광복이 되고 일본인들이 물러나잖아. 그러니까 멸치 일본 수출길이 딱 끊긴 거지. 그러니까 당시 어업인들이 "많이 잡아봐야. 일본 수출도 못하고 가격만 폭락한다. 경남권으로 묶자!" 하고 의견을 모았던

멸치 업계의 새로운 활로를 찾기 위해 일본 수출길을 열었다. @멸치권현망수협발전사

거야. 내가 조합장이 되기 전에 결정된 사항이었어. 그게. 그래서 난 멸치의 일본 수출에 진력해.

○ 아, 멸치 수출길을 여시는군요.

그렇지. 조합장에 취임해서 가장 신경쓴 게 위판하고 수출이거든. 그땐 나 역시 그러했지만 멸치를 잡으면 수협 위판장이 아니라 모두 객주를 통해 위판했거든. 큰돈이 필요하면 은행에 안 가고, 객주한테 빌리고, 멸치를 잡아서 원금도 갚고 수수료도 주는 방식이었어. 사실 어업 경영하기에는 그게 편했거든. 그 바람에, 조합 살림이 열악한 상황이었어. 직원 봉급도 못 줄 정도로. 한마디로 문닫기 일보 직전이었어.

그래서 조합을 통한 위판을 늘리기 위해 노력했어. 주위 사람들부터 설명해 나갔지. "조합이 살아야 우리 어업인들도 산다"고. 그래서 취임 첫해 24억원을 시작으로, 조합 위판액이 72억 원, 124억원, 300억원으로 급속히 증가해.

그런데 문제가 생기는 거지. 조합 위판 물량이 많아지면서, "이걸 어디에다 팔아야 할 것이냐?" 하는 문제가 생긴 거야.

그래서 일본 수출을 결심하지. 일본에 수출하기 위해 일본의 멸치유통 시장을 파악해 보니, 멸치 어획 전량을 어업연합회를 통해 전부 입찰하고 위판하고 있었어.

그래서 구주, 후쿠오카 어업연합회(어련)을 통해 최초의 멸치 수출 계약을 체결해. 처음에는 20만불, 다음해는 70만불 정도 수출 실적이 생겼지. 그때 금오열도 멸치가 대단한 인기였어. 내가 일본에 가보니까, 아직도 일제시대 통영 멸치 맛을 기억하는 교포나 일본인들이 있더라구. 그래서 금오열도 멸치를 주로 수출했어.

금오열도 하니깐 여수에 있는 금오도만 생각하는데, 통영에서부터 여수 금오도까지 바다를 모두 금오열도라고 해. 이 금오열도에서 생산된 멸치는 단백질 함량이나 여러 가지 영양성분이 일본 멸치보다 월등히 좋았어. 다시 국물 맛도 얼마나 좋았는지, 일본 사람들이 "한국 멸치 국물이 맛있다"고 스스로 이웃에 권할 정도였지. 그런데, 그 사건이 터진 거야.

○ **어떤 사건이요?**

당시 일본 수출용 멸치를 한, 두 상자씩 보낼 수는 없으니까, 현재 금성수산 자리에 있던 제동산업에 냉동 멸치를 500톤 보관한 후 1,000톤짜리 냉동선을 빌려와서 일본으로 멸치를 수출하려고 했지.

막 출항을 시키려는데 세관이며 경찰서, 해양관서에서 출항을 금지시키는거야. 출항금지 이유는 마른 멸치를 생물을 냉동운반하는 선박에 선적해서 출항시키는 것은 불가하다는 거야. 즉 전용 냉동선을 사용하란 거였지. 그런데, 멸치를 비롯해 고기는 신선도가 생명이야. 한번 실은 멸치를 어떻게 할 거야.

마침 경남도지사와 중앙정보부 경남국장이 거제도를 순시하고 있다는 거야. 내 차로 거제대교 입구를 막아섰어. 당시 관선 시대라 경남도

지사나 중앙정보부 경남국장의 끗발이 엄청났거든. 그걸 일개 수협장이 막아? 지금 생각해 보면 어림도 없을 일이지. 하지만 사실은 평소 알고 지내던 사이라, 읍소를 한거지. 그리고 상황을 설명했어.

당시가 어떤 시대인가? 박정희 대통령이 "수출만이 살 길이다. 외화벌이가 최우선이다"를 외칠 때가 아니야. 그 덕에 무사히 일본으로 멸치를 수출할 수 있었지.

그 뒤로도 일본 수출용 멸치에 한해서는 전용냉동선이 아니라, 냉동선이라면 수출이 가능하도록 됐고. 지금 생각하면 참 어이없는 일이지만, 그때니깐 가능했지.

9. 통영시민회관, 통영시청이 산으로 간 까닭은?

통영시민회관이 왜 남망산 중턱에 지어졌을까?
건축물 설계부터 한 시민회관, 북신동에 지을 수도
산 중턱에, 버스 노선도 드문 통영시청 "그때도 불만"
북신만 매립지 '세무서' 자리가 통영시청 될 수도

남망산 중턱에 지어진 통영시민문화회관

　예전부터 궁금한 게 있었다. 시민문화회관은 왜 남망산 산 중턱으로 간 것일까? 통영
시청은 또 왜 차도 잘 다니지 않는 장대 산중에 세워진 걸까? 천명주 전 조합장은 통영
시정자문위원도 오랫동안 지냈다. 그래서 그 연유를 아실 것 같아 조심스레 여쭈었다. 세
상사 상대방이 있기에 조심스럽기는 하지만 그래도, 후세에 알려줘야 할 것 같아 말문을
여셨다.

○ 오늘은 좀 말씀하기 어려운 이야기를 여쭤보려고 합니다. 삼성철공소 위에 시민 문화회관이 지어지지 않습니까? 그런데, 많은 위치 중에서 왜 남망산 중턱에 세워 지게 된 겁니까?

지금 생각해 보면 참 어이없는 일이지. 차도, 사람도 올라가기 힘든 남 망산에 하필 시민회관을 지었을까? 차라리 북신동이나 무전동에다 지었으면 시민들이 얼마나 편리하겠는가!

그때를 지금 생각해 보면 참 희안한 게, 장소를 먼저 정한 게 아니라 건축물 설계부터 했어. 지금도 기억나는데, 처음엔 호주 시드니 오페라 하우스를 닮은 건물이야. 몇 번 회의 끝에 지금 지은 건축물로 정했지. 아무래도 무게감이 있더라고.

요즘 같아서는 장소를 먼저 정하고, 그 장소에 어울리는 건축물을 선 택할 텐데. 그땐 건축물을 먼저 정하고 장소를 선정했어.(집필자 주: 통영시 민문화회관은 1990년 기본계획 확정, 1991년 신축기공, 1997년 개관했다.)

○ 처음부터 시민회관 자리가 남망산이었나요? 아니면 다른 대안이 있었나요?

그런데, 그리 무거운 건축물이 남망산에 올라가면 모양새가 영 안 좋겠 더라구. 그리고 차나 사람이나 올라가기가 불편찮애. 그때는 지금처럼

무전동 산 중턱에 지어진 통영시청

차가 많아질 줄은 몰랐어도, 그래도 차가 많아질 거라는 생각은 했거든.

그래서 나도 반대를 하고, 시정자문위원들도 여럿이 반대했어. 지금 시민문화회관 자리는 점수로는 제로지. 남망산에 너무 크게 자리잡은 데다, 시민들이 공연보러 다니기가 영 불편하잖아. 그래서 나를 비롯한 시정자문위원들이 "시민문화회관을 5, 6년에 한번 지을 수도 있는 것이 아니고, 100년을 내다봐야 하니까 신중하게 위치를 정하자"고 몇 번이고 건의를 했지. 그런데 당시 시장 A씨가 자꾸 남망산을 고집했어. 당시에 북신동에 통영시 소유 대지가 2,600평 정도 있었어. 그 주변을 조금 더 사면 시민문화회관을 세울 수 있겠더라고. 그때 북신동, 지금의 무전동 매립이 거의 끝난 시점이야. 그러니까, 바다를 매립하면서 생긴 부지 일정 부분을 통영시에서 공사업체로부터 받았거든. 그런 땅이 있는데도, 자꾸 고집을 부리더라고. "경치가 좋다"고.

○ 역사에 이프(if)는 없다지만 시민문화회관이 북신만에 세워졌다면 참 멋졌을 것 같습니다.

지금 주변에 아파트들이 얼마나 많노. 그 사람들 밤이고 낮이고 공연 보러 갈 거잖애. 가까우니까. 주차장도 훨씬 넓고. 그랬으면 북신매립지 일대가 문화적으로 참 좋은 곳이 됐겠지.

○ 이왕 말씀하신 김에, 지금 통영시청 자리는 어떻게 결정됐습니까?

나도 지금 시청 자리가 영 마음에 안 들어. 그것도 북신동이나 차라리 죽림이 더 낫지않겠어? 산복도로 충무고등학교 밑에 잘 보라꼬. 문중 선산이 하나 있어. 그 선산하고 북신시장을 합치면 장소는 좀 되긴했는데, 자손들이 반대를 하더라꼬.

그런데, 그때도 북신만이 추가 매립되면서 이번에는 통영시 소유 부지가 1만평쯤 있었다꼬.

지금 세무서 짓고 뭐 짓고 한 자리들이 통영시 소유가 됐다꼬. 시청을 지을라쿠모 한 1만 평 정도는 돼야잖애. 지금 시청은 산 중턱에다 높아서, 시민이 주차할 때도 없잖애. 버스 노선도 없고. 시민을 생각하고 시청 위치를 선정해야 하는데, 자기들만 생각하는 거야. 당시 위정자나 공무원들이.

○ 그럼, 통영시청이 오늘날 세무서 자리에 자리잡을 수도 있었겠네요. 그런데도, 지금 장대사거리 위에 세워진 연유는 무엇인가요?

당시 평통위원하던 B씨 땅이 지금 시청 주변에 많았어. 요즘이야 평통위원이 좀 그렇지만, 그때는 정보부(현 국정원)에서 민주평통에 관여를 했다꼬. 그러니까 B씨의 목소리가 좀 컸어. B씨의 대밭하고 공동묘지를 더해서, 지금 통영시청 자리를 잡은 거야.

○ 지금 생각해보면, 시민문화회관이며 통영시청이 북신매립지에 자리잡았다면 참 편리했겠다는 생각이 듭니다.

문화도 문화지만. 얼마나 편리했겠어. 지금보다 100배는 낫지. 시민회관도, 통영시청도 지금 자리로 정하게 된 연유가 그랬던 거야. 어렵사리 이야기한 이유는 앞으로 역사의 교훈이 되길 바래서야.

개인적인 욕심이나 불과 10년을 못내다보는 행정을 하지 말고, 시민들을 생각하고 100년을 내다보는 행정을 했으면 좋겠어.

10. 윤이상 기념하는 음악제, 그 시작은?

2대 통영문화재단 이사장, 1999년 '윤이상 가곡의 밤' 열다
내가 볼 때는 "빨갱이"··· '화양학원 음악 선생님' 인연
"큰일 난다" 경고 불구··· 통영현대음악제 3년 연속 개최
문화예술 행사 없던 시절, 거제에서도 관람 와서 매진

세계적인 작곡가 윤이상을 기념하는 통영국제음악제. 그 시작은? @통영국제음악재단

통영출신 세계적인 작곡가 윤이상(1917~1995년)을 기념하는 '통영국제음악제'. 2013년 올해로 12회째를 맞는 통영국제음악제가 재단법인 통영국제음악제나 통영시, 문화관광부 등에서 시작한 걸로 알고 있지만, 드물게나마 그 시작에는 민간단체인 통영문화재단이 있었다는 사실을 알고 있는 이가 있다. 천명주 전 기선권현망수협 조합장이 바로 이 통영문화재단 설립을 함께하고, 2대부터 5대까지(1996~2004년) 통영문화재단 이사장을 역임했다.

○ 솔직히 말씀드리자면, 제가 아는 천명주 전 통영문화재단 이사장께서 걸어온 길과 윤이상 선생이 걸어온 길은 무척이나 다른 것 같은데요? 어떻게 윤이상을 기리는 음악제를 하실 생각을 하셨습니까?

그러게. 참 신기한 일이지. 내가 1996년 통영문화재단 이사장이 됐는데, 주변에서 윤이상을 기념하는 음악제를 해보자는 이야기를 많이 했어. 나는 사상적으로 윤이상을 별로 좋아하지 않거든. 내가 볼 때는 '빨갱이'니까. 나는 빨갱이는 안 좋아하거든. 그런데, 인연이란 게 참 희한하지. 내가 어렸을 때, 새바지 화양학원을 다녔잖애. 그때 음악선생님이 윤이상 아니었나. 스승과 제자. 그게 인연이 된 거라.

주변 사람들이 그러더군. "사상이야 어떻든, 평생 고향 통영을 그리워하다가 일본까지 왔는데, 결국 통영 땅을 못 밟고 생을 마쳤다고. 그렇게 위대한 음악가가 끝내 고향에도 못 왔으니, 고향 통영에서 그를 기념하는 음악회라도 열어주자"고.

윤이상 선생이 돌아가신 해가 1995년이고, 내가 통영문화재단 이사장을 맡은 게 1996년이야. 그런데 실제 음악회는 1999년 5월 26일에야 '윤이상 가곡의 밤'을 주최하면서 시작이 돼. 그리고 그 다음 해와 이듬해 '통영 현대음악제 2000', '통영 현대음악제 2001'로 본격화된다꼬.

○ 아, 그때도 작곡가 윤이상을 기념하면서도 '윤이상 국제음악제'란 이름을 못 썼네요.

지금이야 그래도 좀 낫지. 그 시절만 해도 '빨갱이' 하면 몸서리를 치는 사람들이 많았어. 그리고 높은 분들도 '윤이상' 이름만 듣고서도, 통영현대음악제 행사 추진에 협조를 안 하거나, 음악제 내빈 초대조차 거절했어. 특히 2000년도에는 더 심했어. 중앙의 눈이나 주변의 눈을 의식해서, 현대음악제라면 아예 고개를 절레절레 흔들었어.

그래서 아예 윤이상이란 이름을 빼고, '통영현대음악제'란 이름을 사용했지. 그 작은 시작에서 비롯돼서, 2002년부터는 본격적으로 '통영국제음악제'란 이름을 갖고 세계적인 음악제로 도약했지.

○ 처음부터 통영문화재단에서 '윤이상'을 기념하는 통영 현대음악제를 개최할 생각
이셨나요?

처음부터 윤이상을 기념하는 행사를 할 생각은 없었어. 원래 통영문화
재단은 진의장 전 시장이 세무서장을 하면서 "통영이 예향이라고 하
는데, 시민들에게 문화를 교육할 곳도, 문화를 접할 곳도 턱없이 부족하
다. 통영이 앞으로 발전을 할려면 문화재단이 필요하다"는 생각을 갖고,
주변 사람들과 힘을 모으면서 추진된거야.

통영문화재단을 처음 만들 때 진의장 전 통영시장하고 정진규 전 창
원지검 통영지청장이 많이 헌신했어. 정진규 전 지청장은 진의장 전 시
장하고 같은 서울대학교 출신이었거든. 통영 사람도 아닌데, 참 고맙더
라꼬. 실제로 통영문화재단을 창립한 데는 진의장 전 시장의 공이 컸어.

초대 이사장은 김용식 전 외무부 장관(1913-1995년)이 맡으셨어. '대한민
국 외교계의 역사'라고 불리는 분이지. 그 분이 이사장을 맡아주시면 아
무래도 중앙의 인물이나 예산을 통영으로 끌어오기가 수월하다고 생각
했던 거지. 그 다음 내가 이사장을 맡았고.

○ 그럼 제2대 통영문화재단 이사장으로 취임하신 거네요.

통영문화재단 설립 준비를 할 때(1989년)부터 내가 통영문화재단 일에
는 관여를 했어. 시민약국 윤종원 약사하고 내가 각각 설립 기금 1억
원씩을 냈거든.

처음에는 강연회를 좀 했어. 황수관 박사도 초대를 하고, 미당 서정주
선생도 초청을 했지. 그런데, 여자분들이 신명나는 신명풀이를 좋아하
데. 그래서 국립무용단 〈우리춤, 우리의 맥〉 초청 공연을 했어. 그게 1994
년이야. 그때 단원이 120명이 넘는데, 한번 통영으로 올리려고 하니까, 쉽

지 않더라고. 그때 정순덕 전 국회의원이 도와줬어. 반응이 참 좋았어. 여자분들이 날 만날 때마다, 자주 음악회나 무용단을 초청해달라고 하더라꼬. 그러다가 1995년 윤이상 선생이 사망을 한거야. 나는 사상적으로는 별로 좋아를 하지 않지만, 화양학원에서 윤이상 선생한테 배운 기억이 나더라꼬. 그래서 '윤이상 추모'란 이름을 앞에 내세울 수가 없어서, '윤이상을 생각하는 음악회'라는 걸 한 거야.

시민들 반응이 굉장히 좋더라꼬. 시민문화회관 대강당에서 했는데, 표가 없어서 못 들어간 사람들이 많았다꼬. 거제 삼성이며 대우조선소에서 많이들 왔다꼬. 지금이야 문화예술을 접할 기회가 많지만 그때는 그런 기회가 없었어. 이게 무료도 아니고 유료인데도 그리 사람이 많이 오데. 나중에는 객석 사이에서 앉아서 보는 사람들도 많았다꼬. 이게 처음이야. 두번째 할 때는 비로소 윤이상음악회인데, 그게 '통영현대음악제 2000'이야. 그때부터 방송을 동원했어. 그때는 KBS도 오고, MBC도 왔어. 방송이 오니까 판이 달라지더라꼬. 일이 되는 거라. 1, 2, 3차 윤이상을 기념하는 음악회를 했다꼬. 그런데 그때만해도 '축사'를 거절하는 사람들이 많았어. 축사라도 하면 사상적으로 의심을 받을까봐. 말도 마라. 시민들중에는 날더러 "천 이사장, 그런 일 하다가 나중에 큰일나요"라고 하거나 "간이 배 밖으로 나온 사람 아이가!"라는 사람도 있을 정도로, 그때는 빨갱이라는 단어가, 윤이상이란 사람이 금기시됐어.

지금도 봐라. 윤이상이란 이름을 못 붙이고, '통영국제음악제'라고 안 하나. 내용은 결국 윤이상 선생을 기념하는 음악회인데 말이야.

○ 그렇게 3번을 윤이상을 기념하는 음악회를 개최하고, (재)통영국제음악제로 바톤을 넘긴 거네요.

그렇게 3번의 음악회를 하고 나니까, 고동주 전 시장이 깊은 관심을 보이더라고. 윤이상 음악회를 막상 해보니까, 공연에 설 사람들 모시고 오는 일도 힘들고, 방송국 섭외 같은 일도 쉽지를 않더라꼬. 그래서 당시 시장이 하겠다고 하니, 음악제를 넘겨준거지. 그리고 나서 2002년부터 '통영국제음악제'라고 된 거야. 이제는 그런 걸 기억하는 사람도 없을 거야.

○ **솔직히 윤이상 음악이 어떻다는 걸 그때 아셨습니까?**

이 사람아, 내가 윤이상 음악을 알 턱이 있나. (서로 웃음) 내가 화양학원 다닐 때 음악선생님이었던 인연으로 그리 된 거지. 통영문화재단의 역할이란 게 '음악회 같은 걸 해서, 시민들이 즐겁게 하자!'는 마음이 있었던 거야. 그리고 1994년 국립무용단 초청공연을 마치고 나서 만찬을 하는데, 그때 단장이 날더러 이런 말을 하더라꼬. "우릴 초청하는 것도 좋지만, 지방에서 자꾸 공연만 초청해서는 백날 해도 안 된다. 통영출신 세계적인 작곡가 윤이상 선생 관련 음악회를 한번 해봐라"고 추천을 하데. 그래서 내가 "윤이상은 빨갱이인데…. 대대적으로 앞세우기가 좀 그렇다" 하고 망설이니까, "그건 옛날 이야기고, 세상이 많이 바뀌었다. 국제적으로 통영을 팔라고 하면 윤이상이 아니면 안된다. 윤이상이란 이름을 붙여야 세계적으로 통한다" 카더라꼬.

그래서 더 자신을 얻었지. 남들이 뭐라고 해도 "윤이상은 통영이 낳은 세계적인 작곡가가 아니냐. 나 역시 그 사람의 사상은 별로 좋아 안 해도, 그 예술세계는 좋아한다" 이렇게 자신있게 말할 수가 있었지.

○ **생전에 윤이상 선생을 만난 적이 있나요?**

어릴 때 화양학원 다닐 때가 전부지. 고향 통영에 한번 와볼라꼬 무지 노력을 했다는 이야기만 들었네. 전부터 "초청을 좀 해줬으면" 하는 이야긴 많이 들었어. 그런데 사상이 딱 걸리니까, 아무도 초청을 못했지.

11. 경남여객 차부, 통영극장을 사다!

경남여객 차부(성광호텔)를 강대한씨로부터 사다
통영극장(국민은행)을 이춘식씨로부터 사다

경남여객 차부, 통영극장을 사다.

천명주 전 기선권현망수협 조합장은 당대 통영 제일의 거부로 손꼽힌다. 천명주 전 조합장의 자금 동원 능력을 보여주는 사례가 바로 옛 경남여객 차부와 통영극장을 한달 내에 한꺼번에 매입한 것. 지금도 항남동에서 제일 큰 건물 가운데 하나인 성광호텔과 국민은행 통영중앙지점이 아닌가. 그렇지 않아도, 왜 성광호텔을 항남동에 지었을까? 궁금하던 참이었다. 그래서 여쭤 보았다.

○ 옛 경남여객(성광호텔) 차부와 통영극장을 한꺼번에 구입할 정도로 자금 동원 능력이 대단하다고 들었습니다. 그때 상황을 설명해 주시겠어요.

그 때는 뭐든 자신이 있었거든. 그래서 통영지적도를 펼쳐놓고 항남동 일대 큰 땅을 살펴봤어. 그 가운데 제일 큰 게 경남여객 차부하고 통영극장 자리였지.

○ 훗날 성광호텔이 되는 경남여객 차부는 어떻게, 얼마에 구입하셨는지 기억이 나십니까?

경 남여객 차부는 원래 강대한씨가 사업을 했지. 강대한씨는 내가 모구리 사업을 시작할 때 도움을 주었고, 그후로도 참 친하게 지냈어. 사냥도 같이 다닐 정도로.

그래서 늘 "경남여객 차부를 팔게 되면 같은 값에 나한테 팔아라" 하고 입버릇처럼 얘기를 했었어. 그런데 강대한씨가 진주로 사업처를 옮기잖애. 경원여객하고 경전여객을 설립하는 거라. 그래서 차부가 북신동 공설운동장 옆으로 옮기게 된다꼬. 그리고 나서 항남동 경남여객 차부가 그대로 남아있었다꼬. 그래서 내가 구입을 했지.

금액은 1억100만원이었어. 그게 팔십(80) 몇년도인데, 정확하게 기억이 안 나네.(앞서 만나, 인터뷰를 할 때는 경남여객 차부 구입 연도를 1986년으로 기억했다) 그때 돈 1억100만원이모 참 컸지.

○ 원래 경남여객 차부, 그러니까 오늘날로 치면 시외버스터미널이 항남동 그 자리에 있었습니까?

응. 일제 때부터 쭈욱 그기에 있었지. 해방이 되고 일본 사람한테 강대한씨가 어떻게 구입했는지는 잘 모르겠지만, 시외버스터미널이 북신동 공설운동장 옆으로 옮기기 전까지는 참 오랫동안 그 자리에 있었어.

○ 경남여객은 주로 어디로 운행을 했습니까?

통영을 중심으로 주로 고성하고 진주를 많이 했지. 사업권이 그리 멀지는 못하고. 아무래도 부산하고 마산은 해운이 발달해서 주로 여객선으로 다녔지.

○ 성광호텔은 왜 지으신 건가요? 후세 사람들은 그곳에 쇼핑몰이나 데파트 같은 걸 지었으면 중앙시장하고 서호시장 상권이 연결되었을 텐데…. 하고 아쉬워들 합니다.

그러게. 나도 동생 기주가 왜 성광호텔을 지었는지 모르겠어. 데파트 같은 걸 지었으면 좋았을 텐데. 동생 생각에는 그때는 통영 경기가 호황이었으니까 호텔 같은 걸 지으면 사업이 잘 될 거라고 생각했나봐. 처음 내가 경남여객 차부를 사고 통영극장을 살 때, 생전 내 사업에 관여를 않던 집사람이 날 더러 "너무 큰 건물 많이 가지고 있으면 시민들한테 욕을 먹습니다. 사지 마세요" 하고 너무 완강하게 반대를 하는 거라. 그래서 경남여객 차부는 얼마 지나지 않아서, 동생 기주한테 구입한 값 그대로 넘겼어.

○ 이름을 왜 성광호텔이라고 지었나요?

글쎄. 나도 모르겠어. 무슨 뜻인지. 그런데 동생이 성광이란 이름을 성광호텔에만 쓴 게 아니야. 도남동 지금 SLS조선소 옆에 성광조선소라고 그것도 동생이 사업을 했어.

○ 지금 항남동 국민은행 자리, 옛 통영극장도 매입하셨지요?

경남여객 차부 사고 얼마 안 돼서 구입을 했지. 한 달도 안 될 거야. 한 며칠 사이에 둘 다 구입을 했었지. 그때는 통영극장이 문을 닫은 때였어. 원래 운영이 잘 되었는데, 이춘식씨가 인수를 하고 나서는 영 신통치 않았던가봐.

○ 통영극장은 얼마에 구입을 하셨나요?

그게, 아까 경남여객 차부가 1억100만원이라고 그랬지. 통영극장은 1억 200만원에 구입을 했어.

○ 그리고 옛 통영소방서 건물도 가지고 계셨죠?

항남동 소방서는 그 훨씬 전부터 가지고 있었지. 그러니까, 항남동 소방서, 경남여객 차부, 통영극장 이렇게 항남동에 큰 땅이나 건물을 구입하긴 했지. 그런데, 아까 말했듯이 집사람이 하도 반대를 해서, 경남여객 차부는 동생 기주한테 되팔고, 통영극장은 이춘식씨한테 돌려 줬지.

12. "고맙고 고맙고 고마워!"

"지금 이순간, 순간에 충실하시게. 그게 행복이야"

2013년 4월 1일부터 시작한 〈나의 삶, 나의 통영-천명주편〉이 연재 5개월만에 마무리를 맞는다. 1928년 가난한 어촌에서 태어나 잠수기, 권현망 등 통영을 대표하는 어업을 경영했고 기선권현망수협 조합장 5선의 대기록을 달성하기도 했다. 수산청(오늘날 해양수산부) 정책 자문, 경남도 및 통영시 정책 자문 등 통영은 물론 대한민국의 현대사에 기여하기도 했다. 말년에는 통영문화재단 설립에 헌신, 이사장을 역임하기도 했다. 경찰에 복무 6·25 전쟁을 몸으로 겪었으며 팔각회 총재를 지내기도 했다. 집안 캐비닛을 가득 채운 상패와 감사패, 그리고 대통령 훈장은 그의 일생을 대변해 주는 듯하다. 곧 아흔을 앞둔 천명주 전 기선권현망수협장. 〈나의 삶, 나의 통영〉 연재를 마치는 심경을 여쭤봤다.

○ 곧 아흔이신데요. 팔십 평생을 사시면서 제일 행복한 날은 언제였습니까?

40~50대더라꼬. 1966년부터 75년 정도가 젤 좋았지. 그때가 세상에 살아가는 데 모든 일이 마음대로 되더라꼬. 사업도 원하는 대로 다 되고. 그때는 돈도 아쉬울 게 없고, 권력도 아쉬울 게 없더라꼬.

젊은 날에는 노력을 해도 일이 잘 안 풀리고, 더 늙으니까 할 심(힘)도 없고 의욕도 없어져. 그리고 그때는 서로간 인심도 좋았고, 경기도 좋았지. 그때는 낮에 만나면 점심도 먹고, 저녁에 만나면 술도 한잔했지. 요즘에는 그렇게 사는 여유가 없어.

○ 인생 사시면서, 후회는 없으신가요?

별 후회는 없어. 크게 딱 떠오르지는 않네.

○ 평생 인상에 남는 고마운 분이 있다면?

처음 잠수기를 시작할 때, 돈도 없는 날 믿고 잠수기를 내준 강대한 씨한테 고맙지. 무엇보다 박근영이란 분이 진짜로, 참말로 고맙고 고맙고 고마워. 그때는 몰랐는데…. 훗날에 생각해 보니, 내가 진해경찰서에서 부산 경남도경에 들어갈 수 있었던 것도 그 사람이 힘을 써 준 것이고, 잠수기 사업을 하면서 어려운 고비마다 도와줬어.

그 분이 살아만 있으면 "그때는 깊은 은혜를 몰랐습니다. 참말로 고맙십니다" 하고 찾아가서 큰 절을 올리고 싶어.

○ 젊은 사람들, 뒤에 오는 사람들을 위해 한 말씀해 주신다면?

요새 젊은 사람들이 어디 나(이) 많은 사람 말로 듣나? (서로 웃음). 인생 구십도 한 순간 꿈, 잠시 잠깐 같애. 지금 생각해 보면, 내가 성공을 한 건지. 안 한 건지도 모르겠어. 그냥 밥 먹고 살았는갑다. 그 정도야.
그러니까, 지금 이순간, 순간에 충실하시게. 그게 행복이야.

2. 김세윤

1. 80여 년 인생을 회고하다.

선대 임진왜란 이후 거제 옥산, 도남동 발개에 정착
큰발개에는 조선인, 작은발개에는 일본인 이주어촌
동충에서 어머니는 객주 '오동나무집', 아버지는 우다시
홍도에서도 잡히던 옥돔, 겨울이면 대구 말리는 진풍경

김세윤 전 통영문화원장과의 인터뷰

　김세윤 전 통영문화원장은 1933년 통영 항남동 출생으로, 통영수산고를 졸업하고 6·25때 해군에 자원입대했다. 군 제대 후 두룡, 충렬국민학교 축구코치를 시작으로 통영체육회 사무국장, 상임부회장을 맡았다. 통영관광협회장, 한려수석회 회장 등을 역임했다. 통영지역 국사편찬위원회 사료조사위원, 통영시지 편찬위원으로 활동했다. 1990년 통영문화원 발기회원이며 김안국 원장의 타계로 2대 원장의 잔여임기와 3, 4대 원장을 맡았다.

　6·25때 해군 훈련의 일환으로 방문한 일본에서 카메라를 구입, 1950년대부터 통영과 거제, 고성의 풍경 사진을 찍어 한려수도와 통영 등 사진전을 개최했다. 각종 잡지나 책, 방송 등을 통해 통영의 역사와 문화, 비경을 소개하는 등 통영문화, 관광안내자로 활약했다. 통영시민들에게는 '남망산장지기'와 '통영문화원장'으로 알려져 있다. 1994년 통영시문화상, 2006년 대한민국 문화훈장 화관, 2010년 통영향토문화상을 수상했다.

　한 사람의 인생에는 공과 과가 있을 것이다. 김세윤 전 통영문화원장의 80여 년 인생이 통영의 근현대사와 맞닿아 있는 만큼 그의 인생 여정을 조명해 봄으로써, 통영의 과거, 현재, 미래에 대한 나침반으로 삼고자 한다.

○ 원장님의 인터뷰를 통해, 과거와 현재의 통영을 알아보고, 앞으로 통영이 나아가야 할 길을 찾아보고자 합니다. 먼저 선대 이야기부터 들려주시겠습니까?

우리 선조들이 도남동 발개에 정착한 이야기는 종종 이야길 했으니, 기억할 끼고. 원래 웃대 선대들은 경북 청도사람들이라. 족보에 보면 임진왜란 무렵 청도에서 거제 장목, 옥산으로, 다시 이곳 통영 도남동 발개에 자리잡는 것으로 나타나.

내 추리로는 임진왜란 때 참전한 것 같아. 거제 장목으로 갔다고 하니, 원균 통제사가 패한 칠천량해전에 참전했는지도 모르지. 일본놈들한테 지니깐, 거제 장목에 자리잡은 것 같아. 당시 두 형제 중에 하나는 거제 장승포로 가고, 하나는 둔덕으로 오는기라. 둔덕에 보모 옥산이라고, 그곳에 우리 집안 '유허비석'이 있다고 기록돼 있어. 옥산에서 재를 넘어가면 거제면이지. 그곳을 옥산재, 옥동재라고 불러.

둔덕에서 바로 맞은 편으로 보이는 곳이 도남동 발개라. 발개로 정착하게 된기라. 그때만 해도 도남동 발개에는 사람들이 안 살았던기라. 발개에서는 나무로 '발'을 쳐서 물고기를 잡아묵고 살았지. 점차로 집안도 커지고, 어장도 커졌던 모양이라. 소문을 듣고 각처에서 우리 어장에 일하려고 '젓꾼(어장의 일꾼)'들이 온거라. 그 사람들은 작은발개에 자그만한 오두막을 지어주고 살게 했어. 그때부터 김해 김씨 우리 선조들이 사는 큰발개, 우리 어장에 일하는 젓꾼들이 거주하는 작은발개가 된기라.

○ 김해 김씨 집안이 경북 청도에서 임진왜란 무렵 거제 장목으로 이주, 다시 둔덕을 거쳐 오늘날 도남동인 발개에 정착하게 되었군요. 그 후로는 어떻게 되었습니까?

을사보호조약이다, 한일합방이다 하면서 일본놈들이 통영으로 들어온 거지. 당시 일본놈들은 최신 어선이며 그물 같은 어업기술을 갖고 들어왔는데, 우리 선조들은 여전히 발로 막는 원시어업을 하고 있었던거라. 작은발개에 자리잡은 일본인들은 날로 흥하고, 우리 집안은 기운거라.

작은발개 일본인들은 주로 오카야마(岡山縣) 사람들이었는데, 현에서 집이며 땅이며 어선까지 지원을 해주는기라. 그 기세를 어떻게 당하겠노. 결국 발개 우리 집안은 뿔뿔이 흩어지게 되는거라.

○ 부모님 이야기가 궁금합니다.

할아버지(김억조) 밑에 아들이 5형제라. 아버지는 필자, 관자(김필관)인데, 5형제 중에 막내셨어. 일본놈들 때문에 집안이 안되니까, 아버지가 배일사상이 있었던 모양이라. 하루는 작은발개 일본애들이 연을 띄우는데, 아버지가 뒷동산에 올라가서 일본연을 죄다 끊어 묵은기라. 일본연은 위, 아래로만 움직이는데 조선연은 위, 아래는 물론 전후좌우 자 유자재로 움직이니까.

일본놈들이 가만 보고 있지는 않았겠지. "애들 연 끊어 먹은 놈이 조센징"이라며 아버지를 붙잡은거라. 그렇게 포위가 됐지. 그때 마침 시내에서 장을 보고 오던 큰발개 사람들이 우리 집안에 알렸어. 형제 다섯 모두가 기운이 좋아서, 그길로 쫓아가서 일본놈들을 밀친기라. 그 사이에 아버지는 빠져나와서 산으로 도망을 쳤지. 숨어서 동정을 살피는데, 금방 해결될 기미가 안 보여.

그때 마침 누이가 야숏골에 시집을 가있었던 게 생각이 난거라. "누야한테 갈 수밖에 없겠다" 하고 용화산 망을 넘어서 누(우)한테 간기라. 야숏골에 있는 동안에 누이가 우리 어머니를 소개한기라. 아버지는 6개월쯤 지나 마을로 돌아와서, 결혼을 했지.

○ 아버지가 일본놈들 연을 끊어먹은 인연으로, 야숏골로 피난 가서 어머니를 만나게 되셨네요.

아버지 함자는 김필관, 어머니 함자는 안정숙인데, 그리 인연이 된기지. 그런데, 결혼을 했으니 먹고 살 방법을 찾아야지. 어머니한테 들

김세윤 전 통영문화원장이 태어나 어린 시절을 보낸 항남동 일대

은 이야기인데, 처음에는 마산에 갔다고 해. 그리곤 장목으로 가서 장사를 했대. 장목에는 그 당시 일본 모구리(잠수기)가 들어와서, 잘 됐거든. 장목에서 제법 자리를 잡아 돈을 모아서, 다시 통영으로 왔어.

그때 통영으로 온 곳이 길야정 233번지, 즉 항남동 233번지라. 항남목욕탕 알제. 그 바로 옆에 옆이라. 우리집 맞은 편이 오혁진 영감(기선권현망 선주, 통영 충렬사 이사장 역임) 골목이라.

○ 어머니가 동충에서 객주집을 하셨다고요?

우 리집 울타리 안에 큰 오동나무가 있어서, 그래서 우리집에 간판은 없어도 사람들이 늘 '오동나무집'이라면서 찾아들었어. 자연 옥호가 '오동나무집'이라.

그때 경북이나, 전라도에서 고기 사러오모 돈 겉은 것을 어머니한테 맡기고 하더라고. 하꼬방 겉은 작은 방을 5칸 지어서 손님들이 자기도 하고, 우리집에는 가마솥에 늘 곰탕을 끓였거든. 그러니 자연 외지 상인들도 우리집을 찾고, 작업 마친 선원들도 우리집을 드나들었지. 그때 생각나는 게, 우리집 맞은 편 (구)보건소 자리(현 수향)부터 농협중앙회까지 일본식 집이 있었어. 우리집 아랫쪽은 아직 허허벌판이 많았고. 그 일본식 집 중에 하나에 나중에 천재화가 이중섭이 머물면서, 그림도 그리고 통영에서 전시회도 하게 되지. 저쪽 강구안 쪽으로는 '아카다마(赤玉)'라 꼬 고급 술집이 있었던 게 기억나.

○ 아버지는 무슨 업을 하셨습니까?

그 때 어머니가 사업이 잘 된기라. 우다시(打瀨網) 두 척을 사서, 아버지가 수산업을 크게 했지. 그때 제주도에서 유명한 고기, 옥돔. 그게 통영 홍도에서도 잡혔거든. 옥돔 그거하고 일본놈들이 좋아하는 참돔, 그라고 감씨가 고급 어종이었지. 그담에는 가재미, 낭태 겉은 잡어도 잡혔지. 그때 어업조합이 요시노마치(吉野町) 동충에 있어서 아침, 저녁으로 드나들었지. 나도 아버지 따라 참 마이도 갔어.

어머니는 당시 객주업이 잘되니, 아예 통영극장(구 포트극장) 뒤에 'ㄷ'자 모양으로 집을 지어서 옥호를 '진일여관晉—旅館'이라 걸고 본격적으로 장사를 하셨지. 그때 주로 거래한 게 대구라. 우리집 주변에 대구 말린다꼬 얼마나 많이들 널어놨는지. 사방이 대구 천지였어.

○ 문화원장님은 언제 태어나시고, 형제는 어떻게 됩니까?

내 가 1933년 2월 20일생이야. 그때가 소화 8년이라데. 원래는 한살을 더 묵었는데, 어머니가 늦게 출생신고를 했대. 내 이름은 형님의 세자와 참될 윤자를 써서, 김세윤金世允이라 지었어. "참되게 살아라. 진실하게 살아라"라는 의미였지.

그런데, 어릴 때 집안에서는 이름으로 안 불렀어. 전부 날로 "몽돌"이라꼬 불렀지. 어머니가 애들을 하도 많이 잃으니, 바닷가 몽돌처럼 파도에 부딪치고, 돌끼리 부딪쳐도 '악착같이 살아남아라'는 의미로 아명을 '몽돌'이라고 지은거라.

김세윤 천금애 부부 신혼시절

○ 오늘 인터뷰 장소가 며느님이 운영하는 '몽돌하우스'인데, 그 몽돌이 수십 년을 돌
고 돌아 '몽돌하우스'가 됐네요. (함께 웃음)

2. 세병관 통영국민학교, 간창골 서양집 두룡 국민학교 시절

청로골목, 경남여객 차부, 희락장, 제등사진관 등곳길 기억 선명
동충 언덕에서 조선 아이들은 '방패연', 일본 아이들은 '가오리연'
항남탕 앞 공터엔 큰 코끼리, 곡예사가 와서 서커스 공연도
1945년 광복 땐 아이들과 일본인 거부 '핫토리 창고 습격'

일본인 이주어촌(강산촌)이 있었던 작은발개

　"내가 세병관에서 통영국민학교를 댕기고, 해방이 되고 나서 간창골 서양집에서 두룡 국민학교를 댕깄지." 김세윤 전 통영문화원장과 〈나의 삶, 나의 통영〉 인터뷰를 하면서, 통영 전통 방패연을 날리는 어린 시절과 세병관 통영국민학교에서 일본식 '터치볼'을 배우던 시절, 그리고 간창골 서양집(호주선교사의 집, 진명학교) 두룡국민학교에서 축구선수로 활약한 이야길 들었다. 이후, 운동은 김세윤 전 통영문화원장의 일생과 뗄래야 뗄 수 없는 운명이 되는데…. 그의 학창 시절 이야기를 들어보자.

○ 당시로선 드물게 문화유치원을 다니셨잖아요? 그때 배웠던 거나, 일어났던 일들이 기억 나시나요?

어머니께서 하시던 객주일도 잘 됐고, 아버지도 우다시 수산업을 하시니깐 집안 형편이 괜찮았어. 그때 문화유치원이 지금 충무교회 있지. 교회 안쪽에 강단 같은 걸 지어 놓고, 그곳에선 일본 아이들이 공부했지. 유치환 시인의 처(권재순 여사)가 보모를 했지. 지금으로 치면 선생을 한거라.

한국(조선)애들은 따로 슬라브 지붕 아래에서 수업했고. 수업 내용은 잘 기억이 안 나. 이름 중에 '을'자가 들어가는 여선생이 있었는데, 기역, 니은 같은 한글을 가르쳐주더라꼬.

내 통학로가 항남 목욕탕에서 청로골목을 해서, 통영극장(포트극장) 골목으로 해서, 경남여객 차부, 그리고 희락장 골목으로 해서 문화동(당시 대화정, 大和町)으로 올라갔어. 그기 정 코스지. 그때 기억이 나는 게 제등사진관(齊藤 사이토) 지붕이 기름 골탕인가봐. 여름에 비가 오모 골탕이 떨어지는기라. 골탕에서 모래를 좀 떼내고 껌처럼 씹은 기억이 나. 그 밑에 쓰나모토쇼텡(砂原商店)이 있었는데, 우리 문방구라. 해방이 되고 나서 적산이 됐지.

○ 연날리기도 곧잘 하셨다고요?

곧잘 하는 정도가 아니었지. 겨울되모 아예 연을 날리고 살았지. 우리 집이 형편이 좀 더 풀려서, 통영극장 뒤에 '진일여관晉一旅館'을 하실 때, 동충 언덕에는 별로 집이 없었어. 수백년 묵은 고목이 좀 있고, 순 밭이라. 연날리기에 좋았어. 우리집에서 벽 하나 사이로 '방씨'라고 영감이 살았는데, 그 양반이 통영에서 연을 제일 많이 만들었어. 집에 아버지도 연을 만들어 주고 했지만, 방씨 영감 거들면서 연을 참 마이도 만들었지. 그래서 내가 통영문화원장이 되고, 통영연 정체성 확립을 위해 앞장을 선거라. 어릴 때보면 연싸움이 굉장했는데, 어른들 연싸움은 서피랑

하고 동피랑하고 연싸움이 제일이었지. 서로 길게 연줄을 빼서 연을 좌우로, 옆으로 자유자재로 날리면서 싸웠지. 어린 맘에도 장관이라. 조선 애들도 날 따라서 연을 만들었지.

○ 그때 연이 방패연이었나요? 가오리연이었나요?

우리는 주로 방패연을 만들었지. 지금 포트극장 앞에 중국집 하나 있지. 그기가 예전에는 일본애들 오모차(노리개)나 연 같은 걸 만들어 팔았다고. 그런데 일본 연은 위, 아래로만 움직이고 우리 연처럼 자유롭지가 않거든. 그래서 날 따르던 일본 애들이 날더러 '조선 연 하나 갖고 싶다', '조선 얼레 하나 주모 안 되겠나'고 통사정을 하는기라. 연을 띄워보고 싶어서 환장을 하는기라.

그때 연을 주로 정초에 날렸는데, 일본은 양력으로 설을 쇠거든. 그러니 일본 모찌가 있어. 그걸 연하고 바꿨지. 나 하나 묵고, 내 꼬붕들 하나씩 주고. 그때 일본 애들이 시오다(고기 장사 아들), 미우라(순사 아들), 사카이시(동양여관아들) 이렇게 서넛이 날 잘 따랐지.

○ 당시 동충 풍경 중에서 기억나는 게 있습니까?

일본 서커스 봤던 기억이 나네. 지금은 모두 매립이 됐지만, 그때만 해도 조흥금고 앞이 바다였거든. 동충 통영수협에서부터 엔젤터미널까지, 그리고 엔젤터미널에서 조흥금고 앞까지 갯벌 쪽으로 기암괴석 같은 바위가 많았다꼬.

차츰 매립을 한 뒤에, 수협하고 세관, 해운국, 그리고 온망조합(오늘날 기선권현망수협), 이리코 카이샤(멸치회사 창고)가 들어섰어. 그래도 지금 항남탕 앞은 공터가 제법 넓었거든. 세종다방, 한려장 쪽에도 광장처럼 넓은 공터가 있었고. 일본놈들 서커스단이 들어오곤 했어. 큰 코끼리도 보고, 큰 뱀도 봤지. 곡예사들이 곡예도 하고. 서커스가 자주 들어오곤 했어.

○ 세병관에서 통영국민학교를 다니셨지요?

통영국민학교하고 충렬국민학교 학구가 항남 1번지로 갈리는가봐. 당시 길야정 1번지가 지금 항남동 아디다스 골목인데. 아디다스 위쪽 언덕으로 올라가는 길이 있고, 복운회사로 내려오는 길이 있었어. 그래서 나는 원래 충렬국민학교로 배정이 됐어.

그때는 통영국민학교가 한국 애들이 다니는 통영공립제1보통학교, 충렬이 제2보통학교, 진남이 제3보통학교였고, 일본애들은 지금 유영초교인 통영심상학교를 다녔어. 그런데, 내가 다른 애들보다 한 살이 많았거든. 한 살이 많은 애들만 따로 모아서 통영국민학교 계조에 다니게 해. 남자들은 반 이름이 카츠라구미 계조桂組, 마츠구미 송조松組, 다츠구미 죽조竹組, 여자들은 우메구미 매조梅組, 모모구미 도조桃組 이렇게 5개반이었지. 우리 학교가 세병관이었지. 어릴 때라 세병관에 기둥 사이에 벽을 세워서 그 안에 교실을 만들어서 다닌 기억밖에 안 나. 그때 세병관 기단이 지금보다 한 단이 높았는데, 해방이 된 후 지역유지들하고 교육장이 정구장을 만든다꼬 흙을 다져 올리면서 한층이 낮아졌어.

원래는 법원 뒤에서 정구를 했거든. 일제시대 롯큐슈(6교실)라꼬 일본본관이 있었는데, 그 앞이 좀 넓었거든. 그 자리에 정구장을 만든거라. 지금으로 치면 통제사 비석군하고 세병관 사이쯤이야. 그 생각은 나네.

○ 일제시대라 조선말 하는 거는 금지됐지요?

조선말을 하면 카드를 한장씩 줘. 축구로 치면 옐로카드 같은 기지. 그 카드를 많이 받으면 학교 학칙에 의해서 벌을 받았어. 학교에선 조선말을 못 쓰게 했지.

그때 수업 과목이 국어. 그때는 일본어가 국어라. 그리고 산술하고 지리, 역사를 배웠는데, 조선 역사는 없고 전부 일본 역사하고 지리라. 나는 영 취미가 없었지. 공부하고는 담을 쌓고 살았어. 나는 맨 연날리기

하고 터치볼, 씨름 같은 몸을 움직이는 운동을 좋아했지.

○ 터치볼하고, 씨름 선수를 하셨다고요?

'하마다' 선생이라고 여선생인데. 내가 운동을 좋아하니까 터치볼 선수를 시켰어. 그전만 해도 내가 학교 가기 싫어해서, 아버지 손에 끌려서 학교에 갔거든. 터치볼이 지금 피구처럼 상대의 몸을 맞히는 건데, 다른 점은 기둥을 세워 놓고 공을 던져넣으면 이기는 거라. 싸우고 달리는 거는 잘 하거든. 그 여선생이 나한테 관심을 가져주니, 저절로 학교가 좋아지더라고. 내가 달리기를 잘하니깐 점심 때가 되면 하마다 선생집까지 점심 도시락 심부름도 다니고 했어.

씨름 선수도 했었는데, 지금 생각해 보면 그게 일본 스모라. 그때 구충렬여중고 쪽에 통영신사가 있었는데, 그 앞에 스모 경기장이 있었어. 신사 참배한 기억도 나긴 나는데, 매주는 아니었고, 일년 중에 특별한 날에만 한 것 같아.

○ 1945년 8·15 광복 정국은 기억이 나십니까?

그때는 주로 해방이라고 불렀어. 일본 압제에서 벗어났다고 그리들 불렀나봐. 학교에서는 광복이라고 가르쳤고. 어른들이 막 만세를 부르고 한 건 알겠는데, 구체적으로 기억이 잘 안 나.

하나 기억나는 사건이 핫토리집 창고 습격이라. 당시 통영에 중국하고 무역을 해서 거부가 된 핫토리가 있었어. 우리집 근처라. 내가 골목대장이었으니까 꼬붕들을 데리고 핫토리 창고를 갔어. 창고에 가보니, 어른들이 창고에 들어갔다가 나가고 하더라고. 보니깐 쌀 가마야. 창고가 2개인데, 한쪽은 미곡창고이고, 다른 하나는 보물창고라. 창고 안은 어두컴컴한데 용기를 내서 들어갔어. 청동같은 것도 있고, 도자기 술병 같은 것도 있었어.

내가 마당에 몽돌을 하나 주워 들어와서, 좌악 진열된 자기쪽으로 던졌어. 짜르르~하고 깨지는 게 통쾌하더라꼬. 나를 따라서 우리 애들도 몽돌을 던졌지. 지금 생각해보면 당시로선 일본놈을 물리친 용맹이랄까? 만용이랄까?

○ 간창골 두룡국민학교는 어떻게 다니시게 된 건가요? 그동안 두룡국민학교는 도천동에 줄곧 있었는 줄 알았는데, 간창골 서양집에서 다니셨다고요?

해방이 되고 학구가 변경이 된거라. 종전 통영, 충렬, 진남 이렇게 3곳에다 두룡, 유영 국민학교를 추가 개교하거든. 통영국민학교 학생들 가운데 갈라서, 두룡하고 유영으로 보내. 그때 아마 소방서 밑에 산허리를 따라서 기준으로 한 것 같은데. 나는 집이 서충이라서 두룡으로 배정이 된거지. 그런데, 5학년도 처음 학기부터가 아니라 좀 늦게 두룡으로 간 것 같아. 5학년은 몇 개월만 두룡에 다닌 것 같거든.

그때 학교가 간창골 서양집이지. 그때 건물이 2동이 있었는데, 하나는 서양식 건물로 짓고, 다른 하나는 기왓집이 길쭉하게 강당 비슷하게 있었어. 내가 그기서 졸업했지. 지금 도천동에 있는 두룡초등학교로 옮기려고 했는지, 그때 수업 없을 때는 도천동 논하고 밭 메꾸고 길 닦는 부역을 했던 기억이 나.

3. 통·수 시절 첫 골이자 마지막 골⋯. 6·25사변이 터지다!

처음 시민운동장은 문화동배수지, 박삼강씨가 기부한 북신동 공설운동장
별호가 '몽돌', 몽돌처럼 저돌적으로 돌진, 통·수 축구부 선수로 스카웃
비진도에서 남망산 밑 통·수까지 헤엄을 쳐서 오는 '원영대회(遠泳大會)'
마산에서 열린 경남축구대회 '내 인생의 첫 골', 6·25사변으로 중단

남망산 밑 옛 통영수산학교. 오늘날 보건복지부 국립통영검역소로 사용되고 있다.

통영국민학교에서 터치볼과 스모 선수를 한 김세윤 전 통영문화원장은 1945년 해방이
된 이듬해 두룡국민학교가 신설되면서, 두룡으로 전학을 간다. 두룡에서는 진장옥 선생,
조봉식 코치를 만나 축구를 하게 되는데⋯. 물자가 귀하던 시절 축구화는 있었을까? 또 연
습은 어디에서 했을까? 당시 축구대회는 통영시내 5개교 시합과 통영군축구대회가 있었
다는데, 어떤 팀들이 참가했을까? 통·수 생활 중에서 가장 기억에 남는 일은 바로 비진도
–남망산공원 밑 통영수산학교까지 수영을 하는 '원영대회'. 약 6~7해리에 이르는 그 머나
먼 수영 코스를 1학년이던 김세윤은 완주할 수 있었을까? 김세윤 전 문화원장의 개인사
이자 통영의 역사, 그 이야기를 만나보자.

○ 그때는 물자도 귀했을 텐데, 축구화나 유니폼은 어떻게 했습니까?

인자 우짜는 게 아니라, 학교가 지원할 형편도 안 되니, 유니폼은 커녕 축구화도 없이 공을 차는 아이들이 많았지. 나는 어장하던 집안이 망해가도, 축구화 하나는 만들어 줄 형편은 됐거든. 세창양화점 외사촌 동생인가, 희락장 골목에 배성웅씨라고 양화점을 했거든. 발로 맞춰서, 축구화를 지었지. 축구화를 지어서 학교를 가니까, 축구화가 없는 아이들이 많으니까 시합에 나가도 축구화를 못 신게 하더라꼬.

○ 그때 연습은 어디서 했습니까?

학교 마당이 없으니까 공설운동장에서 했지. 그때는 공동묘지도 있고, 박삼강朴三江이라는 사람이 그 땅을 사서 기증을 했지. 일제시대 일본애들은 소학교, 지금 유영초등학교 자리에 자체 운동장이 있었지. 한국 사람들은 운동열은 있는데 운동장이 없어서, 설움이 많았는기라.

처음 통영시민운동장은 문화동배수지라, 그리하다가 동중학교 마당 앞에 일본놈 시대 잠업 공장이 있었는데, 마당이 제법 넓어서 겨우 운동을 했지. 그래서 박삼강씨가 일제때(1937년) 공설운동장 부지를 사서, 통영읍에 기증을 한기라. 그때 박삼강씨한테 고맙다고 공덕비를 세워줬어. 지금 공덕비가 아니라, 자그마하게 사각으로 '박삼강공덕비' 이렇게. 뒤에 공설운동장 규모를 더 넓혀서 국제C형에 맞추게 됐지. 그때 다시 지금의 큰 공덕비를 세워. 지금도 기억이 나는 게, 한(학수) 학장님 사모님, 김성옥인데, 어찌나 축구를 좋아하던지. 명정동 충렬사 앞 정문집 딸인데. 큰 은행나무가 지금도 있지. 그 분이 축구 선수들을 너무도 좋아해서, 우리가 공설운동장에서 연습을 하고 있으모, 미국애들 묵는 오렌지 쥬스, 봉지 그걸 얼음물에 타와 가지고, 한 주전자씩 들고 와서 주더라꼬. 그 더운 날, 그걸 묵으모 얼마나 선수들이 힘이 났겠노.

일제시대 통영공설운동장 @통수60년사 　　　　　　통영공설운동장 부지를 기
　　　　　　　　　　　　　　　　　　　증한 박삼강을 기념하는 박
　　　　　　　　　　　　　　　　　　　삼강 송덕비

○ 통영수산학교 선수들도 공설운동장에서 훈련을 했다고 들었습니다.

그 때 통·수 선수들하고 같이 배웠지. 그러니까 내가 두룡국민학교를
　　졸업할 때, 제일 먼저 통·수에 제1호로 스카우트가 되지. 축구 바람
에 스카우트 제1호로 통·수로 가게 돼.

그때 통·수 축구가 경남에서 A급이라. 부산에 경상고등학교라고 있
었어. 경상하고 우리 통·수하고 최고였지. 그때만 해도 부산도 경남이
던 시절이었으니까. 부산, 마산, 진주, 통영 4곳이 어른들도 도시 대항전
도 할 만큼, 축구가 성행했던 도시라.

○ 통영수산학교(통·수) 갈 때, 스카웃을 받았네예.

통 영중학교팀도 새로 생겼는데, 통·수는 전통이 있었거든. 경남에서 최
　　강이고. 그때 통·수 선수들이 우리 훈련이나 시합하는 걸 보고 픽업
할 대상을 적고 했다고.

내가 스카우트가 된 게, 나가 공을 잘 찼다기 보다도 내 별호가 '몽돌'
아이가. 내가 통영 말로 달구졌어. 내가 공을 잡았을 때 앞을 막으모 자

빠뜨리거나 넘갔뺐거든. 그러니 자연 내 앞이 훤하게 트이는기라.

○ 통영수산학교에는 어떤 운동부가 있었나요?

당연히 축구부가 있었고, 농구부도 있었고 수영부도 있었다. 농구부는
경남에서도 최고라고 할 만큼 실력이 대단했고. 생각해 보니 기계
체조부도 있었네. 유도부도 있었어. 그때 체육 선생은 육상 경기 만주 대
표로 있다가 해방이 되고 내려온 사람이 있었어. 형제 둘 다 운동을 잘
했는데, 형님은 정식으로 육상부 선생이고, 동생은 야구부 코치라.

○ 원래 통·수가 동호동에 있었죠? 그때 배운 학과는요?

동호동 남망산 밑에 있었지. 지금은 일반 주택들이 들어있지. 학교 들
어가니까 제조과, 어로과, 증식과 3과목이 있더라꼬. 나는 증식과였
어. 통조림 만들고 그런 거 배웠어. 학교 안에 통조림을 만드는 조그마한
공장이 있었어. 그때 통조림 재료는 고등어, 꽁치가 주로 들어갔어.

○ 통·수 다닐 때 가장 기억에 남는 일이 있으신가요?

통·수를 들어가니까 비진도에서 남망산 밑 통·수까지 헤엄을 쳐서 오
는 '원영대회遠泳大會'가 있는기라. 전교생 중에서 수영할 줄 아는 사
람은 다 참가를 시켜. 그런데 워낙 거리가 먼께나 다 참가는 안하고, 40~50
명이 참가를 했어.

내가 1학년이라도, 동충 끝에 물귀신이라. 나 나름대로 수영에는 자신
이 있으니까. 1학년 중에는 열 서너 명이 희망을 했을거라.

남망산 밑 학교에서 경양호를 타고, 비진도까지 가서 하선을 하지. 비
진도 해수욕장 자리 있제. 그곳에서 물에 들어가기 전에 몸 푸는기라. 호
각을 불모 일제히 물속으로 뛰어들지. 비진도에서 출발을 하면 어디서
쉬고도 없어. 지금도 기억이 나는 게, 어디쯤 가면 물이 따뜻하다가, 어

느 시점부터 또 물이 차갑고 그렇더라꼬. 보트 잘 젓는 구조 요원도 있고, 구급 약품도 싣고 학교에서 단물도 만드는 기라. 중간에 피로하고 하모 그걸 한잔 묵으모 회복이 되고 했지.

1학년에선 나하고, 서너 명이 비진도에서 통·수까지 완영을 했지. 수영으로 완주를 하면 '완영完泳합격증'을 주는 기라. 그렇게 완영하니까, 수영부에 최순포 선생이 날더러 수영부에 들어오라꼬. 그때 수영부 훈련장이 장좌섬이라. 통·수 분교도 장좌섬에 있었고, 통·수 분교가 2반이 있었는데, 그게 한산중학교 하던 자리다. 한산중학교는 장좌섬에 있다가 뒤에는 화장장 입구로 옮기기도 해.

○ **통·수 다니실 때, 축구 인생이 시작되셨네요.**

그 때 통영공설운동장에서 통·수 선배들이 훈련을 했거든. 연습 마치고 나모 축구공을 20개 남짓 양손에 들고, 학교에 가져다 놓거나 집에 들고 왔지. 1학년 때는 완전 급사지. 한번은 마산에서 중학교 경상남도 체육대회가 열린기라. 마산고등학교 운동장에서 입장식을 했는데, 축구시합은 마산상고에서 했어. 그때 공교롭게도 추첨을 했는데, 통·수하고 통영중학교가 붙은기라. 첫 게임인데, 전반전을 마칠 때까지 0:0이라.

후반전에 선배들이 나보고 나가라고 하더라꼬. 나한테 공이 날라오길래, 공격을 하고 들어가는데 골키퍼하고 나하고, 공이 한 몸이 되어서 골대 안으로 들어간기라.

그걸 골로 인정을 해주더라꼬. 덕분에 1:0으로 이겼어. 통·수 시절 첫 골이자 내 학창시절 마지막 골이었어. 그게 매년 열릴 줄 알았는데, 정국도 어수선하고 결국 6·25사변이 터져버렸어.

4. 내가 본 6·25 민간인 총살, 그 참혹한 기억

고성 당동 피난 가다가 본 '무지기고개' 보도연맹 학살
"인민군이 넘어온다" 해저터널 지나 해핑이, 야솟골로 피난
피난민으로 가득찬 미륵산, 정상에서 본 원문고개 전투
포승줄에 묶인 사람들, 명정동 총살, 바다에서 수장시켜

1950년 6·25 당시 원문고개 전투와 보도연맹 학살을 설명하는 김세윤 전 통영문화원장

동족상잔의 비극 6·25. 김세윤 전 통영문화원장은 당시 18살에, 통영수산중학교 5학년 때 6·25를 맞는다. 아버지와 함께 떠났던 피난길에서 '광도면 무지기 보도연맹 총살' 현장을 목격하고, 피난에서 돌아와 항남동에서 살면서 다시 명정동 '절골 민간인 총살' 현장도 지켜보게 된다. 김세윤 전 통영문화원장이 겪은 6·25 보도연맹과 민간인 희생 사건, 당시 상황을 직접 들었다.

○ 6·25 전후 통영의 상황은 어떠했습니까?

그때 분위기랄까? 통영수산학교 교장은 당시 안호필이었는데, 해방이 되고 일본놈들이 물러가자 교장이 되었지. 그래서 학교 교사진도 새로 짜고 출발하려던 참이었지.

그런데 6·25가 터진거야. 그러니까 학교에서 "전교생 전원 등교하라"고 연락이 왔어. 동호동 통영수산학교를 가니까, 문교부 장관하고 국방부 장관하고 성명서를 냈더라고.

국가가 위중한데, 학생들은 지금 군입대를 지원하라고. 지금 지원하면 간부후보생도 될 수 있고, 일반병으로 갈 수도 있다고. 대신 전쟁을 마치고 학교로 복교를 하면, 동시에 학교를 다닌 동기들과 동일한 학력을 인정하겠다고. 군 복무기간을 학력으로 인정해 준다는 거지. 그래도, 그 자리에서 선뜻 지원을 할라카나? 김대봉, 최덕명 두 사람이 학도병으로 간 기억이 나. 출정을 한다꼬 해서 강구안 통영해운회사 앞으로 나가봤어. 오전일끼라. 통중, 통수에서 20여 명 남짓 지원을 한 모양이라. 싼판에서 환송하는데 가족들하고 친구들이 주욱 둘러섰어. 그리고 지원병을 실은 객선이 떠났어. 마산 아니모 부산으로 갔겠지.

그때는 군입대 적령기가 만 19세인데, 나는 연령 미만이라, 해당이 안됐어. 18살밖에 안됐거든. 그리곤 수업을 못했지. 학교에서 연락이 다시

1950년 국민보도연맹원 희생지(광도면 무지기 고개. 노산~적덕마을 사이 고개)

1950년 민간인 희생지. 명정동 절골(명정동~ 평림동 대포마을 사이 고개)

오길 기다렸지. 해방 이후 아버지의 수산업은 내리막길이었어. 어머니가 항남목욕탕 맞은 편에 2층집이 있는데, 그 한쪽에서 곰탕을 끓여서 팔고는 했지. 작은 식당을 한거지.

우리 누우도 자형이 급작스럽게 죽고, 복순이라는 조카를 데리고 들어와서 살았고. 집안이 그리 어수선했어. 해방에서 6·25까지 우리집만 그런기 아니라, 통영 전체가 어수선했어.

○ 인민군이 통영에 들어오기 전 상황은 어땠습니까?

8월 16일 인민군이 통영에 입성을 하거든. 밤중에 들어와. 그전에 아버지가 "전쟁이 나모, 가족이 한꺼번에 다니모 안 된다. 한군데 있다가 폭격이라도 맞으모 다 죽는다. 분산을 해야한다"고 누누이 말씀을 하셨어. 그래서 아버지하고 나하고는 고성 당동 누이 집으로 피난을 가고, 어머니는 외가인 산양면 야솟골로 피난을 가기로 결정을 해.

그때 우리 누이는 고성 당동 송씨 집안으로 시집을 갔거든. 당동이 촌이라고 보고, 그래도 좀 더 안전할거라 생각했어. 피난 가기로 결정한 날이 8월 14일이라.(집필자 주: 경남 통영, 거제 국민보도연맹원 등 민간인 희생 사건 공식 기록에는 인민군이 8월 16일 고성을 점령하고, 같은 날 오후 5시경 통영 원문고개를 넘어, 8월 17일 새벽 1시경 통영으로 진입한 것으로 기록돼 있다.)

○ 1950년 8월 14일, 고성 당동으로 피난을 떠나신거네요

그렇지. 그리고 그 피난길에서 보도연맹원 총살 현장을 보게 돼. 통영에서 고성 당동이 엔간이 머나? 통영에서 걸어서 가는데, 광도면 노산마을에서 재를 하나 넘으면 적덕 마을이 있다. 그 재가 '무지기 고개(수직재)'라.

적덕마을로 지나갈라꼬, 고개를 넘으려는데, 한 농부가 논을 메다가 우릴더러 "가지 마오" 하고 자꾸 말려. 아버지가 "우리 딸 집으로 피난을 가는 길인데"라고 답을 해도 자꾸 "고개를 넘어가지 말라"고 말려. 그래서 "왜 그러느냐" 하고 물었어.

"보소, 보소, 그리 가모 안 돼요. 어제 밤에 이 고개에서 구덕을 파고, 사람들을 총살시켰소. 그런데 한 사람이 살아서 도망을 갔소. 그 사람을 찾느라 온 산에 병력이 동원됐소. 학생도 있고 의심을 받으모 큰일이 나요. 빨리 통영으로 돌아가시오" 쿠는기라.

그래서 내가 주변을 둘러봤더니, 과연 큰 구덕이 있는기라. 논 하던 데를 파놓으니까 새 흙이 표가 나더라꼬. 총 맞은 사람들이 구덕에 굴러떨어져 있었어. 길 옆에는 군인들이 타고 온 군 트럭도 있고.

그때 보도연맹원들은 자신들이 죽을끼라고 생각을 못했을끼라. 왜냐모, 그때 좌익과 이런 저런 이유로 관련이 있는 사람들을 보도연맹에 가입시켜 놓고, 열흘에 한번 정도 경찰서에 모아서 교육을 시키고 다시 집으로 돌려보내기를 반복했거든. 몇 차례 그래 놓으니, 의심없이 모인거라. 뒤에 들어보니까, 그날도 경찰서 안 무도관(상무관)에 사람들을 모았대. 몇 명씩 불러 모아서 트럭에 태우고 적덕까지 싣고 간기라. 보도 연맹원 총살시킨 그 직후에, 우리가 그 곳을 지난기라.

아버지는 "통영으로 돌아가느니, 그래도 고성 당동으로 가보자!" 그러셨어. 그래서 또 걸어 걸어서 고성 당동까지 갔어. 그런데, 도착하자마자, 누우가 하는 말이 "인민군이 곧 고성에 들어온답니다. 당동은 안날이모 들어올낍니다. 통영으로 돌아가이소" 하는기라.

참 기가 막히제? 그래, 요서 자느냐? 되돌아 가느냐? 고민을 하다가 안날(8월 15일) 새벽에 고성 당동에서 출발해서 통영으로 돌아와. 통영으로 돌아오니, 어머니는 피난을 안가고 집을 지키고 있더라고.

아버지하고 어머니가 의논을 하길 "오늘 고성에 인민군이 들어오모, 낼은 통영이라". 그래서 피난을 또 떠나. 지금 미륵도 해핑이에 21세기 조선이 있제? 그기 우리 집안 형님 김필언이 작은 조선소를 했어. 그래서 그리로 피난을 갔어. 굴(해저터널)을 끼어서 해핑이로.(집필자 주: 경남 통영, 거제 국민보도연맹원 등 민간인 희생 사건 공식 기록에는 김○○의 증언에 따르면 무지기 고개에는 5개의 구덩이가 있었는데, 한 구덩이에 50명씩, 250명이 희생당했다. 헌병대 문관이었던 한○○는 경찰로부터 110명이 죽었다는 말을 들었다고 증언했다.)

○ 그러니까, 14일 고성 당동으로 피난을 떠나셨다가, 다시 15일 통영으로 돌아와, 다시 16일날 미륵도로 피난을 떠나신 거네요.

그 날(16일) 저녁에 다들 잠도 안 오고 해서, 조선소 옆 바닷가에 있었거든. 그런데 어두워지면서부터 여황산 뒤에서 불이 번쩍번쩍하더라꼬. 그리고, 밤중이 되니까, 따발총 소리가 "따따따따 탕" 하고 나면서, 총알이 우리 발 바로 앞에 바다로 떨어지는기라.

아버지가 "여기도 안전치 않다. 야솟골 처가로 가자!" 하셨어. 그래서 우리는 야솟골 재를 넘어서, 외갓집으로 피난을 가.

안날(다음날) 날이 밝으니, 통영 시내 상황이 궁금한기라. 그래서 미륵산에 올라갔어. 그때 내가 한창 나이인 18살이제, 운동도 했제, 하니까 미륵산 정상까지 단숨에 올라갔지.

○ (8월 17일) 미륵산 정상에서는 무얼 보십니까?

그 때 피난처가 미륵산하고 천함산(인평동)이라. 인민군들이 원문고개를 넘어왔으니까, 제일 먼곳을 택한기지. 배가 있는 사람들은 그나마 한산도 같은 바다 위 섬으로 피난을 가고. 형편 안되는 사람들은 인평동, 평림동, 그리고 산양면. 당시 통영의 제일 끝으로 피난을 간기라. 그래, 미륵산에 올라가보니, 과연 산능선이 전부 피난민이라. 수백 명도 넘었을기라. 그땐 주로 하얀 옷을 입었으니까, 미륵산 능선 전체가 하얘. 정상 끝으로 올라가니, 우리학교 박삼성 선생님이 계시더라꼬. 망원경을 가져오셨어. 선생님이 현장을 중계하시는거라. "남망산에 포대가 터졌다. (바다에서 사람을) 건진다. 건진다."

망원경으로 보시고, 말로 상황을 설명하시는기라. 내가 실례를 무릅쓰고 잠시 보자고 하니까, 망원경을 주시더라꼬. 동충으로 빨간 소방차가 달려가고. 바다에서 사람들을 건지고. 망원경을 안 써도, 당시 상황이 어느 정도는 보여. 우리 함정이 도남동 충무관광호텔 자리 뒤쪽 죽도쯤에 떠있었나봐. 배는 보이질 않는데, "뻥" 하고 소리가 나면 포물선을 그리면서 "쉬잉~" 하고 포가 날라가는기라.

그날은 인민군들이 통영 시내를 점령하고 있었나 봐. 방금 전에 굴(해저터널)을 지나서, 미륵도로 피난온 사람들도 있더라고. 그 사람들 하는 말이 "굴 저쪽은 인민군이, 이쪽은 우리 쪽 사람들이 지키고 있다" 쿠더라데. 도천동쪽은 인민군이, 봉평동쪽은 우리쪽 향토방위대가 지키고 있었던 거라.

그런데, 그때 큰망에서 내려와, 야솟골 재를 지나려는데, 왜 돌무더기 쌓아놓은 데 있잖아. 그기에서 사람들이 날 불러 세우더라꼬. "손들어!" 그래서 손을 들었어. "이름은 뭐꼬?", "몇 살이고?", "어느 학교 다니노?" 하고 묻더니, 통과시켜 주데.

그런데, 한 사람이 무슨 종이에 이름이 적힌 명단을 확인하더라꼬. 그래 어른들한테는 "신분증 보자"고 해서, 사상이 있는 사람들은 그 자리에서 잡아가더라꼬. 그게 보도연맹이나 사상범 검문 아니었나 싶어.

(뒤에 안 거지만) 그 자리에 잡히가모, 해군 정보대나 해군 방첩대로 끌리가서, 죽음을 당하는기라. 그 안날(다음날)에도 미륵산에 올라가서, 통영 전황을 봤지.

○ **(8월 18일) 미륵산 정상에 또 올라가셨네요. 그때 전황은 어땠습니까?**

그 안날(다음날)에는 통영 시내가 조용하더라꼬. 인민군들이 철수를 한 기라. 호주쌕쌕이(제트전투기)가 빠르게 날라 와서는 폭격을 해. 그런데, 위치가 원문고개 넘어라. 인민군 본부가 죽림에 있어서 그랬겠지.

호주쌕쌕이가 폭격을 하고 나모, 원문검문소 넘어서 죽림쪽에서 검은 연기가 확 올라오는기라. 그리고 함대에서 포도 이제 시내 방향으로 안 쏘고, 원문고개쪽으로 쏘더라꼬. 한 이틀 집중 공격을 하더니, 이제 조용해. 쌕쌕이도 더는 안 날라오고.

그때 시내에 포가 안 떨어지고, 죽림으로 떨어지게 한 사람이 최천이라고 소문이 났어. 국회의원을 한 최천(3~5대 국회의원, 3대 선거가 1954년 5월 20일 시행) 말이야.

원래 최천이 통영경찰서 국장을 했는데, 그때 해군 함정에 탔던 모양이라. 최천이가 "시내는 피해가 가질 않도록 조정을 했다", 그래서 1954년 국회의원 선거 때, "최천이 통영을 지켰다" 그리 소문이 났고, 실제 득표에도 큰 영향을 미쳤지. 우리가 무슨 식량을 많이 가져간 것도 아니고, 외갓집에 더 신세를 질 수도 없어서 동충집으로 돌아왔어. 그런데, 이번에는 사람들을 멸치포대로 씌어서 포승줄에 묶어서 가는거야.

(집필자 주: 통영해병대 상륙 작전은 1950년 8월 17일 새벽 1시 북한군이 통영시내로 침입하자, 해병대가 8월 17일 18시 장평리에 상륙, 18일 새벽 망일봉을 점령하고 원문고개로 진격하였다.)

○ 사람들을 멸치포대에 씌어서, 포승줄로 묶어서 갔다고요?

응. 우리집이 2층이라. 내 공부방이 2층이었거든. 우리집 바로 근처에 신한호텔(동양장여관)에는 해군 방첩대가 있었고, 항만청쪽 일본놈들 수산회사 자리에는 헌병대, 그리고 염씨 부대라꼬 상륙부대원들이 옛 소방서에 주둔을 했어.

그런데, 하루는 사람들을 멸치포대에 둘러씌어서, 십여 명씩 포승줄로 묶어서 명정동 충렬사 방향으로 끌고 가더라꼬. 눈구멍만 작게 내놨어. 앞만 보고 걸어가는 기라. 가족들도 못 알아볼 정도라.

내 성격이 궁금한 건 못 참는기라. 그래서 따라갔어. 점점 따라가는 사람들이 늘어나더라꼬. 끌려가는 사람들 가족도 있었을꺼고…. "뭐시, 저런기 있노?" 궁금해서 따라간 사람들도 있꼬. 아이들도 따라오고.

충렬사 앞 정당새미까지 따라갔어. 그기에서 통제를 하더라꼬. 그래도 사람들은 "사람들이 저리 끌려가는지 의심스럽다"며 그 자리를 떠나질 않았지. 한 시간쯤 지났을까?

"탕, 탕" 총소리가 나더라꼬. 또 사람들이 죽은기지. 그게 충렬사 안쪽 절골인데. 여황산 쪽이 아니라 천함산 줄기가 충렬사 쪽으로 내려온 곳이라. 가족들 이야기로는 구덕을 파고 묻었다고 하더라꼬.

그리고는 동충 집으로 돌아왔어. 그런데, 이번에는 동충 쪽에서 총살을 할 모양이라. 우리집 옆에 '청룡페인트'라고 황씨가 경영하는 페인트 집이 있었어. 그래 보니, 멸치포대에다가 한문으로 '이적행위'라고 쓰고 있더라꼬. "오데 쓸낍니까?" 하고 물으니, "써달라캐서 써준다" 그래. 옆에 보니, 포대가 한 20장 정도 되겠더라꼬. 좀 있으니, 군인들이 와서 가져가.

한 시간쯤 지나니까, 또 사람들한테 멸치포대를 씌우고 동충쪽으로 가. 나는 속으로 '또 동충쪽에서 사람들이 총살당하겠구나' 했어. 뒤에 들으니, 그 사람들은 동충 멸치창고에 갇혀 있다가, 한산도 앞바다에서 돌로 묶어서 바다에 던져 수장을 했다더라꼬.

○ 가족들이 그 시신이라도 수습할 수 있었나요?

오데. 가족들이 시신이라도 거둘꺼라고, 가까이 가니 총을 쏘더래. 그리고 연좌제가 돼서, 총살당한 사람들이 좌익사상을 갖거나, 인민군에게 부역을 한 사람들로 여겨졌기 때문에 그 사실을 알게되면 가족들도, 총살당할 수도 있는거라. 무서워서 가족들이 시신을 수습할 엄두도 못냈어.

그 뒤에 장면 정부가 들어서고 진상규명위원회가 꾸려지면서, 그제서야 가족들이 시신을 수습했지. 이미 10여 년이 지난 뒤였지. 그때 탁복수씨가 진실 규명할 꺼라꼬 대단했지.

○ **그때** (국민보도연맹원 등) **민간인 희생 사건을 어떻게 생각하세요?**

安타까운 죽음이지. 억울한 죽음이고. 안승관씨라고 일제시대 한국사람으론 최초로 명치대학을 나온 사람이 있었어. 그 처가가 탁씨인데, 중앙시장 부자집안이라. 해방이 되자, 통영에서 큰일을 해보겠다며 내려왔다가, '좌익'으로 몰려 죽었어.

탁씨 집안은 중앙시장 큰 부자라. 녹음다방에 명곡 레코드를 들고 가서 틀곤 했던 탁영진이 있고, 탁영환은 식산국에서 근무를 했어. 안승관이 그런 집 사위(안승관씨의 아내가 탁복수)인데도, 좌익으로 몰리니까 살릴 방법이 없었어.

우익이고, 좌익이고가 없어. 박종옥씨 같은 경우에도 그 사람은 아예 좌하고는 인연이 없는 사람이거든. 그런 사람도 끌려가서 죽을 뻔했는데.

○ **박종옥씨는 완전 우익인데도, 끌려가서 죽을 뻔 했다고요?**

朴종옥씨는 대한청년단 통영회장인데다, 통영체육회장이잖아. 딱 봐도 우익이모 우익이지, 좌익하고는 관계가 없어. 박종옥씨도 6·25가 터지자, 안태봉인 비진도로 피난을 갔대. 그런데 하루는 배 한척이 대더니, 자신을 끌고 가더래. 그리고는 항남동 멸치창고에 가두더래. 박종옥씨한테 직접 들었어.

그런데, 보통 사람들하고는 다른 멸치창고야. 보통 사람들은 지금 한산호텔하는 멸치창고에 끌려갔는데, 박종옥씨는 세관 옆 멸치창고로 끌려갔대.

일단 끌려가모, 천하의 박종옥이라도 별 수가 없어. 자기 집이 요즘 이

중섭이 전시회를 했네, 안했네 하는 성림다방이고, 삼학식당 자리인데도, "살려달라" 연락 취할 방법이 있어야지. 그래도 '우짜든지 살아나가야겠다' 싶어서, 정신을 차렸대. 그리고 주변을 둘러보니, 창고 문이 나무라. 목심 부분이 있잖아. 그걸 있는 힘껏 미니까, 목심 부분이 딱 떨어져나가드래. 그기에 눈을 대고, 한참을 쳐다 보고 있었대. '누가 지나가나?'하고는.

그런데, 시대 상황이 그리 무서우니, 그길 누가 지나가나? 한참을 그러고 있는데, 향토방위대장 추규수씨가 지나가는거라. 그래서 있는 힘껏 다해서 추규수씨를 불렀대. 그런데, 훗날 추규수씨한테 물으니, 모기 소리만하게 누가 자꾸 자길 부르더래. 그래 보니, 박종옥씨라.

그런데, 그 자리에선 추규수씨도 박종옥씨를 풀어줄 수가 없어. 통영 상륙작전 이후엔 군인들 세상이라. 그래서 박종옥씨가 애원했대. "진해 해군 오대위한테 연락을 해달라"고. 그때 통영 방위는 오대위가 책임을 지고 있었거든. 그래서 오대위한테 연락을 해서, 박종옥씨가 풀려났어. 그날 추규수씨가 그 자리를 안 지나갔으면, 박종옥씨도 그 자리에서 죽었지. 그날 같이 갇혀 있던 사람들 중에서, 박종옥씨하고 몇몇을 제외하면 나머지 사람들도 끌려가서 죽었으니까. 전쟁이란 게, 죽음이란 게. 이렇게 어이없고, 안타까워.

5. 6·25 군입대 "강구안 눈물바다"

"사나이가 나라가 어려우면 전장에 나가야지" 자원 입대
강구안 통영해운 앞에서 배로 출발, 강구안 가족들 눈물바다
부산 중앙부두 옷을 5벌씩 껴입던 노무자들. 그 이유는?
미국에서 들여온 61함 승선, 북한 나진 앞바다에서 작전

6·25 당시 해군 시절

　민족의 비극 6·25. 김세윤 전 통영문화원장도 통영수산학교 5학년때 해군에 자원입대
하는데…. 적령 미만에 걸려 좌절된 입대, 그럼에도 불구하고 감행한 입대. 혹독한 신병
훈련, 군 근무중에 펼쳐진 갖가지 에피소드. 때론 울기도 때론 웃으면서 기록한 김세윤
전 원장의 6·25 참전기. 10대 후반과 20대 초반을 관통하는 6·25 시기. 청년 김세윤의 운
명은 달라지는데….

○ 6·25 당시 군입대는 어떻게 하게 됩니까?

하루는 아버지하고 나하고 같이 집에서 잠을 자려는데, 아버지가 이래. "사나이가 말이야 나라가 어려우면 전장에 나가야지 비겁하게 피해 다니면 안된다"고. 그 말씀이 꼭 날더러 군에 입대하라는 소리로 들리는 기라.

그리고 그때 다들 굶주리는데, 항남동 일대에 주둔한 군부대는 어디 서인지 몰라도 저녁이 되면 소며 돼지를 잡아다가 먹더라고. 그 고기굽 는 냄새가 온동네로 퍼지는 거라. 무엇보다 원문고개 전투(1950년 8월 17일 ~9월 22일)에서 인민군을 무찌르고 난 직후라, 군인들의 그 용맹함이랄까, 씩씩함이 동경이 되더라꼬.

나도 "이대로 피신해 있을 게 아니라, 사나이가 당당하게 기상대로 살 고 싶다"는 포부도 생기고. 그런데 한날, 아는 통수 선배가 해병대 지원 을 한다더라꼬. 그래서 나도 호기심에 따라갔어. 그 장소가 서호동 통영 읍사무소라. 선배를 따라서 줄을 섰어.

모병관이 나한테 묻더라꼬. "니 몇살이고?", "18살입니다" 하니까, 바 로 "너는 안돼!" 하고 불합격 시키는거라. 순간 부끄럽더라꼬. 학교 선배 몇몇은 벌써 합격해서 당당하게 서 있는데 말이지. 그래서 뒤로 돌아서 다시 줄을 섰지. 내 차례가 되니, 모병관이 얼마 안됐으니 날로 기억을 할 거 아니야. "이 자식이, 안 된다고 했잖아!" 하는기라.

그래서 내가 "나보다 몸도 약한 사람들도 나이 많다고 합격됐는데, 전 장에 당당하게 참가하고 싶습니다" 호기롭게 그랬어. 모병관이 "그럼 니 아버지 허가 받아올래?" 그래. 순간적으로 "아버지가 군에 가랍니다" 바 로 대답을 했어. 그래서 자원 입대에 합격했어. 그런데 바로 그날 저녁 에 통영에서 출발을 한다는 거야.

○ 통영에서 해병대 자원입대에 합격하고, 바로 그날 군에 입대했다고요?

응. 그날 저녁에 바로 강구안 통영해운하고 기선회사 사이로 오라는 기라. 그래서 바로 부모님께 인사를 드리고 통영해운 앞으로 갔어. 과연 강구안에 가보니까, 굉장해. 남망산에서 동충 끝까지 사람이 꽉 찼어. 그날 지원병이 통영에서 5~600명 정도 되니까, 가족이며 친구들이 얼마나 많았겠어. 군에서는 대구리 배를 여러 척 징발을 해서, 우리를 태우더라고. 배안에 사람으로 꽉찼어. 선두가 출발을 하니까, 가족들이 앞으로 쏠리더라꼬. 동충 끝쪽으로 지나가는데, 가족들 울음소리로 배 기관 소리가 안 들릴 정도라. 그야말로 강구안이 눈물바다가 된기라.

가족들이 저마다 "세윤아", "누구야" 이렇게 불렀을 거 아냐. 그리고 부둥켜안고 흐느끼고…. 그때만 해도, 군대만 가면 다 죽는다고 생각했으니까. 떠나는 우리나, 보내는 가족, 친구들이나 그 이별이란 게, 살고 죽는 게 엇갈릴 수 있으니까.

○ 그야말로 '강구안이 눈물바다'가 됐네요. 지원병을 태운 배는 그 뒤로 어디로 갑니까?

남망산을 돌아 배가 마산쪽으로 가더라꼬. 이제 밤이 돼서 어두운데, 밤 11시나 되었을까? "하선" 하는 소리에 내려보니, 김밥을 하나씩 주더라꼬. 저녁을 먹고 온 사람도 있었겠지만, 다들 긴장도 하고, 시장도 해서 김밥을 맛있게 먹었어.

처음에는 거기가 어딘지도 몰랐어. 나중에 알고 보니 진해 해군신병교육대라. 일본놈들이 지어 놓은 듯한 건물이 6동이 있는데, 1분대마다 한동씩이라. 한 50평 남짓이나 될까? 그기에 약 200명이 들어가는기라. 그날이 해군이고 헌병대고 6·25나고 첫 입대인데, 통영에서 5~600명, 부산하고 마산이 5~600명 해서 모두 1,200명 가량 되었던 것 같아.

내가 입대한 날이 1950년 9월 28일이라. 6·25 터지고 3달 남짓된 시기지. 그런데, 그때만 해도 낙동강 전투가 한창이라. 마산 경계인 진동고 개에서 전투가 벌어지는지, 밤이 되면 포가 터지고 불꽃이 보이더라꼬. 우리 동기중에 선발대는 인천상륙작전(1950년 9월 15일) 이후 동해안 일대 인민군 소탕에 투입됐는데, 절반이 죽었어. 살아 돌아온 사람이 반도 안 됐어.

○ 진해 신병교육대 생활은 어땠습니까?

매일 맞는 빳따야. 훈련소에 입소한 다음날이 됐어. 그날밤부터 "해군 이란 이런거다" 하면서 빳따를 각 5대씩 때리데. 우리 분대가 200명 인데. 교관이 잘도 때려. 위에서 아래로, 아래에서 위로. 그걸 맞고 나면 엉덩이에서 피가 터져 팬티가 뻘겋게 젖고는 했어. 보통 저녁식사 후에 한 30분 쉬고부터 때리는데, 어떤 날은 밤 9시, 10시가 되도 안 때리는 거 야. 그러면 오히려 불안해. 한밤중에 졸다가 맞으면 더 아파. 일찍 맞아야 편안하게 잠을 잘 정도였지. 한번은 한 이틀 빳따를 안 때리는 거야. 그 래서 '이게 웬일인가?' 싶어서 수소문 을 해보니, 옆에 5분대에서 빳따를 맞다가 하나가 죽은 거야. 어머니가 중앙시장에서 고기장사를 하던 동 기인데, 개죽음이지. 전쟁터에 나가서 죽은 것도 아니고 훈련받다가 그 랬으니. 나는 축구를 차고 운동을 해놓으니. 궁디가 퉁퉁해서 견디기가 좀 수월했어. 그래도 아침 구보가 힘들었어. 처음에는 신병교육대 정문 에서 해군 통제부 정문까지 뛰었는데, 뒤에는 천자봉 밑에 언덕까지 뛰 었어. 날은 추워지는데, 아침부터 한 시간 넘게 뛸려니 힘들더라꼬. 한 번은 몹시도 추운 날인데, 팬티만 입고 훈련장에 집합하래. "요즘 군기 가 빠졌다"면서 바다로 뛰어들더래. 죽을 각오를 하고 바다에 들어갔어. 바다물 속에 있을 때는 좀 나았는데, 물 밖으로 나오니 추워서 몸이 덜 덜 떨려. 교관들은 "춥다" 한다면서 또 빳따를 5대 때리고. 그때 우리가 훈련받을 때 총이 3번이 바뀌었어. 제일 처음에는 일본놈들이 두고간 구

구총이었어. 장비가 그만큼 열악했던 거지. 그러다가 좀 있으니 칼빈총을 주더라꼬. 훈련 막바지에는 M-1 소총을 지급하더라꼬.

○ **신병 교육이 혹독했네요. 그래서 자대배치는 어떻게 됐습니까?**

그렇게 한달쯤 훈련을 받고 나니, "집합" 그래. 훈련장에 모였더니, "해병대로 갈 사람은 자원을 하라"고 해. 그때 우리가 통영에서 갈 때, 해군이 아니라 해병대로 지원을 했거든. 그러니, 모두가 손을 드는기라. 해병대 갈 끼라꼬.

나도 "해병대 자원하겠다"고 손을 들었어. 그런데, 내 이름은 안 불려지더라고. 안날(다음날) 이유를 알아보니까, 해양대학, 수산고등학교 학생들은 해군요원으로 남게 된거라.

그래서 참 아쉬웠어. 그런데, 그때 해병대로 간 친구들, 그 친구들이 해병대 3기인데(난 해군 18기이고), 인천상륙작전 이후 동해안 전선에 인민군 소탕으로 투입됐어. 그쪽이 산악지대가 많아서 소탕에 애를 먹었고, 그만큼 희생이 컸어. 훗날에 들으니 죽거나 다친 동기가 절반이 넘었어. 결국 나로서는 해병대에 선발 안 된 게 다행이었지.

그리고 나서는 해군 훈련을 하더라꼬. 로프 매는 법이나 배안에서 근무요령, 함상에서 망원경으로 육지를 탐망하는 법 같은 걸 배웠어. 아무래도 해병대 교육보다는 수월터라꼬. 두 달 동안 우리 어머니가 2주에 한번, 진해로 면회를 왔어.

○ **6·25때도 신병훈련때 가족 면회가 됐습니까?**

우리 어머니뿐만 아니라 통영에서 어머니들이 많이도 왔어. 그때 통영에서 마산을 거쳐서 진해로 오는 배가 있었는데, 한 번 보고 두 번 보고 하니까 어머니들이 얼굴을 익히는기라. 그러면 우리 어머니가 올 때, 다른 동기들 명단 서넛을 적어서 같이 와. 전투에 나가면 언제 죽을지 모른다고, 집에서 있는 거 없는 거 다 싸가지고 오는기라. 한참 식욕이 왕성할 때지, 훈련 힘들지 하니깐 엄청 먹어댔어.

○ **해병대와 해군, 그야말로 생과 사가 엇갈리는 순간이었네요.**

그렇지. 그때 해병대로 갔으면 지금 내가 없을지도 모르지. 2달을 마치고, 해군 '수병' 발령을 받았어. 처음에는 진해해군통제부로 발령났어. 그때 인민군은 크게 물리친 상황이라도 간첩이라든지, 폭파 위험이 있으니 주요 요소 경비가 필요했지. 내가 경비요원이 된거라. 2월쯤 되었을라나? 밤 12시부터 새벽 4시까지 근무를 하는데, 얼마나 눈이 많이 오던지, 주변이 전등을 밝혀 놓은 것처럼 훤해. 고향 생각이 많이 나더라꼬. 객지 떠난 사람의 향수가 이런거구나 싶더라꼬. 이 시간에 아버지, 어머니는 뭐하고 계실까? 형제들은 우찌 지낼까? 친구들은 또 어떻게 하고있을런지? 참 많은 생각이 드는 밤이었어.

어느 날 밤에 "완전군장 후 집합" 그래. 이번에는 "마침내 일선에 투입되는 갑다" 그랬어. 그런데, "여러분 중에 영어에 자신이 있는 사람 손들어보라" 하는 거라. 대학을 다녀도 영어를 잘 할 턱이 있나. 기껏 단어 몇개나 문법 정도하는기지.

순간적으로 판단이 "나도 한번 손을 들어보자. 까짓거 빳따 5대 맞으면 되지" 싶더라꼬. 그런데 과연 어느 순간에 "그만" 하더라꼬. 그때 선발된 동기가 한 50명 정도 될끼라.

해군트럭에 올라타니 진해 속천항으로 가더라꼬. 거기가 옛날 여객선 부두라. 어머니가 통영에서 그리 온다꼬. 배가 한 척 있어서 탔더니, 어두운 밤을 한 2시간 남짓 가더라.

"하선" 해서 내려보니, 불빛이 훤한 빌딩들이 쭈욱 있어. 통영 촌놈이 그때까지 부산을 가본 적이 없었어. 우리는 일본인 줄 알았어. "영어 잘하는 놈을 뽑으니, 필시 특수교육하러 일본으로 보내는 기다" 이렇게들 생각했어. 안날(다음날) 날이 새서 보니, 부산이더라꼬.

○ **일본에 특수교육 받으러 가는 줄 알았는데, 다음날 날이 새서 보니 부산이었군요.**

그때 부산에 해군본부가 있었어. 대청동 밑바닷가에 옛날 부산역 있는 데부터 제1부두, 2부두, 3부두, 중앙부두, 그리고 4부두, 5부두, 동쪽으로 적기까지 뻗어 있었어.

우리가 내린 곳은 부산 중앙부두라. 집은 꼭 일제시대 멸치창고 같은데, 도단집이 길게 뻗어있어. 그곳이 해군 부산경비부 주둔지라. 강당에 가서 행사를 하는데, 알고보니 '해군헌병대 입교식'이라. 그러니까 우리가 해군헌병대 1기로 선발된거라. 영어를 잘 하는 사람을 뽑은 이유는, 미군하고 합동순찰이나 경비를 같이 서야 하는기라. 해군헌병대 본부로 발령이 나더라고. 광복동 부민관 극장 바로 뒤에 옛날 은행 건물을 군에서 징발해서 쓴거라. 광복동로터리를 두고 바로 앞에 부산시청이 있고, 옆에는 오육병원인가 군에서 운영하는 큰 병원이 있었어. 육군헌병대는 보수동에 있었고.

우리 임무는 해군헌병대 정문 보초를 서거나, 국제시장, 영도, 완월동 등을 도보로 순찰하거나 서면쪽으로 가면 차량을 이용하기도 했어. 해군들 중에서 탈영병이나, 불찰한 행위를 하는가를 순찰하는 게 주된 임무였지. 그때 국제시장 주변 상황이 그야말로 영화 '국제시장'이라. 헌병대에 배치되니까, 비로소 수병 복장을 주더라꼬. 수병 복장을 하고, 헌병 완장에 곤봉이나 권총을 차고 국제시장이나 광복동, 대청동 쪽을 돌면 앞이나 뒤에 가던 아가씨들이 쳐다보는기라. 그때 얼마나 못 입던 때고. 해군헌병대 인기가 상당했지.

○ 해군헌병대 생활 중에서 가장 기억에 남는 일은 무엇입니까?

해군헌병대 본부에 근무하기 전에, 중앙부두에 배치됐어. 그때 우리나라에 처음으로 '페니실린'이 들어온기라. 6·25때 항생제고 뭐고가 있나? 페니실린이 죽은 사람도 살린다는 특효약이라고 소문이 났어. 오죽하면 페니실린 한 병하고, 광복동 빌딩하고도 안 바꾼다고 했을까? 그 만큼 사람 목숨이 중요한 것이니까.

보통은 보초탑에 해군 헌병 2명, 미군 2명이 서는데, 의약품이나 탱크 같은 중요한 보급품이 들어오는 날이면 증원이 되는기라. 특히 의류하고 식품이 많이 털려. 그때 장교복장이 검은 색인데, '쿠로사지'라고 검은색 옷이 들어오는 날이나, 미군 씨레이션 들어오는 날에는 박스가 터지는기라. 노무자들이 그걸 빼돌려서 먹고 사는기라. 우리 헌병들도 서로 이야기를 하지. 가능하면 먹을 거는 뺏지 말고, 옷 한, 두 벌은 봐주자고. 전쟁통에 피난민들도 먹고 살아야 하니까. 노무자들 몸수색을 '사치'라고 해. 주로 우리가 노무자들 몸수색을 하고, 미군은 감시를 하는거라. 그러다가 우리가 잘 못한다 싶으면 자기들이 직접하기도 하고. 그러니, 우리도 요령껏 사치를 해야 해.

야근 노무자들이 퇴근할 때면, 옷을 5벌까지도 껴입고 나가기도 해. 먹을 것도 3개, 4개 들고 나가면 우리가 한, 두 개를 잡는거지. 미군들 앞에서는 몸 검색을 잘하는 것처럼 보이면서도, 노무자들이 한, 두개씩은 들고 나가게 해주는거라. 중앙부두가 있으면, 그 맞은 편 (철)길을 따라 몇 백m 피난민 천막촌이 길게 이어져 있어. 노무자들이 부두에서 일을 하고, 거기서 가족들하고 먹고 사는기지. 1·4후퇴 이후라 서울은 물론이고 북한에서 내려온 피난민들도 엄청나게 많았어.

그중에 박교수라고. 연세대학교에서 영어를 가르치다가 피난온 사람인데, 그 사람이 '리버 치프'라. 노무자 반장 정도 되는기라. 이 사람이 영어를 아니까, 이건 미군 씨레이션박스다, 초콜릿이다, 파인애플이다. 아는 거라. 그걸 들고 나오는데, 우리가 편의를 봐주곤 했어.

한번은 천막촌에 꼭 놀라오라고 그래. 그래서 가보니, 부인하고 아이 셋이 있는데, 큰 딸이 여대생인데 같이 피난을 온거라. 예쁘더라고. 일주일에 한번은 천막촌에 갔었는데, 결국 데이트는 못했어. 육군 간호 간부후보생으로 들어갔다더라고.

해군본부로 갔다가, 이제는 함정을 타고 싶더라. 그때 61, 63, 65함. 이 3척의 함정이 제일 컸거든. 이 함정이 동해안으로 출동했다가 부산항으로 귀항, 다시 일본 사세보나 요코스카항으로 가더라고. 전투출동 준비는 사세보, 수리는 요코스카항에서 해.

'사나이가 전쟁이 나서 입대를 했으면, 전장에 나가봐야겠다' 싶은 호기도 생기더라. 그래서 인사계장한테 부탁을 했어. 그랬더니, 인사계장이 "다들 헌병이 되고 싶어하는데, 함정은 왜 타려느냐" 하고 극구 반대를 하더라. 그래도 내가 "꼭 함정을 타고 싶습니다" 했더니. 발령을 내주더라. 그것도 61함이 부산항으로 입항한 그날, 바로 탈 수 있도록. 그래서 61함을 타고, 동해안으로 출동을 해.

○ 해병대 자원입대, 그런데 해군헌병대 선발, 그리고 이번에는 그 좋은 헌병대를 두고, 자원해서 함정을 타셨다고요?

내가 해군 61함을 타고, 나진 앞바다까지 갔었다고. 동해안을 따라 출항을 하는데, 배가 크니까 그리 크게 흔들리지 않는데도 멀미를 심하게 했어. 한 이틀 멀미를 심하게 하니, 하사관이 "너 멀미를 심하게 하네. 좀 지나면 괜찮아질거야" 말하곤 끝이라. 무슨 멀미약도 없어. 과연 이, 삼일 지나서 바깥 바람을 쏘이니 괜찮아지더라고. 그 뒤로는 멀미를 안 해. 당시 우리 해군으로서는 61함이 미군에서 준 큰 선물이었지. 우리는 그걸 타고, 동해안을 따라서 원산, 청진, 나진을 갔었는데. 어떤 때는 육지와 가깝게 붙어서 망원경으로 보면, 동네 아낙이 물동이를 이고 가

부산에서 해군 헌병대 생활을 했다. 그 좋은 헌병대를 두고, 자원해서 해군 61함에 승선, 북한
나진 앞바다까지 작전을 나갔다.(사진은 우리 해군에 인도되기 전 미국 함정으로 사용되던 61함)
@전갑생 성공회대학교 동아시아연구소 연구교수

는 게 보일 정도라. 주로 인민군이 항구에 접근하지 못하도록 바다에 설
치한 기뢰를 찾아서 제거하는 게 임무였어.

우리 배에 보트가 하나 있는데, 사람을 태워서 보내기도 하고 육지에
서 사람을 실어오기도 하는거라. 아마 우리나라에서 북쪽으로 정보원
을 보내고, 침투했던 정보원을 다시 남쪽으로 돌려보내는 임무를 수행
한 것 같아.

육지에 너무 가깝게 붙으면, 낮에는 괜찮은데 밤에는 대포가 날라오
곤 해. 포탄이 우리 함정 앞에도 떨어지고, 뒤에도 떨어졌지. 그때는 '이
러다 죽는 게 아닌가' 싶기도 했어. 제해권은 완전히 미군이 잡고 있어
서, 북한군 함정이 바다 위에서 우리하고 대결하는 일은 없었어.

○ 군 제대할 때 인생을 크게 바꾼 2가지가 카메라를 가지고 제대한 일과 군에서도 축구를 한 것이라고 알고 있습니다. 카메라는 언제 구입하십니까?

중앙부두에서 근무하다가 해군본부로 근무지를 옮길 때, 아까 말했던 박교수가 찾아왔어. 전별금이라고 주더라꼬. 거절을 하다가, 끝내 받았는데, 나중에 보니 액수가 제법 되더라꼬. '이걸로 무얼할까?' 하다가, '카메라를 사자!' 이리 된기라. 그래서, 40계단 옆에 중고상에서 카메라를 구입해. 전쟁통에 필름을 현상할 수 없으니, 필름 값은 비싸고 카메라 값은 쌌거든. 제대할 때는 '미놀타 카메라' 새 제품을 구입해서 갖고 나와. 함정 근무를 할 때, 첫 번째 일본 군항 입항때 하사관이 "너, 얼마 갖고 있어?" 하고 물어. 얼떨떨해서 "없는데요" 하니까, "거짓말 말고, 돈있는 거 다 내놔" 하대. 그때 내 수중에 20달러가 있었거든. 박교수가 준돈으로 중고 카메라 사고 남은 돈을 환전해서 온거라. 그래서 20달러를 줬어.

그러니, '김수병 20달러' 이렇게 장부에 적더라고. 일본 군항에 들어갈 때마다 화장품을 사는 거라. 그때 남자들은 장발이 유행했는데, '메에세에(明星) 포마드'가 최고 인기 제품이었거든. 여자들은 '우테나 크리무'가 최고였고. 우리나라에선 겨우 동동 크리무 정도였으니, 일본에서 그걸 사서 한국에다 팔면 10배 남는 장사라. 나중에는 돈이 불어서 400달러가 되더라고.

그 돈으로 사세보나 요코스카 군항 PX에 가서 '미놀타 카메라'를 샀어. 카메라를 샀어도, 필름 현상값이 비싸고, 특히나 군항 같은 데를 찍었다가는 사상범으로 몰릴 수 있어서, 일본도 시내 명승지 같은 데만 찍었지.

그걸 샀는데, 내가 뭘 사진을 찍을 줄 아나. 누르는 거나 겨우 할 줄 알지. 그때 사진이 슈사인보이(구두닦이)며 날 찾아온 친구들, 부산 광복동 풍경이라. 휴가받아서 고향 갈 때, 발개 사진 찍은 거. 그리 사진을 처음 시작했지.

그렇게 군 제대할 때 사진기를 가지고 나온 덕분에, 1950년대부터 사

해군에서 책을 읽으며, 모범적인 공동체인 '이스라엘 키부츠촌을 통영에도 만들고 싶다'는 포부를 가졌다.

진사가 아닌데도 통영 사진들을 찍어서 기록으로 남길 수 있었지.

○ 해군공창 도서관에서 인생의 새로운 전기를 맞는다고요?

61함, 함정 근무를 하고 있는데, 휴전(1953년 7월 27일)이 되었다는 거야. '내가 나라가 위태로울 때 싸우고자 자원입대를 했는데, 전쟁이 끝났으니 이제는 대학을 진학해서 학업을 이어야겠다' 생각을 하게 돼.

그래서 알아보니, 학생 지원병은 근무기간이 만 4년이란 거야. 1년 더 근무해야 돼. 이번에는 해군공창에서 축구팀을 만든다고, 해군공창으로 가게 됐어. 발령은 해군공창 서무과로 받았거든. 도서관에 근무해. 오전에는 도서관에서 책을 읽고, 오후에는 축구 연습을 했거든. 그때 읽은 책들이 지금 팔십 인생에도 큰 영향을 미치고 있어. 특히 그때 이스라엘 키부츠촌에 관한 책은 내 운명을 바꾸지. 즉, 모범적인 공동체인 '키부츠촌을 통영에도 만들고 싶다'는 포부를 안고 통영으로 돌아와. 그때가 1954년 9월 29일이야. 내가 1950년 9월 28일 입대했으니, 만 4년하고 하루만이야.

6. 축구코치로 사회 첫 발, 전국 우승 카퍼레이드를 하다!

모교 두룡국민학교에서 시작한 축구코치, 충렬 코치도 맡아
충렬 코치 1년 만에 준우승, 충무식당 아들 영입, 경남대표로

전국 종별 축구 선수권대회 우승(1957년)

　　1950년 8월 28일 입대한 김세윤 전 통영문화원장은 1954년 8월 29일, 4년 1일만에 제대, 고향 통영으로 향하는 뱃길에 올랐다. 대학진학을 꿈꾸던 20대 초반…. 하지만 현실은 달랐다. '고향에서 무언가 사회 기여를 하고싶다'던 그의 꿈은 축구 코치로 시작되는데….

○ 1954년 8월 29일. 제대하셨네요. 통영에 돌아오실 때는 어떻게 오셨습니까?

진해에서 통영으로 오는 배가 있었어. 그땐 버스고, 육상교통은 형편이 없었어. 부산부터 진해, 마산, 거제, 통영, 삼천포까지 해안도시 사람들은 전부 배로 다녔지.

제대할 때 첫째 목표는 '대학진학'이었는데…. 집에 돌아와보니, 예전과는 달리 집안이 많이 기울어서, 노부모 벌이가 서호시장에서 어상(고기장사, 생선장사)을 하고 있어. 대학 진학이 안 되겠어. 그래서 우선 벌이를 좀 해야겠다 싶어서. 취직을 하려구 했어.

○ 그래서 취직 부탁을 해보셨어요?

마침 도의원에 출마하기도 했던 탁복수씨가 외숙모인데, 유건기씨와는 동기간처럼 지내는 거라. 그래서 축구협회장을 하는 유건기씨하고, 체육회장이던 박종옥씨를 찾아 뵈었지.

처음부터 "취직 좀 시켜주십시오"는 할 수가 없고, "시킬 일이 있으시면 언제든지 불러주이소" 그리 말씀을 드렸지. 그리고는 체육회에 왔다 갔다 하면서 일을 시작했지. 물론 급여는 없고. 보도연맹이고, 6·25고 해서 당시만해도 통영 시내에 20~30대는 공동화 상태라. 젊은 사람이 없었어. 그러다가, 마침 두룡국민학교에 축구코치 자리가 비어있단 소식을 듣게 됐어.

○ 두룡국민학교에서, 고향 통영에서 첫 사회생활을 시작한 거네요.

그렇지. 두룡국민학교는 내가 1회 졸업생이니 모교이기도 하고, 축구부 주장도 했으니, 인연이 깊잖아. 그래서 두룡국민학교를 찾아갔어. 6학년 담임을 했던 진장옥 선생님이 교감으로 계시더라고. "두룡 코치를 제가 맡으면 어떻겠습니까?" 하고 말씀을 드렸더니, 무척이나 반가워 하시더라. 마침 조명서 교장하고 둘이 "누굴 시킬 것인가?" 하고 고민을 하던 참이래.

그래서 두룡국민학교 축구부 코치를 맡게 됐지. 그때 주장이 강일근이라고, 축구를 계속해서 '주택은행' 실업팀에서 뛰었지. 지금 재경통영향인회장을 맡고 있더라. 그런데 한 1년 뒤에, 학교에서 '예산 문제로 축구부를 더 이상 유지하기 어렵다' 하는거라. 참 난감하더라.

마침 국제수산 이창용 전무(이평기 사장 동생)가 불러. "충렬국민학교 축구부 코치를 맡아달라" 그래. 급여도 국제수산에서 갖고 있던 복운회사에서 지급하기로 하고. 두룡이고, 충렬이고 코치 월급을 줄 형편이 못됐거든.

알고 보니, 축구협회 고문이었던 고용석씨가 날 추천을 해준거라. 국제수산 상무인데, 그동안 날 유심히 본 모양이라. 축구대회뿐만 아니라 시민대회 같은 행사에서도 어른들이고, 선배들이 시키는 심부름을 잘했거든. 그래서 1956년 충렬국민학교 축구 코치로 들어가.

○ 충렬국민학교 축구 코치도 하시고, 국제수산 계열 복운회사에도 취직을 하신거네요. 1인 2역을 하시네요.

1인 3역을 해. 아침에는 아이들 모아다가 서호동 장공장 앞에서 아침체조를 시키고, 마치면 복운회사로 출근했다가, 오후에는 충렬 축구부 지도도 하고.

그때, 충렬국민학교가 시내 5개 국민학교 대회에서 맨 꼴찌야. 당시 통영에서 축구하고, 권투가 최고 인기인데. 학교 선생님들도 그렇고, 학부모들도 갑갑했던거라. 그런데, 내가 들어가서 1년 만에 준우승을 했어. 교장은 물론이고 학부형들도 좋아서 난리가 났지.

마침 축구협회 부회장이 서종열씨인데, 일본에서 축구를 차서 축구에 관심이 많았다고. 이분이 일본으로 오갔는데, 그 와중에 축구전문지 '사카'를 구입해서 번역까지 해서 주시는거라. 이 양반이 통영 최초 운동구점을 열지. '서상회'라고. 그래서 이 양반 별명이 서상회라. 축구전문지

'사카'가 도움이 많이 됐지. 당시만 해도 축구 교육이며, 룰도 주먹구구식이라. 내가 공부한 것 외에도 새로운 것들이 많더라고. 공부가 많이 됐어. 그래서 아이들한테도 체계적으로 실기 교육도 시킬 수 있었고, 기본기를 더 단단하게 할 수 있었지.

충렬국민학교 축구부 인기가 점점 높아졌어. 학부형들 호응도 좋고, 그때 내가 총각이니까 처녀선생들이 쥬스같은 걸 찬물에 찹찹하게 해서 가져다 주기도 하고. 주위 반응이 좋으니까, 나도 신이 나서 더 열심히 했지.

통영중학교에서 축구 육성도 하고, 우수 선수 선발도 하려고, '전국 어린이 축구대회'를 개최했어. 그때는 축구가 워낙 인기가 좋으니까 사람들이 구름처럼 몰려드는 거야. 어떻게들 알고, 엿판들도 몰려들어. 축구공을 차서, 엿판에 맞아, 엿이 하늘을 날기도 하고…. 그때, 삼천포에서도 출전을 했어. 한 아이가 공을 잘 차는거라. 내귀에 들리기로 '충무식당집 아들이다' 그래. 당시 삼학식당 다음으로 성업을 했던 곳이 충무식당이었어. 그래 내가 찾아가서 설득했지.

그 아이 이름도 안 잊자삔다. '최춘치'. 그놈을 넣어 놓으니까, 충렬국민학교 축구부가 더 잘 하는거야. 이내 경남도 대표로 선발이 됐어.

○ 충렬국민학교 축구부가 만년 꼴지에서, 아예 경남 대표로 선발된 거네요?

경남도 대표로 선발이 돼서, 부산으로 출전을 했어. 3번 싸워서 결승으로 진출하고, 마침내 우승을 했지. 돌아오니까, 교장이 좋아서 난리가 난거라.

그때 시외버스터미널이 이전을 해서, 공설운동장 옆에 있었는데, 차가 2대 서있어. 트럭보다는 작고, 짚차보다는 좀 큰데…. 그기에다가 우릴 태워서 충렬국민학교 입구까지, 통영 시내 카퍼레이드를 한거라. 정말 기분 좋았지!

7. 장공장, 오거리광장에서 조기운동 바람을 일으키다.

서호동 장공장 옆에 있던 아침시장, 6·25때는 서호시장으로 이전
조기운동 1년 만에 100여 명 참여, 내 운명을 바꾸어 놓다

서호동 장공장, 오거리광장에서 조기운동 바람을 일으킨다.
이를 계기로 그의 운명은 크게 달라진다.

1950년 국가의 위기인 6·25를 맞아 군에 입대했던 김세윤 전 통영문화원장. 우연히 해군공창 도서관에서 근무하면서 읽은 '이스라엘 카부츠촌'에 감명을 받아, "젊은 사람이 전후 새로운 통영을 만들기 위해 무엇을 할 수 있을까?" 고민하다가, 조기운동을 지도하기 시작한다. 서호동 장공장에서 시작된 조기운동 바람은 5~6년만에 오거리광장으로 나아가게 되는데, 20대 초반 김세윤, 그의 인생은 어떻게 펼쳐질 것인가?

○ 아침 운동 시간은 언제쯤이었습니까?

봄,여름이 다르지. 해뜨기 전에 깜깜할 때 모이지. 내 구령에 맞춰서 체조를 하지. 그 다음엔 구보를 했는데. 처음에는 서호동 장공장에서 도천동 굴다리(해저터널 입구)까지 뛰었지. 그러다가, 남망산까지 뛰고, 더 멀리는 남망산 갔다가 토성고개로 가서, 돌아오기도 하고. 오늘은 요리 뛰고, 내일은 저리 뛰고. 주로 그리 3코스를 뛰었지.

○ 두룡과 충렬국민학교 축구코치를 하면서, 새벽에는 조기운동을 지도하셨다고요?

제대할 무렵 해군 공창 축구부에 들어가려고, 배치된 해군 공창에서 도서관 근무를 하게 돼. 그때 읽은 책이 '키부츠촌'인데, 이스라엘 공동체를 만들기 위해 한 청년이 헌신하는 이야기야.

나도 고향에 돌아가면, '무엇을 하면 좋을까?' 하고 제대 무렵부터 쭈욱 생각했지. 그런데, 막상 고향에 돌아와보니, 부모님 형편은 더 어려워져서 대학 진학은 못하겠고, '어떻게 할까?' 고민하다가 새벽에 조기운동을 지도해 보자! 이리 마음을 묵은기지.

그때 마침 두룡국민학교 애들 몇이 서호동 장공장 근처에 살았거든. 그래서 서호동 장공장 광장에서 조기운동을 시작하지.

○ 서호동 장공장이라면, 일제시대 일본식 간장을 만든 곳 아닙니까? 그 앞에 광장이 있었지요?

장공장 앞 광장이 근대 서호시장의 시초지. 도천동이며 해피, 산양면 일대 사람들이 야채며 고기(생선)를 내다 팔았지. 아침시장이었고. 이때 지금의 서호시장으로 옮겨가고, 비어 있었거든. 한 1500평 정도 될라나.

내가 코치를 처음 시작한 곳이 두룡국민학교잖아. 그래서 근처 아이들 몇몇 모아 놓고 시작한 거지. 처음에는 한 20명 남짓 됐는데, 한 1년

꾸준히 하니까 100명을 훌쩍 넘어서데.

○ 장공장 앞 조기운동 1년만에 100명이라. 상당한 숫자인데요?

그렇게 한 1년 하니까, 서호시장에 장보러 가는 사람들이 날 알아보고 "젊은 사람이 수고한다" 칭찬을 많이 해주시더라고. 그래서 힘이 더 났지. 물론 일부 나이 많은 분들은 "젊은 놈이 잠도 없나. 아침 잠을 깨우고…" 하면서 싫어하신 분도 있었지.(웃음)

○ 새벽에 100명이 도천동 굴다리며, 남망산, 토성고개로 뛰는 장면이 눈에 선한데요.

그때 또 줄 당기기도 했어. 야마골 40계단 앞 도로에서 양편으로 서서 줄을 땡겼지. 그때는 차가 없었으니까. 줄 당기기를 하면 아이들이 "으샤", "으샤" 하는 소리가 우렁찼지. 나중에는 장공장 앞 광장이 비좁아서, 오거리광장에서 운동을 하지.

○ 오거리광장에서 조기운동을 지도하신다고요? 지금으로선 상상하기 힘든 장면인데요?

그때는 차가 없었으니까. 그리고 한 200명쯤 되니까, 도저히 장공장 앞은 비좁더라고. 이정규씨가 시장을 하실 때니까, 1960년이나 61년쯤 되겠네. 서종열씨가 주선을 해주셨어. 아침에 마돈나다방에서 만나서, 시청에 전화를 걸어서 시장이 출근했다니, "같이 가자" 하시더라고. 그래서 면담을 했지.

○ 시장실에서 이정규 시장에게 무슨 말씀을 하셨습니까? 그리고 이정규 시장의 반
   응은요?

그분이 상당히 정치적이더라고. 내가 들어가니까 "안 그래도, 젊은 청
   년 하나가 아침에 장공장 앞에서 조기체조를 지도한다고, 칭찬이 자
자하더라. 만나보고 싶었는데 바로 자네였군" 하면서 반갑게 맞아주더
라꼬.

그래 날 더러 "뭘 원하냐?"고 묻더라고. 내가 "사람이 200명 정도 되
니까 넓은 오거리광장에서 운동을 하고 싶습니다" 그랬지. 그래서 오거
리광장에서 조기운동 지도를 시작했지. 그런데, 그게 내 운명을 바꾸어
놓을지, 그땐 상상도 못했지.

8. 복운회사 근무, 통영해운사를 회고하다.

한일장여관-조선기선회사, 뚱보할매김밥-복운회사, 세광한의원-통영해운공사
1910년대 부산-통영-여수 남해안 항로 운영, 1930년대 1차(일제시대) 황금기
1960~70년대 2차 황금기, 복운호 갑성호는 물론 금성호 한양호 경북호 보성호
충무김밥 영업구역은 '통영 –성포', 김밥 팔던 해운선사 앞에 지금 김밥집들이

1960~70년대는 남해안 여객선 운항이 황금기였다. 통영 강구안에는 한일장여관 앞에 '조선기
선회사', 뚱보할매김밥 앞에 '복운회사', 세광한의원 앞에 '통영해운공사'가 있었다.

1954년 군복무를 마친 청년 김세윤(전 통영문화원장)은 한꺼번에 세가지 일을 했다. 새
벽에는 서호동 장공장 앞에서 아이들 상대로 조기운동을 지도하고, 아침에는 복운회사
에서 근무했으며, 오후에는 충렬국민학교로 올라가 축구부 코치를 했다. 복운회사에 근
무한 1956~60년은 부산-통영-여수 남해안 여객선 항로가 새로운 황금기를 맞이하려는
순간이었다. 김세윤 전 통영문화원장으로부터 그때 이야기를 들어본다.

○ 1954년 해군 제대 후에 3가지 일을 하셨습니다. 오늘은 복운회사 근무 이야기를 듣고 싶습니다.

내가 복운회사에 근무했다니, 당시 경험이며 일제시대 통영을 비롯한 해운사를 묻는 사람이 많아, 나름대로 정리를 했어. 오늘은 그 이야기 하지.

당시 축구부 코치 월급이 없으니, 생활비가 필요하잖아. 그래서 아침에 복운회사 근무하라고 한거지. 그래서 새벽에는 조기운동 지도하고, 아침에는 복운회사 근무, 오후에는 충렬국민학교 축구부 코치, 이렇게 3가지 일을 한꺼번에 한거지. 당시 20대 초반으로 젊었으니까.

○ 그때 복운회사가 어디에 있었습니까?

원래 통영에는 조선기선회사 통영대리점하고, 통영해운공사 2곳이 있었어. 내가 군대 갈 때 통영해운 앞에서 배를 타고 갔거든. 기선회사하고 통영해운 사이 간격이 한 100m 남짓 될거라. 내가 군대를 다녀오니, 그 사이에 복운회사가 생겼더라고.

그러니까 오늘날로 치면 그 위치가 '한일장여관' 앞이 '조선기선회사' 고, '똥보할매김밥' 앞이 '복운회사', 그리고 '세광한의원' 앞이 '통영해운공사'라.

그때 정덕보씨라고, 통영의 부자인데, 일제시대 군용으로 썼는지, 상선으로 썼는지 낡은 철선을 하나 사서 객선으로 개조해서 복운기선회사를 만든기라. 그때 부산 정박지가 다른 배하고는 달리 자갈치였어. 그때가 1950년대 전후일 건데, 내가 군대갈 무렵은 아니고, 군대 입대한 후인 것 같애. 그 배며, 회사를 국제수산 이평기씨가 사서, 운영을 하거든.

그러니까, 1956~60년대에는 조선기선회사 충무대리점, 복운기선회사, 통영해운공사. 이렇게 3곳에서 여객선을 운항했지.

○ 지금 국민은행 앞에 있던 태평해운은요?

그건 한참 뒤에 생겨. 태평해운 선주가 하순홍씨라고 분재를 좋아했어. 나하고도 취미가 맞아서 그 모임을 태평해운 2층 사무실에서 곧잘 했거든. 그러니 3개 선사보다는 뒤에 생겼어. 최소한 내가 복운회사 다닐 때는 태평해운이 없었어.

○ 일제시대에는 통영에 어떤 배들이 다녔습니까? 당시만 해도 일제시대 근무한 분들이 그대로 근무를 해서 들으신 바가 있을 것 같은데요.

나도 어른들한테 들은 이야기인데, 1910년에 한일합방이 되잖아. 바로 부산에서 여수 가는 배부터 생겼대. 처음엔 통영에 기항을 안 했다고 하더라구. 그런데 통영에서 자꾸 청원을 넣고, 여객손님도 제법 있을 것 같으니까, 수지타산이 맞을 거 아냐. 그래서 통영에도 기항을 하게 된 기지. 그때 조선우편기선회사, 약칭 조우. 그리고 부산기선회사가 있었어. 그 무렵에 욕지에 일본사람이 많이 사니까, 부산에서 욕지도 가는 배도 있었어. 부산에서 장승포, 구조라(지세포)를 경유해서, 욕지도를 가는 기라. 이틀에 한 번씩 다녔다고 그래. 이 배도 처음에는 통영에 안 들어오다가, 뒤에 통영을 경유해서 욕지도에 들어갔어.

조선 사람 자본으로는 여객선을 운영할 엄두를 못 냈어. 다 일본 자본이지. 그러니까, 일본인 이주어촌을 중심으로 남해안 포구 곳곳에 여객선을 운항한 거라. 통영에는 강산촌 외에는 욕지도에 일본인들이 많이 거주했으니까, 욕지도로 운항을 한기지.

당시 배는 여객선이 아니라 화물선 수준이지. 배 크기도 15톤, 20톤 남짓, 크다고 해봐야 30톤 안쪽의 배라. 그래도 당시 우리나라 배들이랑은 비교가 안되지. 겨우 노를 젓거나 돛으로 다녔는데. 기록에 보니까, 1910년대 통영에 경유한 배가 경복환, 통영환, 진주환, 장흥환, 운세환 그렇더라구. '어느 배가 구체적으로 어느 항로를 다녔는지' 하는 기록은 못 찾았고.(집필자 주: 2008년 편찬된 〈욕지면지〉에는 욕지 항로 최초의 여객선으로 '미생환(야요이마루)'이 기록돼 있다)

○ 1920~30년대는 어떠했습니까?

1925년 무렵부터 부산-통영-삼천포-하동 노량-여수 뱃길이 본격적으로 열린거라. 배가 2척이 있어서, 배 1척씩이 하루는 부산에서 여수 방향으로, 안날(다음날)은 여수에서 부산 방향으로 운항하는 거라. 2척이 서로 반대 방향으로 가니까, 손님으로 봐서는 하루 왕복 운항을 한 거지.

1933년경에는 완전히 정착돼. 철선 여객선인 태안환(太安丸, 다이안마루), 장구환(長久丸, 조큐마루), 장은환(조운마루). 이렇게 3척이 유명했지. 내가 어릴 때 강구안 동충 쪽을 보고 "조큐마루 들어온다. 조큐마루" 이러던 기억이 나.

그런데, 이 배들이 해방되고도 운항이 돼서, 태안호, 장구호, 장은호 이렇게도 불려. 이 배들은 '통통통' 소리가 나는 통통배들이라도, 제법 여객선이라고 할 수 있었어.

그리고 진해환(鎭海丸, 진카이마루)이 있었어. 진해-마산-거제 송진포-거제 성포-통영까지 운항했어. 내가 군에 있을 때, 어머니가 진해까지 진해호(진카이마루)를 타고 면회를 오셨거든. 그러니까, 1933년부터 1940년까지가 일제시대 남해안 항로의 황금기지. 뒤에 1960~70년대 2번째 황금기를 맞지.

그때는 손님도 많고, 화물도 많았지. 여수하고 하동에서는 식량이 올라왔고, 부산에서는 건축 자재하고, 생활용품이 내려갔지. 장사가 잘 되니, 1930~40년대 약소회사들이 앞다투어 해운업에 뛰어들었는데, 마지막에는 조선기선회사로 통합이 되지.

그러다가 2차 세계대전(1939~1945)이 일어나자, 여객선이 징발돼. 그때가 암흑기였지. 내가 1950년 군대갈 때도, 여객선이 징발돼서, 역시 징발한 모구리(잠수기) 배를 타고 갔거든. 이렇게 여객선 운항이 많아지니, 사고도 일어났지. 일제시대 수메르마루라고 마산-통영을 운항한 배가 있었는데, 괭이바다에서 사고가 나서 많이들 죽었어. 1953년에도 창경호 사건이 일어나서 200명이 넘게 죽기도 했고. 그기가 '설칭이 바다'라고 하는데, 부산으로 갈려면 가덕도 등대를 막 벗어나서 낙동강 흐름하고, 바다가 만나서 조류가 심한 곳이야. 예전부터 그곳을 지나면 멀미를 심하게 하곤 했지.

○ 1950년대 복운회사 다닐 때는 어떠했습니까?

내가 복운회사 들어가니까, 국제수산 이평기씨가 자금줄이 좋으니까, 여러 선박을 끌어당겼지. 당시만 해도 여객선들이 그때그때 상황에 따라, 우리 부두에 대기도 하고, 조선기선 앞 부두에 대기도 했거든. 복운회사 첫배가 그날 아침 7시나 8시 통영에서 출항을 해서 부산에 도착해서, 오후 2시쯤 다시 부산에서 돌아오는기라. 하루 1왕복을 한거지. 통영에서 부산까지가 4시간이 걸렸지.

당시 통영-부산 육로는 형편이 없었어. 내가 결혼할 때만 해도, 통영-마산이 비포장길인데, 통영-부산도 육지길이 말도 못할 정도로 안 좋

1930년대 통영항

부산-통영-여수-목포 항로를 운항한 태안호

앉어. 그 배에는 사람도 많이 타지만, 주로 야채하고 해물을 선적했어. 자신이 직접 재배한 걸 가지고 가서 부산에서 팔기도 하지만, 서호시장에서 아침 일찍 야채를 사모아서 도매로 부산상회에 넘겨주는 사람들도 있었어. 통영에서 파는 것보다, 부산에서 파는 게. 왕복표 값보다 이문이 많이 남았으니까. 그리 부지런한 사람도 있더라고.

그리고 그때 국제시장이 생겨서, 돌아오는 길에는 국제시장에서 뭘 사오지. 부산 간다고 하면, "이거 사주라", "저거 사주라" 부탁도 많았거든.

복운회사에서는 부산 낮배, 밤배도 운영했어. 낮배는 여수, 부산에서 각각 8시에 출발을 해서 12시-1시쯤에 들어오거든. 그래서 낮배라. 복운호하고, 갑성호였어. 갑성호는 뒤에 통영해운으로 갔어. 낮배는 많았어. 우리 소속은 아니지만 금성호, 한양호, 경북호, 보성호가 다녔어. 저녁배는 5-6시 닿아서 부산으로 가거든. 나중에는 부산-마산-(거제)성포-통영-하동 노량-여수로 뛰지. 이 배는 통영해운으로 이동을 해.

밤배는 한일호가 있었어. 주로 밤 12시 전후로 통영에 닿았어. 완도에서 여수를 거쳐서 통영에 들어오는기라. 그게 또 하루 지나 부산에서 오면 또 밤배라. 한일호가 완도에서 출발을 하는데, 나라도(나로도), 고금도에서 짐(김)을 많이 싣고와. 우리가 그 밤배를 취급하고부터는 김밥김을 조금 얻어서 김밥을 해묵었는데, 그맛이 정말 좋아. 지금도 입에서 그 맛이 감돌 정도라. 당시만 해도 완전 자연산이었지. 이건 밤배라 성포에는 안 닿았어.

그리고 부산-거제 성포-통영-욕지를 운항하는 배도 있었고, 비룡호라고 고성 철뚝(남촌)에서 통영으로 오는 배도 있었어. 주로 농산물을 싣고 오는데, 오후 3~4시나 돼서 통영에 닿았다가 부산으로 가. 이거는 부정기선이었어. 겸농호는 섬배인데, 섬에서 아침 일찍 출발해서 통영오면 10시라. 섬 사람들이 시내 장보고 2시에 출발해. 경영주가 봉래극장 하던 염한표씨였지. 처음에는 작은 배를 인수받아서, 최기호 조선소에서 50~60톤 규모로 다시 모았지. 주로 거제쪽으로 경유했는데, 창좌로 해서 한산도를 훑어서 곡룡포, 거제 가배, 쌍나리(쌍근), 저구, 여차까지 갔어. 여차에 가서는 안날(다음날) 통영으로 돌아오는 기라.

광진호도 있었는데, 통영에서 한산도 제승당, 비진도를 운항했어. 겸 농호하고 반대편으로 한산도 진작지, 하소, 진두, 봉암, 용초로 다니는 배도 있었어. 이거는 주로 통영해운에 닿았어. 신성호는 선주가 김달성(김달선)으로 용남면 사람인데 욕지 사람이란 말도 있어. 통영항을 기점으로 척포, 새섬, 딱섬, 연대도, 욕지도, 노대도, 두미도까지 갔지.

○ **복운회사 다닐 때, 기억나는 일도 많을 듯합니다.**

19 56~7년도에 보면, 여객선이 크게 바뀐다. 6·25전쟁이 끝나고 소해정이나 기뢰정 같은 게 폐선으로 나오는데, 여객선주들이 어떻게든 그걸 사서, 여객선으로 개조하는 기라.

그 차이가 엄청나지. 왜냐면? 그 전에는 통통배, 발동선이라. 6·25이후 배들은 디젤엔진을 달았거든. 쾌속에다 승선인원도 많았지. 그 배들이 금성호, 한양호, 경복호, 보성호라. 그러니, 자연 손님도 화물도 많아져서 남해안 여객선 황금노선 시대가 열린거지.

그 바람에 태안호, 장구호 등 일제시대부터 해방 후에도 운항했던 선박들이 퇴역하지. 그런데, 호남쪽 선박이 우리보다 뒤처지거든. 내가 한참 후에 여수에 갔더니, 여수-거문도-백도쪽으로 운항하는 배가 겸농호고, 퇴역한 신성호가 운항하는 걸 목격했어. 그만큼 배가 많이 다니니까, 사연도 많았을 거 아니야? 배가 떠나고 나면 눈물 흘리는 사람들이 한, 둘은 꼭 있었어. 반대로 부산에서 배가 들어오면 반가운 님이 오는가 싶어서 고개를 내밀고 설레면서 기다리기도 하고.

무엇보다 충무김밥 장사가 생각나. 여수 쪽에서 통영으로 올라오는 배가 12시 전후로 통영에 닿거든. 부두에 닿아서 짐 내리고 사람들 내리고 다시 타는데, 한 30분 남짓 걸려. 이때 김밥장사들이 타서 김밥을 파는 기라. 이때 여객선을 탄 김밥장사들은 거제 성포까지 팔아. 그리곤 성포에서 내려서, 다시 부산에서 내려오는 배에 타. 그러니까, 통영김밥 장사들 영업구역이 '통영-성포'라.

9. 내가 남망산장에 올라간 이유는?

남망산장, 5.16 군사혁명 이후 하와이 미군 장교 숙소를 본따 건축
열악한 시설 "엄두 안나" 원로들 설득에 "일단 올라가 보자" 결심
1965년~2008년 40여 년 동안 통영 남망산 지킴이 역할
전국적인 수석 분재 명소, 한려수도 사진으로 알려 자부심

남망산장 방문은 통영 관광의 필수 코스였다. 수석과 분재 전 남망산장 광고 포스터
시회도 자주 열었다. 김세윤 원장이 직접 담은 난주蘭酒 또한
유명했다.

  김세윤 하면 남망산장, 남망산장 하면 김세윤일 것이다. 1965년 남망산장에 올라가, 2008
년까지 40년 넘게 남망산장을 지킨다. 남망산장은 왜 올라갔는지? 그리고 남망산장에서
있었던 많은 일들을 이야기한다.

○ 남망산에 올라가신 이유는 무엇인가요?

하루는 박봉휘 시장이 날로 부르는 거라. 용건인 즉, "남망산에 산장을 지었는데, 아무도 맡으려 하지 않는다. 좀 맡아달라" 그래. 즉답은 못하고 "한번 현장을 가보겠다" 그랬어. 시정원로들이 "5·16 군사혁명 이후 경제가 좋아지고, 제승당이며 충렬사, 세병관 등지로 수학 여행이 늘어나니 숙박업소 확충이 필요하다"고 건의를 했대. 박봉휘 시장이 마침 지휘관 해외 견학 때 하와이를 갔는데, 남망산같이 절경에 고급 장교 숙소가 방갈로처럼 돼있었던 거라. 충무시가 남망산에 산장을 지은거지. 그런데, 위생업자고 숙박업자고 아무도 그걸 맡아서 운영하겠다는 사람이 없어. 2번이나 공고를 했는데도, 나서는 사람이 없는거라.

내가 남망산장에 직접 올라가봤어. 진짜 아무도 안 맡으려고 하겠더라고. 산장이라고 3동뿐이라. 매점 하나 하고. 건물도 군인 시장 밑에서 만들었으니 딱 야전숙소 같았어. 그것도 뚝뚝 떨어져 있고, 민간에서 안 맡으려고 해서 공무원을 한 사람 올려 보냈는데, 오전에 출근했다가 오후가 되면 퇴근하는거라. 손님은 주로 밤에 오잖아.

당시만 해도 남망산에 포장이 안 돼있었어. 그러니, 밤중에 일부러 남망산을 걸어올라가, 숙박을 하겠다는 사람이 있을 리가 없지. 당시 택시라고 해봐야 김경구씨가 운영하는 충무택시 3대밖에 없어. "도저히 남망산장 운영이 안되겠다" 싶었어. 그래서 거절하려고 했어.

그때 내가 무슨 일을 할 때 항상 박종옥씨 등등 어른들한테 물어서 했거든. 마돈나다방에 가니 과연 박종옥 단장이 계신거라. 그분이 "지금 충무시장이 통영 관광 발전을 위해 남망산장을 지었는데, 아무도 나서는 사람이 없으면 얼마나 서운한 마음을 가지겠느냐"면서 "우리가 널 추천했다"고 그래. "평소 나무도 좋아하고 돌도 좋아하니, 남망산장 운영에는 니가 제일 적합하다" 하시더라.

"일단 남망산장에 올라가 보자. 일단 문을 열어주고, 안 되면 내려오면 되지" 그리 마음을 먹었어. 처도 내가 그리 마음을 먹으니, 동의를 해주었고.

그래서 시장을 만나러 갔지. "제가 맡겠습니다" 하니 엄청 좋아하는 거라. 다만 내가 3가지 조건을 걸었어. 산장이 경영이 될 수 있게, 10동으로 늘려줄 것, 남망산 입구에서 산장까지 포장을 해줄 것. 그리고 수돗물이 약하니 수압을 올려줄 것.

그랬더니, 박봉휘 시장이 "당장 해주겠다" 그래. 골머리를 앓던 상황에서 내가 산장을 맡겠다고 하니, 얼마나 기뻤겠어.

○ **남망산장에 올라가서, 제일 먼저 한 일은 무엇인가요?**

당시 서호동 집에 분재하고 난이 제법 많았어. 그때, 신문에 분재 등등이 소개되면서 서호시장 장터에도 시골이나 섬 사람들이 나무를 지고 와서 팔았어. 우리 어머니도 꽃하고 나무를 좋아해서 서호동 집 마당에 가득 심었거든.

그렇게 모아놓은 걸 남망산장으로 다 옮겼지. 하도 많아서 시청 '쓰리쿼터'를 부탁해서 2번을 실어 날랐어. 그때만 해도 지금처럼 이사센터 이런 게 없었어.

처음 올라가서는 시설 정비를 하는데, 그 힘든 일들은 말로 다 못해. 산장 짓는 데 쓰던 건축 자재들이 그대로 방치돼 있었으니까. 그걸 다 정리하고 산장 각 동 사이로 다닐 수 있는 길을 만들고, 사이 사이 꽃과 나무를 심고….

기억나는 게, 한번은 '샤보뎅 선인장'이라고 당시 취미인들한테 인기 식물이 있었거든. 그걸 110종 수집을 했는데, 남망산장에 전시를 해두었더니 하룻밤 사이에 그걸 훔쳐갔더라고. 1960년대 중반이 지나면서, 분재하고 수석 붐이 일어나기 시작해. 그때 섬에서 풍란이나 춘란, 수형이 좋은 나무들이 많이 나왔어. 그것도 모으고, 제법 수석전시회를 할 정도

추억의 남망산 미니 골프장

가 됐어. 그렇게 남망산장이 통영 수석이나 분재의 대표지가 된 거지.

그리고 통영 소개를 하려고, 매물도며 해금강 사진을 찍어서 남망산장에 전시를 하지. 당시만 해도 육상이고 해상이고 교통이 안 좋아서 매물도나 해금강 가본 통영 사람이 별로 없었어. 그렇게 사진으로 한려수도의 아름다움을 통영 시민들이나 관광객들에게 알렸지.

10. 통영 시민 최고의 인기 '시민대운동회'

통영체육회 막내 '시민대운동회' 포스터 붙이기
북신동 통영제망, 장대에 주막, 해방다리, 해저터널
선배들은 민주당집에 집결, 민주당집이 통영다찌 원조
통영 사람들이 열광하던 시민대운동회, 상점마라톤

수륙터해수욕장(통영공설해수욕장). 눈 가리고 수박 깨기

　김세윤 전 통영문화원장 일생에서 체육(운동)을 빼놓고 이야기할 수 있을까? 김세윤
전 원장의 체육 인생은 크게 1961년 5·16을 기점으로 크게 달라진다. 선수와 코치시절로
박종옥씨를 위시한 어른, 선배들로부터 지도를 받던 시절과 5·16이후 사무국장을 맡아
실질적으로 체육활동을 주도하던 시절이다. 초등학교 시절 터치볼이며 스모(씨름), 통영
수고 재학 때는 수영과 축구에 남다른 재능을 보였던 그는, 6·25 해군 복무시절에도 해
군군창에서 축구 선수로 활약할 만큼 운동을 좋아했다. 6·25가 끝나고 제대한 청년 김세
윤은 스스로 통영군축구협회와 통영군체육회를 찾아가는데….

○ 1954년 제대하자마자 바로 통영군체육회를 찾아가셨다고요?

그 때 통영군체육회장은 박종옥(1916~1998)씨라. 내가 평생을 모신 분인데, 일본에 갔다가 돌아와 제1회 남조선씨름대회에서 1위를 한거라. 그때부터 이름이 알려져서, 1946년부터 민족청년단(족청) 통영책임자, 대한청년단 통영지부단장, 반공청년단 단장, 반공연맹 통영지부장을 역임했지. 외숙모인 탁복수씨의 소개로 유건기씨를 찾아뵈었지. 유건기씨가 통영군축구협회장이었거든. 그때만 해도 6·25 직후라 통영에 젊은 사람들이 없었어.

그때 체육회라고 해봐야, 뒤에 미림다방이 되는 박종옥씨 건물이었어. 주로 드나들던 인물이 권투하던 박근호씨(고려권투회 통영지부, 박택열의 부친), 김영기(축구), 송순영(에비수목욕탕 사장, 씨름 농구), 오태영(탁구), 엄주수(녹음다방 사장) 같은 분들이었어. 이분들이 당시 통영 체육을 이끌었어.

내가 주로 하는 일은 시민대운동회 포스터 붙이기나 공설운동장에 줄긋기라. 그때 권투하는 박근호씨나 에비수목욕탕 송순영씨가 글을 잘써. 통영시민대운동회나 초등학교 축구대항전. 이런 글을 쓰는거라. 그러고 나면 그 포스터를 붙일 젊은 사람이 나밖에 없었어.

○ 시민대운동회 포스터 붙이기가 주 임무였다고요? 그때 코스 한번 설명해 주세요.

선 배들이 풀이고 뭐고 준비를 해주나? 포스터 쓴 걸 자전거에 싣고 통영시내를 한바퀴 빙 도는기라. 그때는 짐 싣고 한 손으로도 자전거를 잘 탔어.

중앙동체육회 사무실을 중심으로 하모, 젤 먼저 북신동으로 가는기라. 토성고개 암벽에 종이 전지만한 포스터 붙이는 자리가 있어. 북신동에 가모 큰 건물이 없었어. 통영제망 회사가 컸어. 그 벽에 하나 붙여. 운동장 돌아가모 화장터 올라가는 삼각지(장대 삼거리)에 주막이 있었어. 왜냐하모 장날에 용남면 사람들이 오고 가면서 막걸리 한잔하고 비빔밥도 묵

일제강점기(1928년) 통영 시민대운동회(포목상 우승기념)

1951년 제1회 전국수영대회(항남동 경남온망어 업조합, 멸치권현망수협의 전신)

었거든. 우리가 시민대운동회를 하모 그 집에 주문을 해서 묵기도 했어.

정량동에는 한일산업이 있었지. 김기석씨가 사장인데, 제망회사라. 시의회 의장도 했지. 삼성타워 알지? 그 건너편에 요즘 옷 할인해서 파는데 있잖아? 그 자리가 한일산업 터라.

중앙동으로 돌아와서 제일은행 옆에 붙여. 항남동으로 와서는 삼성상회라꼬, 박삼강씨 집 옆에 하나 붙여. 삼성상회에는 아이스께끼를 팔았거든. 내가 그걸 많이 묵었어.

지금 한산대첩광장 만드는 데 있지. 그기가 어업조합 자리라, 그기에 붙이고. 온망조합 벽에도 하나 붙이고. 일제 때부터 백화점(잡화점)하던 24시 패밀리 아나? 그 다음에 해방다리 근처에 붙이고. 정미소가 있었거든. 마지막으로 해저터널 이쪽에 하나 붙이고, 저쪽에 하나 붙여. 그러면 도천동 사람들이고, 산양면 사람들이고 다 볼 거 아냐.

돌아오면서 충무시청 뒤벽에 붙이고, 명정동, 평림동 사람들 보라꼬. 그리고 보통식당에 붙여. 마돈나다방 맞은 편인데, 지금은 오거리광장 잔디밭이 됐지.

우짜든지 사람들이 많이 보는데 붙이는기라. 그러고 자전거를 타도 하루 종일 일이라. 체육회로 돌아오면, 선배들이 있을 때도 있고, 없을 때도 있어. 그럼 어디에 있느냐? 민주당집에 다들 가 있는거라.

○ 민주당집이요?

민주당집이 통영다찌의 원조지. 당시 명사들은 다들 민주당집으로 모였어. 그때 민주당집 주인 아주머니가 통영 사람이라. 계절마다 맞는 회며 간단한 요리를 내놓는거라.

한여름이 되면 도미를 썰어내는데, 해삼이며 농어며 그때 통영 바다는 수산물이 얼마나 좋았던지, 술 안주가 참말로 좋았어. 방 한칸에, 테이블이 2개, 요리하는 앞에 길쭉하게 사람 대여섯이 앉을 수 있게 했지. 통영에 일류 유지들이 자리를 차지하고 앉았어. 박종옥씨뿐만 아니라 이평기씨 등등이 통술로 마셨지. 오늘은 이 선배가 술값을 내고 내일은 저 선배가 내고. 술 인심이 좋았지. 민주당집이 장사가 잘 되니까, 항남동 밀양국밥 자리 있제? 그쪽에 삼각정이 생겼지.

○ 그때 시민대운동회가 대단한 인기였다죠? 주요 경기 종목이 뭐였습니까?

지구의 구르기. 초등학교 때부터 한다 아이가. 동별 지구의 구르기 대회를 하거든. 빨간색, 파란색, 하얀색 지구의 구르기. 생각이 나나?

육상은 100m, 400m, 1,600m가 있었고. 달리기 시합은 공설운동장에

명정동 체육관에서 운동한 태권도협회. 1972년 전국대회 동메달 수상 @김정열

재일교포 김경만씨의 희사로 건축된 명정동 체육관

통영시민대운동회의 인기 종목. 자전거대회.

서 출발해서 굴(해저터널)까지 달려갔다가 돌아오는기라. 용남면사무소
까지도 달리고. 42km를 다 안 해. 반환점에 도장 찍어주는 사람이 있지.
상점마라톤도 있었어. 시내를 달리면서 상점마다 스탬프를 찍어서 오
는 거라. 대인기였지. 역도는 가마니 들기를 했지. 가마니에다 모래를 넣
어서 드는 기라. 동별 자전거대회도 했어. 지금도 기억나는 게. 호반다
방 최원섭 사장 부인이 매년 1등을 했어. 일본에서 자라서 자전거를 잘
탔어. 씩씩하게 달리던 모습이 눈에 선해.

   그때 시민대운동회를 하면, 공설운동장이 지금처럼 시설이 좋지 않아
서, 언덕 비슷한 데다 둔덕을 만들어서 스텐드가 되는 거라. 운동장 주변
에 플라타너스 나무를 심어서, 선수들이 뛰고 나서 숨을 가다듬고 했어.

11. 통영이 축구명문도시가 된 이유는?

65년 한일 수교기념 한일대항전 국가대표 베스트 11에 4명이 통영 출신
최귀인, 김호, 박무웅, 고재욱 주전. 박무웅은 2골 넣어 언론에서 대서특필
47년 상해원정국가대표팀 통영에서 축구경기, 축구 귀재 김용식 개인기 시범
53년 스웨덴 국가대표 통영에서 친선 축구대회, 68년 김경수 추도 축구대회

1947년 상해원정국가대표팀과 통영대표 친선시합

"김기자, 통영이 우찌 대한민국 대표 축구명문도시가 됐는지 아나?" "지난번에 6·25
때도 초등학교 축구대회가 열릴만큼 축구 열기가 대단하다고 했제. 국민들한테는 65년
한일 수교를 하고, 한일전에 통영 축구 선수들이 국가대표로 맹활약하면서 알려지게 됐
다. 그때 베스트 11중에 최귀인, 김호, 박무웅, 고재욱 네 사람이나 대표가 됐단 말이지. 한
도시에서 4명이나! 게다가 2대 1로 우리나라가 이기는데, 박무웅이 두 골을 넣어. 그때 언
론에서 대서특필이 된거지. 그때부터 전국민들한테 통영이 축구명문도시로 각인이 된
기라." 김세윤 전 통영문화원장. 어릴 때부터 축구선수였고, 축구협회, 통영체육회 등 한
평생 축구와 함께한 인생이기에, 그의 인생에서 축구 이야기가 빠질 수 없다. 무엇보다
김세윤 전 원장의 이야기에 담긴 통영 축구 역사는 깊었고, 강했다. 김세윤 전 원장으로
부터 통영축구사, 그 이야기를 들어본다.

○ 우와, 오래된 흑백사진들이네요?

상해원정국가대표팀, 스웨덴 국가 대표팀, 그리고 김경수 추도 겸 (충무출신) 국가대표 환영축구대회 사진들 아이가!

○ 저는 하나도 모르겠는데예?

해방이 되고 명실공히 대한민국 최고의 축구 국가 대표팀이 '상해원정 국가대표팀'이라. 1947년 중국 상해에서 축구 원정경기를 마치고 온 상해원정 국가대표팀이 통영에서 친선경기를 하거든. 그때 북신동 공설운동장에서, 축구 귀재 김용식이 개인기 시범한 게 지금도 기억나. 공을 앞뒤로 차서 머리 위로 올리고 하는 게 얼마나 신기하던지.

상해원정 국가대표팀이 통영팀하고 친선경기를 할 만큼 축구에 대한 통영 사람들의 열정이 대단했지. 그리고 통영과 거제를 통합한 통영군 초등학교 축구대회가 열리면 온 통영에 떠들썩한 잔치가 벌어졌어.

통영 축구가 국가대표 선수들을 여러 명 배출한 데는 박근호씨 공이 컸지. 박근호(박택열의 부)씨는 권투인인데, 그 부친이 박종한씨라. 박근호씨의 제일 큰 공은 무엇보다 6·25때 다 어려울 때인데, 런던올림픽 축구 선수로 출전한 김규환씨를 사비로 초청해 통영중학교 학생들을 가르치게 한거라.

○ 박근호씨가 6·25때, 국가대표선수 김규환씨를 초청해서 통중 선수들을 가르치게 했다고요?

60~70년대를 주름잡은 최귀인(두룡), 김호(야)(두룡), 박무웅(통영), 고재욱(충렬) 등등이 김규환 선수한테 직접 배우거나, 김규환 선수가 가르친 선배들한테 다시 배운거라. 해방 전후나, 6·25때만 해도 다들 축구를 주먹구구식으로 가르칠 때인데, 국가대표 선수가 직접 가르쳤다고 생각해 봐.

6·25때 다들 어렵잖아? 먹을 게 없어서 서로 입 하나 줄이려고 할 때, 김규환 선수한테 숙소를 마련해 주고, 생활비도 보태준 거지. 10년, 20년 뒤에 통영 축구가 대한민국 최고 명문이 된다고. 50년대 당시에 통영중학교 축구가 전국 최고가 됐고. 그 덕분에 통영 축구가 날로 발전하게 된 거지.

○ 외국 선수들이 보이는데요? 이 사진은 언제입니까?

그게 53년 스웨덴 선수들이 통영을 방문해 친선 경기를 벌인거라. 그때 스웨덴 병원선에는 국가대표들이 포함된 스웨덴 축구팀이 전국을 다니면서 친선 경기를 했거든. 그때 복운회사 앞에 내리던 스웨덴 축구선수들 모습이 눈에 선하다.

○ 1965년 한일수교를 하는데요. 그걸 기념해서 한-일 축구대회를 한 거네요?

그때 서울 효창구장에서 한-일친선축구대회를 했거든. 한-일전이니 국민들의 관심이 온통 그날 축구경기에 몰렸지. 그때 베스트 11에, 통영 출신이 4명이라. 최귀인, 김호, 박무웅, 고재욱이 뛴거라. 6·25전후 통영에서 일어난 축구붐 덕분이라.

특히 그날 2대 1로 한국이 승리를 했는데, 그 2골을 박무웅이 넣은거라. 온 국민들이 난리가 났을 거 아이가. 그러니까, 언론에서 "박무웅이 누구냐?", "어디 출신이냐?" 이리 된기라. 그때부터 통영 축구가 전국에 알려진거라.

김호 이야기를 하니, 그 아버지하고 그 형 김경수가 생각이 난다. 김경수도 뛰어난 축구선수였는데…. 아깝게 됐지.

○ 김호 감독의 형도 축구선수였습니까?

김호 감독, 우리는 그냥 "호야"라고 부르지. 그 아버지가 김선동씨라고 소캐(솜)집을 했는데, 그 형 김경수하고 김호를 축구선수로 키우기 위해 엄청 노력했지. 요즘 아동 축구경기 열리면 학부모들이 따라와서 뒷바라지를 하잖아. 김선동씨는 더했지. 축구계 유명인사들이며 감독, 코치들한테 일일이 인사를 하고, 경기가 열리면 열일 제쳐놓고 도시락싸서 응원을 갔지. 오늘날 김호 감독이 국가대표 선수가 되고, 감독이 된 게 그냥 된 게 아니야. 그 아버지 덕이 참 커. 그런데, 김호 감독보다 그 형 김경수가 더 축구 유망주였지.

그때는 요즘처럼 프로팀이 없었어. 그래서 실업팀이 최고였는데, 김호는 제일모직 축구단으로 들어갔지. 당시 제일모직하고 겨룰 최고의 팀이 육군사관학교 축구단이라. 형 김경수는 육군사관학교 축구단에 들어갔지. 축구부 주장을 맡아, 육사생도는 물론 여자들한테도 인기가 많았지. 그런데, 월남전이라는 게, 둘의 운명을 정반대로 갈라놨지.

○ 월남전이 김경수, 김호 두 형제의 운명을 정반대로 갈라놨다고요?

67년에 김경수는 월남전에 파병이 돼. 그때 김호도 한국 대표로 월남에 가게 돼. 월남(베트남)이 프랑스에서 독립한 걸 기념하는 축구대회였어. 두 형제는 서로 만날 수 있을 거라고 얼마나 기대를 했겠어?

그런데, 준결승인가, 결승인가를 앞두고, 김경수가 베트콩한테 총을 맞아 죽은거야. 당시 사령관이 채명신 장군인데, 큰 대회를 앞두고 있으니, 이를 알리지 않은거야. 김호는 '국가대표로서 당당히 우승도 하고 우상 같은 형님도 만날 것'이라고 잔뜩 좋아하고 있었는데. 그때 한국이 우승인가, 준우승을 하고 나서야, 김호가 그 형이 죽은 사실을 알았지. 그제서야 대성통곡을 했다지. 얼마나 안타까웠겠어?

그때, 내가 체육회 전무를 할 때인데, 축구인 김경수 대위 추도도 하

고, 자랑스런 충무출신 국가대표 선수들 환영도 할 겸, 축구시합을 개최
하지.

○ 그렇게 김경수를 추모하고, 충무출신 국가대표를 환영하는 축구대회가 열렸군요?

김경수 대위 추모한 사진은 그기
있지? 통영 사람들이 얼마나
애통해 했다꼬.

그때 4팀이 왔는데, 어떻게 모았
는지 아나? 그때 제일모직에서는
안종수 감독이 겨울만 되면 동계
전지훈련을 통영공설운동장에서

고 김경수 추도 겸 국가대표 환영 축구대회

했거든. 그리고 김경수 대위 소속인 육군사관학교팀, 해군사관학교팀,
그리고 충무대표팀. 총 4팀이 축구경기를 했지.

그때 최귀인, 김호, 박무웅 선수가 차량을 타고 카퍼레이드를 펼쳤지.
그 인기가 대단했지. 지역 출신 국가대표를 환영하는 축구대회가 그때,
전국 최초로 열린기라. 그처럼 통영은 1960-70년대 전국 최고의 축구명
문도시로 이름을 날리게 됐지.

12. "남망산-공주섬-미륵산 해상케이블카 구상 들어봤나?"

해방 후 안승관씨 통영관광협회 창설, 6·25로 좌절
60년대 남망산-공주섬-미륵산 해상케이블카 첫 구상
관광안내소 만들고, 고성 상족암, 거제 해금강, 매물도 관광 앞장
화물선 빌려 해상유람 '절경에 감탄', '철새호' 통영유람선 효시

충무관광안내소

통영관광협회를 만든 안승관의 명함

"해상케이블카 이야기가 언제 처음으로 나왔는지 아나?" 김세윤 전 통영문화원장은 체육인으로도 평생을 살아왔지만, 통영의 역사, 문화, 관광 분야에도 많은 활동을 했다. 특히 충무시관광협회장을 맡아, 오늘날 우리가 알고 있는 대부분의 관광지를 개척했다. 고성 쌍발(상족암), 거제 해금강, 그리고 통영 매물도. 오늘날에는 각각의 해상 유람선이 다니지만, 김세윤 전 원장은 이를 연결하는 유람선 운항을 추진했다. 이번에는 통영 관광 개발과 관련된 이야기를 묻고, 들었다.

○ 안승관씨가 해방이 되자, 통영관광협회를 만들었다고요?

김기자, 다른 건 몰라도 안승관씨는 알아둬라. 안승관씨가 해방이 되자, 통영을 관광도시로 알려볼끼라꼬, 통영관광협회를 만들었다. 잠시 돌아가더라도 꼭 알아둬라.

마침 내가 그 가족을 만났어. 아버지 옛날 책들을 정리하는데, 명함이 나오더라는 거야. 명함을 보면 '이충무공사적연구회, 경남통영관광협회 회장 안승관' 이렇게.

안승관씨는 1910년 야솟골에서 태어났는데, 1934년 일본 명치대학明治大學 정치경제학과를 졸업하고 돌아와서, 경기도하고 내무부에서 과장을 지낸거라. 그리고선 1941년부터 1945년까지 통영협성상업학원장을, 47년까지는 통영수산중학교 교두(교감)를 맡은거라.

해방이 되니, '충무공 이순신장군이 한산대첩을 승리한 통영을 알려야겠다' 결심을 한 모양이라. 그래서 처음으로 '통영관광협회'를 만든 거지.

하필 6·25가 터지면서 인민군한테 부역한 혐의를 받은거라. 결국 좌익으로 몰려 죽었지. 참 안타깝다. 그 처가 탁복수인데, 탁복수씨도 일본에서 대학을 나왔지. 부부가 일본 대학 출신이라. 탁씨 집안은 중앙시장에서 포목점을 하는 통영에서 내노라하는 부잣집인데도, 못 살렸어. 큰 뜻을 제대로 펼치지도 못하고, 참 안타깝지.

해인대학 김상조 교수도 당시 관광협회 회원이었다고 증언을 하더라꼬. 회장이 그렇게 죽으니, 문을 닫게 된거라.

그런 분도 있었다. 그 분의 뜻이 5·16 군사혁명이 나고 경제가 좀 나아져, 묵고 살만해지니까, 관광협회가 만들어지면서 계승이 된기지.

○ 그리된 거네요. 안타깝네요. 그럼 통영 관광은 언제부터 시작됩니까?

1961년일거라. 5·16 군사혁명이 나고, 군인들이 시장으로 왔거든. 그때 김종태 시장이 왔었는데, 그분이 '통영관광협회'를 만들었지. 김종태 시장이 성격도 화통하고 지역 유지 이야기도 잘 들어줬거든. 그래 충무시관광협회를 만들고, 초대회장은 김종태 시장이 맡았어. '앞으로 통영관광을 어떻게 하면 좋을까?' 하는 회의가 열렸어. 그때 처음으로 통영해상케이블카 이야기가 나온거라.(충무와 통영이 혼용으로 쓰인다.)

○ 해상케이블카 이야기가 1961년에 처음 나온거네요.

당시 충무시관광협회 사무국장이 이상구라고, 참 기획력이 좋은 사람이 있었어. 글도 잘 쓰고, 기획도 잘하는 기라. 사진도 찍었는데, 통영사진작가협회 회원에 그 이름이 있더라고. 통영관광협회 첫 회의를 해서, 나도 참석했지. 그 자리에서 이상구씨가 '남망산-공주섬-미륵산'을 연결하는 해상케이블카 설치안을 내놓은거라. 요즘 세상도 아니고, 50년도 전인 1961년에 그 제안이 처음 나왔다니까.

남망산하고 미륵산에서 타고, 공주섬에 지지대를 세우면 해상케이블카가 연결되겠더라고. 그 때 '참 대단하다' 생각했어. 그때는 아직 배 타고 해상관광을 하는 일도 꿈조차 못 꿀 땐데 말이야.

○ 저도 어릴 때 '남망산-공주섬-충무관광호텔'을 연결하는 해상 케이블카를 놓으면 좋겠다는 이야길 많이 들었는데, 그 이야기가 그때 처음 나온거네요.

그 자리에서 한산대첩축제 이야기도 나온거라. 해방이 되고, 관광객이 조금씩 오던 차인데, 통영에 많은 사람들이 구경할 수 있는 축제 행사가 하나 필요하다. 통영은 이순신 장군을 안 팔아먹을 수가 없다. 그러니, 한산대첩축제를 개최하자!

그래서 시에서 '한산대첩축제 행사를 준비하자' 그리 된거라. 그때, 한산대첩축제를 어떻게 하자는 기획안들은 이상구씨 머리에서 나왔어. 그래서 이상구씨가 한산대첩 전속 사무국장을 맡아. 그런데, 나중에는 1회 행사를 막상 하려니, 사무요원이 필요하잖아. 그때 우리 재건국민운동

통영 연화도 주민들이 성스럽게 모시던 돌

통영 소매물도, 거제 해금강, 고성 상족암 등 한려수도 비경을 알리고, 해상관광을 이끌었다.

요원 3사람이 사무요원으로 가서 도왔지. 그리고 1962년 처음으로 한산대첩축제가 열리게 돼.

○ 그 뒤로 충무시관광협회는 어떻게 됩니까?

이상구씨가 한산대첩축제 사무국장으로 옮기니까, 충무시관광협회에도 사무국장이 필요하잖아. 2대 사무국장을 박준홍씨가 맡게 되지. 박준홍씨는 권현망조합 서기도 했고, 서예협회 회원이기도 했어. 박준홍씨가 인간문화재 고증하고 발굴하는 데 많은 일을 했어, 승전무하고 통영오광대가 박준홍씨 덕분에 인간문화재로 지정됐어. 이런저런 역할들을 많이 해서, 박준홍씨는 경상남도 문화상을 받게 돼.

한국일보인가, 중앙일보인가하고 내무부하고 공동으로 '한국의 8경' 모집이 있었어. 그게 투표로 결정이 되는거라. 그래서 제일은행하고, 옛날 항남파출소(오거리)에서 일주일 동안 기명 싸인을 받았지. 나는 항남파출소 앞을 맡았지. 결국 충무가 '한국의 8경' 중에서 2위가 돼.

1980년대 황금기를 맞은 해상관광(강구안에 정박한 충무유람선들) @동원보리밥

○ 남해안 해상관광 루트 개척하신 걸로도 유명하시잖아요. 그 이야기 좀 부탁드립니다.

70년초 쯤 될끼다. 요식업자들이 모여서 나를 통영관광협회 회장으로 추대를 한거라. 그러니까, 통영의 역사나 문화, 자연 자원을 연구하지 않을 수가 없잖아. 그때 이미 내가 섬에 가서 수석을 하고, 일요산악회를 운영하면서 한참 통영 주변 산들을 다닐 때거든.

거제 해금강, 매물도, 글씽이굴(소매물도 등대섬) 루트를 내가 개발했지. 그때 박준홍씨가 관광협회나 한산대첩축제 때 자꾸 뭔가 자료를 꺼내서 인용을 하더라꼬. 나중에 알고 보니 1934년에 발간한 〈통영군지〉라. 나한테도 도움이 많이 됐지.

고성 쌍발(상족암)은 처음에 수석하러 가서 알게 됐어. 그때 내가 고성 하천에서 '용석'을 발견해서 전국에서 주목을 받았거든. 이번에는 바다에서 나는 수석을 찾을거라고, 거제 철뚝부터 쌍발이까지 갔거든. 그게 인연이 된거라. 〈통영군지〉에도 '하늘에서 선녀가 내려와 베틀로 베를 짰다'는 전설이 있더라고.

거제 해금강도 〈통영군지〉에 '해금강' 편에 소개가 되어있고. 해금강 경치를 보고 감탄하는 시가 많이 남겨져 있어. 그리고 매물도 등대섬, 글씽이굴도. 임진왜란에서 패한 왜장들이 물러가면서 7언절구 시를 남겼다거나 진시황의 명을 받은 서불이 불로영생의 명약을 구하러 가는 길에 '서불과차'란 글을 남겼다는거야.

그때만 해도 버스로는 못 가는거라. 그래서 내가 해상관광을 개발했지. 75년인가, 76년쯤 서울 용진관광에서 처음으로 버스를 타고 통영으로 단체관광을 왔어. 뒤에는 대한인가 한국여행사도 왔어. 그때 코스가 충렬사, 용화산, 해저도로(터널), 세병관, 남망산을 도는 시내뿐이라. 그래서 내가 제안을 한거라. '좋지 않으면 돈 안 받아도 된다'면서 '한산도하고 해금강, 매물도를 가보자' 한거라. 원래는 다음 날 다른 곳을 들러서 서울로 올라가는건데, 내가 제안을 하니 '해상관광을 한번 가보자' 그리 된거라.

문제는 여객선이 없잖아. 내가 화물선을 빌려서 해상관광에 나섰지. 그날 밤에 평가를 하는데, 다들 '선생님 아니모 우리가 이리 좋은 경관을 놓칠 뻔 했다'면서 좋다고 난리가 난거라. 그때부터는 첫날 오면 시내 관광하고 저녁에는 우리집, 남망산장에서 슬라이드로 한려수도 경관을 보여주고, 다음날 한산도 제승당하고, 해금강을 다녀오는거라. 샛바람이 불면, 한산도고 해금강 방향으로 못 가거든. 그럼 반대편 고성쌍발로 가는거라. 김재도씨 권현망 어장막이 쌍발 옆에 있었거든. 그 어장막에 내려서 쌍발로 걸어갔지.

그런데 화물선을 타고 해상 유람을 하니, 발동기 소리가 얼마나 시끄러운지 옆 사람 말소리조차 안 들리는거라. 그러다가 통영유람선 제1호가 탄생해. 그게 '철새호'야. 그러니까 철새호가 통영유람선 시조야. 박영호(오)라고 거제 사람인데, 통영 삼성여관 외동딸한테 장가를 와. 그 사람이 육군헌병 출신이고, 나는 해군헌병 출신이라 의기투합했지. 유람선 도면을 그려왔더라고. 내가 '좋다'고 하니까, 마침내 유람선을 모아서 왔더라고.

내가 통영관광협회장이니까, 이틀에 한번 꼴로 관광 안내를 맡았지, 똑같은 소리를 이틀에 한 번씩 하는거라. 뒤에는 유람선들이 늘면서, 선장이 내 목소리를 녹음해서 틀어주기도 하고. 지금 시의원하는 김만옥 씨가 문화마당에 있던 유람선터미널을 도남동으로 이전하면서 나더러 슬라이드로 선장들한테 교육을 시켜달라고 하기도 하고.

그때 내가 섬으로 관광객을 안내하기 위해서 섬 사진을 많이 찍었지. 그걸 76년부터 남망산장에서 '한려수도 사진전'을 상시로 열었지. 그 뒤로는 신문이고 TV에서 통영 관광을 많이 취재하고 찍어서 방송으로 내보냈지. 기자들이 돈이 있나? 우리 남망산장에서 잠재우고, 내 사비 들여서 섬 안내를 했지. 그때는 통영 관광 홍보할 일만 생각했지.

13. "시민들이 날 통영지킴이로 기억해줬으면 좋겠어"

부산일보 지국장하며 시작한 일요산악회, 1973년~2004년 30년 1,000회
통영관광협회장에서 통영문화원장까지, 통영을 공부하고 통영을 알리다

"통영지킴이로 기억해줬으면 좋겠어" 통영 미륵산에서 김세윤 전 통영문화원장

김세윤 전 통영문화원장과의 인터뷰. 〈나의 삶, 나의 통영〉 그 마지막회다. 2015년 2월 첫 인터뷰를 시작해서 7월까지 6개월 동안의 인터뷰, 그 마지막 기록이다. 여든이 넘은 연세임에도 해당 연도와 사건들을 기억하고, 관련 인물이며 자료를 며칠 동안 찾아서 보여주신 그 열정에 감동하는 시간이었다. 직접 뵙고 녹음한 자료에서 3/10이나 독자들에게 전달했을까? 연재를 마쳐서 속은 시원한데, 그래도 '좀 더 녹음하고 좀 더 전달할걸!' 하는 아쉬움이 남는다. 영원한 남망산장지기 김세윤 전 통영문화원장은 이제 거제대교가 바라보이는 곳, 몽돌하우스(어릴 적 아호 '몽돌')에서 노년의 생을 보내고 계시다. 그의 소원처럼 통영 사람들이 그를 '통영지킴이'로 기억해줬으면 한다.

○ 원장님께서는 '남망산장지기'와 더불어 1,000회 산행을 기록한 '일요산악회'로 유명하신데요. 그 시작은 어떠했습니까?

원래는 체육인 중심으로 시작했는데, 그게 일반 시민들한테까지 확산된 거지. 예전에 충무시체육회장을 박종옥씨 같은 민간의 유력인사들이 맡았다고 이야기했었지. 그러다가 5·16이 나고 군인 시장이 체육회장이 됐어. 그러다 보니, 자연 소외되는 체육인들이 생기더라고. 그래서 한 달에 한 번 체육인들이 만나는 모임을 갖게 됐어. 그래서 '체육동심회'라는 모임을 만들었어. 미륵산 등산로 입구에 새미 윗집 암사쿠라야집, 숫사쿠라야집이라는 음식점이 있었거든. 점심도 먹고 윷 놀고 그랬지.

그러다가 "우리 몸 건강을 위해 산을 다니자" 제안을 한거라. 원래 내가 군대 제대하고 좋은 경치 찾아다니면서 없는 기술로 사진 찍으러 다녔으니, 그렇게 제안을 한기라.

그때 외지 신문을 보면, 슬슬 산을 다니는 문화가 만들어졌거든. 그런데, 당시만 해도 통영 사람들은 먹고 살기 바빠서, 취미로 산에 다니는건 생각도 못할 때거든. 등산복을 입거나 스타킹을 신고 산에 다니기가 아직 민망할 때였어.

안튀산에서부터 시작해서, 천함산, 미륵산 종주, 장군봉, 종현산 등등 처음에는 통영 미륵산 주변을 돌고, 차츰 한산도, 벽방산, 등지로 넓어

시민걷기대회(서호제재소 앞)

시민걷기대회(중의약국 앞)

지게 되지.

공식적으로 '미륵등산회'를 발족해서, 첫 산행을 시작한 것은 1973년 9월 16일이었어. 회장은 없고, 간사만 내가 맡았지. 그 앞에 내가 부산일보를 맡아서 시민걷기대회를 개최하게 돼.

○ 70년대에 부산일보를 맡아서 시민걷기대회를 개최하셨다고요?

내가 한 4년반 부산일보를 맡았어. 그 부산일보에서 시민운동 차원에서 주최한 행사가 바로 '시민걷기대회'야. 그때 1,000명 시민이 참석해서 항남동 동충에서 출발해서 평림일주도로를 걷지. 그날 동아대학교를 막 졸업한 방형근(훗날 통영시의원)군이 "오늘 참가를 해보니까, 대단히 건강에 좋고, 우리 고장을 걸어보니 참 좋은데, 오늘 한번에 그치지 말고, 앞으로 미륵등산회에서 계속할 용의가 있느냐"고 묻는기라. 그래 나도 용기를 내서 "미륵등산회 사무실이 부산일보 지사에 있으니, 매주 일요일 오전 10시까지 오면 인근의 경치 좋고, 유적이 있는 산을 다니겠다" 뱉어버린기라.

그날 의논을 해보니, 이름을 바꾸자. 일요일마다 산행을 하니, '일요산악회'로 합시다. 이리 된거라. 그래서 그날 평림일주도로 걸은 걸 제1회 시민걷기대회로 하고, 2회는 산양일주도로를 일주하기로 한기라. 그렇게 매주 일요일마다 산행을 시작하게 된거라.

1973년 시작한 일요 산행이 2004년 1,000회 산행이 됐지. 통영에서 시작한 산행이 고성, 거제는 물론 자신이 붙자, 지리산이며 설악산, 한라산 같은 큰 산도 많이 갔어. 민족의 영산인 백두산 산행도 기억이 많이 나.

2000년에는 전국적으로 새천년해맞이 행사를 많이 했잖아. 그때 우리가 미륵산에서 주최했지. 사람들도 많이 왔어. 우리 회원들이 산신제에 쓸 제물을 지고 올라가느라고 욕을 참 많이 봤지. 어느 해는 비가 하도 안 와서 미륵산에서 기우제를 지냈는데, 참말로 비가 오더라고.

주로 오는 사람들이 박종옥씨, 한학수 학장 같은 사람도 있고, 야마골 주인들도 있고, 일반 시민들도 있고, 차비하고 점심 밥값만 들고 오면 됐으니까.

○ 일요산악회 1,000회 산행 기록은 참 대단하십니다. 그러다가 통영, 거제의 봉수대를 찾아내곤 하셨지요?

통영, 거제, 고성의 산을 다니니까, 더 궁금해지는 기라. 그래서 옛 문헌들을 찾아보기도 하고, 산에 가면 이상한 돌 무더기들도 있고 해서, 그게 봉수대란 걸 알게 되는 거지.

사량도 칠현산에도 봉수가 있고, 도산면에도 우산봉수가 있지. 1934년 발간한 〈통영군지〉'봉수'편에 우산봉수대가 있더라고. 그래서 봉수대에 대해 조사를 하게 되었어. 그래서 거제 가라산, 통영 미륵산, 도산면 우산봉수 3대 봉수대를 회원들과 함께 밟아보았지. 삼천포 각산봉수대도 답사를 했고, 그렇게 봉수대의 존재들이 알려지면서, 정식 발굴을 하는 계기가 됐지.

○ 제가 최근에 연화도며 곤리도를 탐방해보니, 민속자료들의 원형이 거의 사라졌더라고요. 전에 원장님께서 '연화도 둥근돌'을 찾아 알리셨다고 압니다.

연화도 둥근돌은 이장이 하는 말이, 서낭당에 '둥근돌'이 있는데, 그 돌을 부처님처럼 생각하고 모셨다는 거야. 그리고 각자刻字가 있다는 거야. 정상에 올라가보니, 서당낭이 보이는데, 그 안에 둥근돌을 모셨더라고. 그런데, 각자는 보이질 않는 거야. 한참을 덩굴이며 잡초를 뒤지는데, 마침 글자가 보이더라.

부富, 길吉, 재물財 석자라. 마을에서는 부처님이 큰 붓을 들어서 썼다고 전해지더라. 그런데, 광주 전남일보 문화부장이 그 이야기를 듣더니 전라남도 향토지 중에 '연화도' 편이 있다는 거야. 승주문화원에서 발간

1,000회를 기록한 일요산악회 활동(백두산 탐방)

한 내용에 과연 '연화도와 자운선사'가 있는거라. 여기에 연화도 네바위 경치가 참 좋잖아. 그래서 연화도 용머리라고 해서 관광명소화시킨거라.

○ 제일 마지막 직함은 통영문화원장이십니다. 문화원과는 어떻게 인연을 맺게 되셨나요?

산으로, 섬으로 다니다 보니, 통영에 대한 관심이 날로 늘어났지. 게다가 충무시관광협회장을 맡게 되니, 통영의 역사나 문화를 제대로 알아야겠다 싶어서 나름 공부를 많이 했지. 그러다가 지금은 고인이 된 김안국씨가 문화원장이 되면서, 1990년 발기인 회합부터 같이 했지. 그때 참석자가 김안국, 박삼성, 지철규, 박기영, 김의석, 김옥윤, 김세윤, 최창모, 전금석, 이소원, 서우승, 김일룡 그랬지.

그 전에 문화원이란 역사부터 설명해줄게. 문화원은 해방이 되고, USIS(주한미국공보원) 산하에 통영문화원이 있었다.

○ 해방 후에 주한미국공보원(USIS) 산하에 통영문화원이 있었다고요?

당시 미군정에 속하는 각 시군마다 군정을 베풀면서 문화원을 만들어 홍보를 했어. 그때는 정명윤이 중심에 있었어. 이 사람이 일제때부터 통영청년들로부터 문화청년으로 인정됐는데, 해방이 되고 내가 초등학교때인데 3·1운동기념 행사를 하면 정명윤씨가 사회를 봤어.

이 사람이 바로 화가 전혁림의 처 정씨의 오빠 아이가. 이 사람이 5·16군사혁명 이전까지 운영을 했어. 내가 문화원장이 되려고 그랬는데, 군사혁명이 나고 내가 재건국민운동을 할 때 "세윤이한테 문화원장 자리를 넘겨줘야겠다"면서 통영문화원 비품 일체를 좀 사라고 그러더라. 그때 16mm 영사기가 있었거든. 비품 일체를 20만원만 달라고 그러더라고. 내가 "이 일도 바쁜데 그 일을 맡겠느냐"면서 사양했어.

○ 그럼 현재 통영문화원은 어떻게 설립됩니까?

19 90년인데, 마침 전국문화원연합회 사무국장이 고성사람인데, 통영중학교 출신이라. 그때 김안국씨한테 권유를 했어. 그 사람이 김안국씨 제자였던 모양이라. 김안국씨가 어떤 사람이냐면 국군 창립 당시 국방경비대에 육군 소령으로 있었어. 아버지가 김덕보(김춘보)의 양아들로 재산을 물려받아서 덕보재단을 만들어서 장학사업을 했지. 자기 꿈은 5·16군사혁명이 나고 충무시장으로 발령을 내주지 않겠느냐? 이런 생각을 했던거라. 민선 충무시장에 입후보를 해서 시장이 되고 싶어도 했고.

나는 통영문화원을 창립한 90년부터 95년까지 이사를 맡았고, 그 다음부터 부원장을 했지. 김안국 원장이 돌아가시면서, 내가 99년 2월 26일 통영문화원장으로 취임했지.

○ 통영문화원이 지금 현재 위치로 자리 잡을 때까지 이전도 하곤 했지요?

처 음에 통영문화원 설립 요건으로 '20평 이상 사무실이 있어야 한다' 그래. 그래서 조흥금고 박명용씨한테 부탁을 해서 3층을 임시적으로 사용했어. 그러다가 김안국 초대원장이 덕보재단 이사장을 맡고 있어서, 지금 문화원 올라가는 양조장집 2층을 사무실로 사용했어.

95년 경에는 정식으로 최창모집, 부산일보 지금 사무실로 옮겼어. 그러다가 통영청년단 건물로 이전을 하게 되었어. 그때 고동주시장한테 부탁을 해서 입주를 하게됐지.

김안국 원장이 한 일 중에 일본 팔일일시八日日市하고 문화 교류를 했어.

○ **그런데 어떻게 일본 팔일일시(요카이치시)하고 문화교류를 하게 되었습니까?**

일본에서 연을 숭상하고, 연 날리기로 유명한 도시가 2곳이 있어. 그중에 한곳이 팔일일시라. 재일교포 김모동씨가 있는데, '오오타케 노보리'라꼬 팔일일시에서 큰 연 날리기 축제를 하는기라. 통영에도 연이 유명하니, 95년부터 서로 상호교류를 하게 된 거지.

그리고 김안국 원장이 옛 통영 문헌 국역 작업을 많이 하셨지. 〈유양팔선집〉이나, 〈통영향토지〉 시리즈(진남군지, 통영군지), 〈통영향토사료집성〉 등등을 했지.

김모동씨가 98년 콤퓨타 10대를 기증한다고. 그때만 해도 콤퓨타가 귀하던 때라. 그래서 콤퓨타 교실을 개장했어. 나름 그게 문화학교였어.

○ **통영문화원장을 맡으신 후 8년 동안 재직을 하셨는데, 참 많은 일을 하셨습니다.**

내가 99년 정식으로 문화원장을 맡고, 김안국 원장 당시 잘한 일은 그대로 하고, 새로운 일도 많이 벌렸어.

먼저 내가 일요산악회를 다니면서, 산에 올라가면 돌무더기도 있고 알고 보니 그게 거제 가라산, 미륵산, 도산면 우산봉수대이기도 했잖아. 그런 통영의 역사와 문화를 몇몇 사람들만 알고 있어서는 안 되겠다.

그래서 '문화학교를 제대로 설립해서, 운영해야겠다' 마음 먹었지. 정식으로 제1기 문화학교를 열었지. 그때 개설 과목이 서예, 한국화, 향토사, 한국전통무용, 콤퓨타, 종이접기라. 그기 지금까지 이어지고 있지. 내 임기 동안에는 시민 한 800명 정도가 수료했지.

그리고 산 정상이나 산 허리에 돌을 쌓아 놓은 게 궁금해서 〈통영군지〉

를 살펴보니까, 옛 봉수다. 사료적으로 전해지는거라. 그런데 가라산 봉수대며 계룡산 봉수대가 어디에 있느냐? 우산봉수대는 어디에 있느냐? 해당 지점은 나와 있질 않아. 1990년부터 봉수대 탐사를 진행하지. 그걸 통영시며 거제시에 "문화재로 지정하이소" 하고 건의했지.

요즘에는 동피랑 벽화마을이다, 동포루가 유명하지만, 당시만 해도 통영성 3포루(동포루, 서포루, 북포루)에 대한 관심이 없었어. 그래서 내가 북포루 자리에서 초석을 발견하고, 기왓장도 확인했지. 김영동 시장하고 같이 북포루에 올라가서 초석을 보여주면서 3포루의 가치를 설명했어. 마침내 북포루가 다시 우뚝 섰을 때는 자부심도 생겼어.

그리고 〈통영문화〉를 새롭게 만들었지. 김안국 원장 때는 종이 몇 장을 인쇄해서 만들었다면, 내 대에는 제법 잡지처럼 만들었지. 그 표지는 통영 사람이 통영에 살면서, 사방에서 바라보는 통영 모습을 모르고 살아. 그래서 〈통영문화〉에 '미륵산에서 보는 통영', '안튀산에서 보는 통영', '천함산에서 보는 통영', '동포루에서 보는 통영' 같은 통영 풍경을 표지로 실었어. '사진으로 보는 그때 그 시절'을 연재해서 통영 시민들이 통영을 알 수 있도록 했어. 초등학교, 중학교 학생들도 통영 역사와 문화를 알 수 있도록 해야겠다 싶어서 〈영수의 통영 찾아보기(아하 그래서 그렇구나)〉란 책을 정갑섭씨한테 의뢰를 해서 만들기도 했지.

무엇보다 고동주 시장 때 '문화원육성기금 조례'를 만들어 2001년 5억원 예산을 확보하는데, 오늘날 통영문화원 신청사 마련에 종잣돈이 된 게 기뻐.

○ 원장님, 지난 2월부터 7월까지 6개월 동안 인터뷰에 응해주셔서 감사합니다. 마지막으로 소감 한 말씀해 주세요.

김 기자를 보면 내 젊은 날이 생각나. 걷는 운동이 산행이 됐고, 통영을 더 알고자한 게 문화운동이 됐어. 누가 시켜서 한 일도 아니고, 내가

남망산장지기, 통영체육계 원로, 통영-거제-고성 해상관광 개척, 일요산악회 1,000회 탐방의 정점은 통영문화원 설립과 원장 역임으로 큰 열매를 맺었다.

좋아서 한 일들이야.

남망산장지기를 하면서, 통영관광 안내인으로서 제 역할을 했다는 자부심도 있어. 통영문화원장을 하면서 통영의 역사와 문화를 기록하기 위해 노력하고 시민들한테 알린 보람도 있고. 통영 시민들이 나를 '통영지킴이'로 기억해줬으면 좋겠어.

내 생각에는 통영이 발전하는 길은 통영 관광이 발전해야 한다고 생각해. 그러기 위해서는 없는 일을 지어낼 게 아니라, 있던 사료를 바탕으로 이야기를 만들어 내야지. 그래서 통영의 옛 역사, 문화를 발굴해내는 일이 중요하겠지. 내 한평생 그리 살았는데, 앞으로 젊은 사람들이 그 역할을 맡아줘야지. 내가 살아오면서, 어떤 사람들은 나를 칭찬하고 함께하고, 어떤 사람들은 날 미워하고 배척했지. 다만 내가 내 개인의 이익을 위해 살지 않았고, 통영시를 위해, 통영 시민들을 위해 살았다는 것만 알아줬으면 해. 그만큼 통영시민들한테 고마운 마음도 많아. 고맙고 고맙지.

3. 박형균

1. "하동집이, 왜 하동집이냐 하면?"

하동에서 사업 성공, 통영 입향, 그래서 하동집
'중이염 비법' 하동약국. 하동정미소 운영
할아버지대에 7,200석 부富를 이루다
창원 진전 독립운동 성산이씨 이교재와 인연

박형균 통영사연구회장과의 인터뷰.

일제강점기인 1938년, 통영의 3대 부자인 명정동 하동집에서 태어난 박형균 통영사연구회장은 충렬초교, 통영중·고등학교, 부산대학교 법대(3년 수료)를 나왔다. 이후 1960년대부터 통영상업고등학교 교사를 맡아 후학을 육성하기도 했고, 통영의 대표적인 제망회사인 대한어망(주)에서 일하기도 했다.

1991년 지방자치제가 실시되자 통영시의회 의원을 맡았으며, (재)통영충렬사 이사장을 역임했다. 1991년 통영사연구회를 발족해, 충무공 이순신과 임진왜란, 삼도수군통제영의 통영 설영에서 근현대사까지 통영사를 연구하고 있다.

한 사람의 인생에는 공과 과가 있을 것이다. 박형균 회장의 80여년 인생이 통영의 근현대사와 맞닿아 있는 만큼 그의 인생 여정을 조명해 봄으로써, 통영의 과거, 현재, 미래에 대한 나침반으로 삼고자 한다.

○ 박형균 통영사연구회장님과의 인터뷰를 통해, 과거와 현재의 통영을 알아보고, 앞으로 통영이 나아갈 길을 찾아보고자 합니다. 먼저 선대 이야기부터 들려주시겠습니까? 하동이 아니라 고성에 사셨다고 들었는데, 명정동 집의 택호가 '하동집'이라고 불린 까닭이 궁금합니다.

젊은 사람이 통영의 역사에 관심을 갖고, 알려고 하니 감사하네. 원래 우리 집안은 밀양박씨 행산공파杏山公派라. 행산공의 가문은 고려말 명문으로 정몽주와 비견될 정도였다고 해. 그런데, 행산공의 3대에 박한주 할아버지대에 큰 변화가 생겨. 당시 '정언正言' 직책에 계셨는데, 그 직책이 임금이 잘못하면 사정없이 말하는 자리라. 연산군대에 무오사화에 걸려서 삼족을 멸하게 됐어.

다 죽게 되니, 살아남기 위해서 집안이 뿔뿔이 흩어져. 그 일족이 경북 청도군을 거쳐서 다시 창녕을 넘어서, 고성 거류산 아래에 자리 잡거든. 지금 '거산'이라고 불리는 곳이야. 가세도 극빈했지.

그러다가, 그 후손중에 한 분(재순 할아버지, 행산공파 17세, 고조부)이 통제영의 대표적인 호족, 한 대에 진사가 둘이 난 집안인, 파주염씨 집안의 사위가 됐어. 경제적인 여력은 없었는데, 뿌리가 양반이다 보니, 딸을 준 거라. 그 집 사위가 되어서 그 밑천으로 하동에 가서 사업을 해. 그리고 큰 성공을 거둔 거라.

하동에서 성공을 한 후 '통영으로 갈까?', '부산으로 갈까?' 논의를 했다고 해. 부산이 지금이야 대도시지만, 구한말만 하더라도 왜관이 있을 뿐 그리 큰 도시가 아니었어. 오히려 진주가 더 컸지. 아무래도 통영은 서울, 한양하고 연결이 좋았지. 그리고 염씨 가문의 뿌리가 통제영이고. 그래서 통영으로 입향을 하는기라.

처음 자리 잡은 곳은 동충산 아래 서충쪽이라. 항남동 229번지. 약속 다방 골목이라.

통영 사람들 입장에서는 큰 기와집을 짓고, 큰 부자가 왔으니, "오데서 왔노" 물어볼끼잖아. "하동서 왔다" 그리 답을 한기라. 그 전에 고성에서 하동 가고 한 거는 생략되고. 그기 '하동집'의 유래가 된 기다.

○ **지금 항남동 229번지를 검색해보니, 동충산을 배후로 해서 기와집이 자리를 잡았네요.**

맞다. 여항산에서 타고 내려온 산줄기가 동충산으로 뻗어나가잖아. 그 동쪽이 동충이고, 서쪽이 서충이지. 우리는 서충에 자리를 잡았어.

○ **그리고 하동정미소를 하신 겁니까?**

정미소도 하고, 약국도 했다. 상호를 하동정미소, 하동약국이라고 해놓으니, 사람들한테 자연스럽게 우리집 택호가 '하동집'이라고 알려졌지.

옛날에 한학자들은 다 한의학을 좀 하잖아. 그 할아버지가 소아병을 잘하시고 특히 '중이염' 비방을 갖고 있었어. 옛날 사람들은 잘 못 먹어서 영양이 부족해 중이염을 많이 앓았다. 특히 아이들이 중이염에 많이 걸렸어. 조제한 약을 솜에 넣고 귀에 넣어서 달랑달랑 하모, 금방 낫더란다. 그 일대가 부둣가라. 지금은 매립을 했지만. 섬에서, 그리고 장사 배를 타고 사람들이, 그 인파가 엄청나게 몰려들었지. 한의원이 불같이 장사가 일어나더란다.

게다가 인심도 넉넉하니 좋았단다. 섬사람이 배를 놓치면 하룻밤 잠도 재워주고 하니, 저그 집 드나들 듯이 했다고 해. 인심까지 얻으니, 하동에서 가져온 재산에, 한의원까지 잘 되어서 가세가 크게 불어나더란다.

그때부터 여유만 있으면 땅을 사는거라. 여유만 있으면 땅 사고, 여유생기면 땅 사고 한거라. 당시 제일 큰 재산이 땅이라. 통영은 물론이고 고성, 사천 일대 땅까지 많이 사 모았지.

○ 흔히 말하는 명정동 '하동집'은 언제, 어떤 계기로 짓게 되었습니까?

보통 천석꾼만 되어도 당시는 만석꾼이라 불렀거든. 밥을 못 먹던 시절이니 200석만 되어도 부자라 그랬어. 할어버지 당시에 7,200석을 모았어. 통영 부자로 유명한 송병문씨 집안이 4,200석이고. 그 집은 건어물을 취급해서 땅 대신에 장사 밑천으로 현금이 많았지.

재산이 불어나고 하니, '제대로 집을 갖춰야겠다' 그리 마음을 먹은 모양이라. 그런데, 재순 할아버지가 44살에 돌아가셨어. 그 할머니가 이재에 밝아서, 집안을 더 키운 모양이라. 염씨 집안인데, 처녀 때 말을 타고 다닐 만큼 집안의 위세도 좋고 기개가 대단했던 모양이라. 여걸이지. 남편이 세상을 버리고 독자 아들을 키우면서도 재산을 더 불렸어.

3·1운동이 난 전후로 명정동 집이 완성이 되어서 입주를 했다고 해. 우리 아버지(1906년생)가 9살인가, 10살인가 먹었을 때라.(집필자 주: 명정동 하동집의 대들보 상량기문에는 갑인년, 1914년)

집 짓는 데만 3년이 걸린 대공사라. 충렬사 앞에서 서문 까꼬막까지 들을 사모아서, 3천여 평 정도 됐어. 전부 탱자 울타리를 치고 가운데 500평에 집을 지은기라. 큰채, 사랑채, 빈소채, 아래채. 이렇게 4동이라. 남북으로 큰채와 사랑채가 서로 마주보고, '미음(ㅁ)' 모양으로 생겼지.

그 집을 보존해야 했는데, 내가 향토사를 연구하면서도 보존을 하지 못해 참 송구해. 요즘 시대가 입식 부엌에, 에어컨도 틀면 나오는 시대인데, 어떻게 살아? 대식구들 다 외지로 떠나고 나 혼자 연탄불을 피우고 여러 해를 살았지. 차츰 손을 놓게 되었지. 아쉽고 송구해.

○ 하동집의 당주로 아버님이신 '박희영' 어른이 계셨지요. 이 대의 삶은 어떠했나요?

박진영(족보상 태문, 행산공파 18세, 증조부) 할아버지 밑에 자식이 셋이 있었어. 성옥, 성우(성호), 성숙이라. 명정동 하동집을 지은 분이 장자인 성옥(할아버지)이라. 그때가 우리집이 제일 잘 나가던 전성기라.

3년 대공사 끝에 지은 명정동 '하동집'

　그런데, 진영 할아버지 부인이 마산 진전에 이씨라. 경남에서 독립운동의 본거지가 '삼진'의 진동 아니가. 그 부인에게 동생이 둘 있었는데, (이)효재와 (이)교재라. 두 분 다 독립운동을 했는데, 효재는 상해임시정부에서 김구 선생의 비서로 일했고, 교재는 국내 잠입을 하다가 붙잡혀 옥중 사망을 했어.

　광복이 된 후 김구 선생이 통영 충렬사에 참배를 왔어. 그때 효재 어른도 우리집에 같이 왔어. 그때 김구 선생이 부친에게 "광복이 되었으니, 큰일을 해보시면 어떠겠느냐?"고 정치활동을 제안도 하셨지. (집필자 주: 하동집과 이교재와의 인연은 유장근 교수의 논문에 소개되어 있다. '창원 진전 출신 이교재의 독립운동과 상해 임시정부' 한국민족운동사학회, 2019)

○ 아, 창원 진전면의 '삼진독립운동'과도 집안이 관계가 있군요.

　독립운동? 그게 우리집이 패망한 원인이라. 진영 할아버지는 자식 셋을 모두 한학만 공부시킨거라. 당시 신교육, 신식옷이 유행을 했는데, 할아버지는 "나라가 망했는데" 하면서 새로운 시대를 거부한 거지. 게다가 처갓집이 그리 독립운동 집안인데, 자식들이 일본인 밑에서 공부는 안되는 거지.

그 할아버지는 저짝(조선시대) 사람이라. 사돈이라고, 아들을 보내고, 딸을 보내면 예를 갖추고 그 격에 맞추면서 살아야 한다. 그리 생각하셨거든. 그리고 밤에 집으로 손님도 많이 왔다 갔어. 독립운동 자금을 보낸 거지. 하지만 세상은 모르지. 모르게 하는 게 독립운동 자금이지.

그 와중에 성옥이 할아버지는 미국 유학을 하고 싶었던 모양이라. 조선총독부를 찾아갔지. 그런데 안 이뤄지지. 이미 조선총독부에 찍힌 집안이니.

○ 지금 김관욱 전 한산신문 사장의 집도 하동집의 일부였지요?

작은 집이지. 막내, 성숙 할아버지 몫이었어. 그 분이 많이들 알고 있는 '란(경련)'의 아버지지. 백석의 시 속에서 '란'이라는 이의 아버지인 거지. 성숙 할아버지는 통영 3·1만세운동 이후에 통영청년단 회관 건축할 때 모금 운동에도 나서고, 브라스밴드 활동도 했지.

우리 아버지(박희영)가 바이올린을 하게 된 것도 성숙 할아버지의 영향이 컸지.

○ 부친(박희영)은 배재고보를 졸업하시고 일본 와세다대학 유학을 한 것으로 알려져 있습니다.

아버지가 배재학교를 졸업한 것은 맞아. 아버지는 의사가 되고 싶었단다. 세브란스병원 있제? 양의가 정착이 될 때이니, 그런데, 갑자기 진영 할아버지가 1939년 44세로 갑자기 돌아가신거라. 부친인 성옥 할아버지는 그보다 전인 1926년, 마흔에 돌아가시고. 그러니, 이 큰 집안에 가독을 이어야 하잖아? 그래서 와세다대학 유학을 포기했지.

배재고보를 다닐 때 선교사 아펜젤러 밑에서 미국식 교육을 받고 영어웅변대회에도 참가하리 만큼 영어를 잘 하시고, 평소 영자책으로 독서를 즐기셨다. 그만큼 학문에 자신이 있으셨어. 와세다대학은 못 가도

와세다대학의 강의록을 받아서 공부를 하셨다.

○ **부친이 가독을 물려받았을 때 주된 수입은 무엇이었습니까?**

서호동에 정미소 있지? 지금도 할 끼다. 가죽고랑 논가 건너편에 있는
정미소. 그게 우리 하동정미소였어. 당시 시청 자리가 매립되기 전이
라, 서호동 정미소 앞이 선착장이었고, 조금 위쪽이 아침시장이었다. 할
아버지 밑에 김○○이라고 마름이 있었는데, 일을 잘 봤다. 그래서 뒤에
는 먹고 살라고 준다.

정미소는 지금처럼 남의 쌀이나 떡을 하는 게 아니라, 자가용이다. 우
리집 추수가 워낙에 엄청 나니까, 우리집 추수만 해도 일을 계속 해야할
상황이었다.

○ **소설이나 영화에 보면, 아버지가 아들을 데리고 "여기가 우리 땅이다. 소작지다.
여기서부터 저기까지다"라고 보여주는 장면이 나오는데요. 혹시 그런 기억이 있
으십니까?**

나는 그런 기억은 없고. 마름 중에 강씨 성을 가진 사람이 있었다. 키가
땅달막하고, 강건했다. 걸음이 얼마나 빠른지 마라톤 선수 같았다. 짚
신 신고 나서면 '뽀르륵' 하고 소리가 난다. 오늘은 "고성 다녀왔습니다",
내일은 "어디 다녀왔습니다" 하고 보고를 하는 기라. 그 영감이 촌촌이
우리 땅을 훤하게 알고, 소작농들 성격을 다 아니 맡겨두었지. 그 영감이
보배였지. 회사로 치면 강씨가 전무인 셈이지.

○ **독립운동이나 광복 시기에 대한 기억이 더 나시는 게 있으신가요?**

할머니가 진전의 이씨이고, 그 동생 효재가 김구 선생의 비서로 있었
으니, 독립운동 자금을 보낸 것은 사실이다.

아버지가 직접적인 독립운동을 하셨다는 흔적은 없다. 다만 일본인들

이 적대 세력으로 규정해 놓은 모양이라. 특히 일제 막바지에는 '예비구금'을 여러 번 당하셨거든. 내가 아버지께 "예비구금이 무엇입니까?" 하고 여쭤본 적이 있어. "왜놈들이 러시아 사람들이 쳐들어 내려오면. 두만강을 건너면 그 순간 죽일 조선 사람의 명단이 누구 누구… 이렇게 계획이 있었다" 하시더라.

죽이기 전에 연습을 하는거라. 일단 가두어 놓고, 언제 풀어준다. 죄목이 뭐다. 말도 안해. 사람 미칠 짓 아이가. 재판이라도 받으면 끝이라도 나지만, 끝도 모르는 거라. 그렇게 이유도 없이 데리고 갔다가 풀어주고를 3번 했어.

마지막 세 번째에는 몇 달을 잡아 가두더란다. 아버지도 그 이유를 몰랐지. 언제 풀어줄 거라는 거라도 알아야 하는데. 그 큰집에 아버지가 안 계시니 살림이 말도 아니지. 몇 개월 뒤에 백지를 하나 내어 놓더란다. "도장만 찍으면 내보내주겠다" 하면서. 알고보니 백지위임장이라. 어떤 내용이 기입되는지 말도 안해.

사천비행장이 된 우리 땅 3천석이 그렇게 국유지가 돼버린거라. 그 비행장 닦으러 온 군인들이 해방이 되자, 철수하면서 통영경찰서에 하루 잤거든. 그때 충돌이 난 게 '임정복 사건'이라. 경찰이 아니라 군인들이 한 일이라.

임정복 사건 때, 경찰은 '저놈 누구누구' 하고 훤하게 아니까, 총을 안 쏜다. 그때 스무살 짜리 군인이 총을 쏜거라. 그 전말은 일본쪽 기록을 내가 입수했다. 다음에 그 사건이 어떻게 일어나고, 군인들이 어떻게 일본으로 건너가고, 일부는 어떻게 죽었는가 하는 자세한 기록이 있다. 다음에 주께. 한번 읽어봐라. 참고로 해라.

2. 백석, 윤이상, 그리고 통영현악4중주단

하동집을 일으킨, 말을 타고 다닌 파주염씨 염현 할머니
수녀 대신 아내와 어머니 역할 선택한 칠원제씨 제옥례 어머니
백석이 사모한 '란' 박경련이 고모, 독립운동가 서상호와 인연
통영현악4중주단 최상한 윤이상 박기영 탁혁수 "기억해줘"

통영현악4중주단. 최상한, 윤이상, 박기영, 탁혁수.

'명정동 하동집'이라면 자연스레 백석이 연모한 여인 '란'과 윤이상을 비롯한 통영문화
협회, 그리고 박경리의 소설 〈김약국의 딸들〉이 떠오른다. 그리고 여기 광복 이후 통영
의 음악, 예술 발전에 기여한 '통영현악4중주단'이 있었다. 박형균 통영사연구회장을 만
나, 일제시대와 광복 전후의 문화예술과 관련된 이야기를 묻고, 들었다.

○ 이번 인터뷰를 통해 하동집의 유래를 비로소 알게 되었습니다. '하동집의 역사가 통영 역사의 축소판'이기도 하네요.

너무 내 일생에 포커스를 맞추지는 말게. 내 인생 전체가 그런 각광을 받을 수 있는 위치가 아니야. 그 점이 거북스러워. 다만 내가 자료를 제공할테니, 통영의 역사에 조금 더 초점을 맞추어줘. 그래, 이번에도 인터뷰를 하자.

○ 하동집의 경우에는 집안의 혼맥婚脈만 살펴보아도 통영의 역사가 되겠습니다. 제가 석사 논문(통제영 재지군관의 대두와 가문 형성, 2017년)을 쓸 때 실제 통제사도 중요하지만, 통제영의 실체라고 할 수 있는, 통영에 살았던 재지군관이나 그 가문을 찾기가 참 힘들었습니다. 후학을 위해서라도 이번에 소개를 좀 부탁드립니다.

시조: 박혁거세_행산공파(이조공파)

1세: 박신보. 이조판서

3세: 박한주. 김종직의 문인. 연산군에게 직언. 무오사화 참형. 혈족 이산

17세: 박재순(1830~1878, 향년 44세)- 염현(파주 염씨), 통영 입향조

18세: 박진영(태문, 1853~1939, 향년 86세)- 이인(성산 이씨), 명정동 하동집 건립 및 입택

19세: 박성옥(1887~1926, 향년 40세)- 초혼 조점수(함안 조씨), 재혼 제옥례 (칠원 제씨)

　　　박성우(성호)

　　　박성숙(향년 32세) - 서말희(달성 서씨)

20세:박성옥의 자: 박희영(1906~1971, 향년 42세)

　　　박성우의 자: 박기영(통영현악4중주단)

　　　박성숙의 녀: 박경련(일명 '란')

21세: 박희영의 자: 박형균(1938~)

파주 염씨 통영 입향조의 선조가 되는, 임진왜란 선무원종공신 염언상의 묘(통영시 정량동)

○ 처가를 살펴보면, 파주 염씨, 성산 이씨, 함안 조씨, 칠원 제씨, 그리고 달성 서씨. 이렇게 되겠네요? 우선 파주 염씨부터 소개 부탁드립니다.

통영 파주 염씨는 염언상의 후손들이야. 임진왜란 당시 공신으로 통제영의 대표적인 호족 가문이지. 일반적으로 다른 분들은 선무원종공신 3등훈만 받아도 큰소리를 치는데, 2등훈이면 대단한 기지.

한말에 염씨 집안에서, 한 대에 진사가 2명이 나온다. 당대에 한명도 나오기 힘든데. 그 정도로 통제영에서는 대단한 명문이라. 재력도 상당했다고 해. 그 집에 처녀 때 말을 타고 다닐 정도로 집안의 위세도 좋고 기개도 대단했던 분이 계셨어. 그 분이 우리 집안 17세 박재순 할아버지의 부인 염현 할머니라.

○ 생모께서 별세하신 후 계모로 들어오신 분이 고 제옥례 여사(1915~2015년, 향년 101세)로 알고 있습니다. 칠원 제씨 집안이지요?

1944년 아버지(박희영)께서 상처를 하시고, 재혼을 하시지. 그분이 제옥례 어머니라. 나한테는 계모가 되시지. 어릴 때는 몰랐는데, 나도 결혼을 해서 살아보니, 우리 어머니 참 대단한 분이시더라. 시집 올 때 벌써 전처 소생이 7~8명이 되었는데, 그걸 어떻게 키워서 시집 장가를 보냈는지. 수녀가 되려고 하셨으니, 신앙의 힘이었겠지 싶어.

어머니 친정 집안이 칠원 제씨지. 임진왜란 공신이 세 분이나 되지. 제말, 제만춘, 제홍록. 통영의 후손들은 특히 '이순신 장군의 정보장교' 역할을 한 제만춘의 후손들이 많아.

근래에 제씨로는 제태원이라는 분이 통영협성학교, 그러니까 상업학교 선생을 했지. 누구한테 주산을 배웠느냐면 일본인 핫토리 겐지로(服部源次郎, 별명: 통영의 지배자, 조선의 주산왕)한테 배웠어. 핫토리 겐지로는 한번 연구할 만하다. 통영의 근현대사를 밝히려면 꼭 핫토리를 알아야 한다.(집필자 주: 핫토리 겐지로의 일생을 기록한 책이 2017년 발간되었다. 국학자료원 〈식민지 조선의 이주일본인과 통영-핫토리 겐지로〉)

○ **19대 박성옥, 박성우, 박성숙 3형제 가운데 박성숙의 아내 서말희의 오빠가 서상호라고 하셨지요?**

일명 '란'의 외삼촌이 되지(백석이 연모한 '란' 문제는 후에 다시 언급). 박성숙의 재산으로 구포은행이며 경상합동은행에 투자를 하지. 박성숙 할아버지도 부산의 은행에서 근무하기도 해.

그런데, 이 서씨가 임진왜란 때 큰 전공을 세운 대구의 달성 서씨나, 통제영이 설영될 당시의 서씨인지는 잘 모르겠어. 통제영의 서씨는 〈통영지〉에 통제영의 동쪽 2리쯤에 두룡포진이 있어 만호의 옛 터라고 하는데, 만호의 자손이라는 서씨 성을 가진 사람들이 있었다고 해. 원래 통영 서씨의 근원은 두룡포에서 시작되겠지.

○ **성산 이씨와 함안 조씨, 할머니의 집안은 어떠합니까?**

앞에서 소개했듯, 이인 할머니는 성산 이씨 가문으로, 창원 진전의 명문이라 진전 이씨라고 하지. 이 집안이 바로 1919년 '삼진의거(진전, 진북, 진동)'를 이끈 독립운동가 집안이지. 이인 할머니의 친정 조카가 이효재, 이교재로. 교재는 상해 임시정부와 국내의 정보를 연결하는 역할을 하다가, 일제에 붙잡혀 옥중 사망하셨지. 효재는 김구 선생의 비서로, 광복이 되어서 김구 선생이 통영 충렬사와 제승당 참배를 하러 왔는데, 우리집에 찾아왔지.

당시 김구 선생은 "광복이 되었으니, 큰일을 해보시면 어떻겠느냐?"고 정치 활동을 권하셨지. 하지만 아버지는 그 전전해(1943년) 상처를 하고, 새 부인을 맞아 집안이 아직 혼란기여서, 정중하게 사양을 하셨어.

함안 조씨는 우리 집안하고 원래로 치면 만나질 집안이 아니야. 삼남에서 이름이 있는 집안이라. "통영갯가에서 돈 좀 벌었다고 우리 집안을 우찌 보고 넘어다 보노" 할 정도였더란다. 우리 집안하고 혼인을 하면 집안의 격이 내려간다고 반대했대.

그런데, 마침 그 부친이 어느 지역에 현령을 했는데, 우리 집안 행산공파 3세 박한주 할아버지의 사당이 있더란다. 정언正言의 직에 있으면서 연산군의 폭정에 바른 소리를 하고, 의롭게 죽음을 맞이했다고. 그 점을 높이 사서 혼인이 되었어. 그 분이 조점수 할머니셔.

○ **하동집 하면 '백석이 사모한 여인 란'을 떠올리는 분이 많습니다. 이 부분에 대해 어떻게 생각하세요?**

다소 오해가 있다고 생각해. 백석이 사모했다는 '란'과 내 고모님 박경련은 다른 분이라고 생각해. 다만, 흔히 사람들이 알고 있는, 백석이 통영으로 내려오고, 몇 번을 만나려고 해도 못 만났다는 '란'이라는 분은 우선 내 고모님인 박경련이 맞아. 19대 박성옥, 박성우, 박성숙 3형제 가운데 막내인 박성숙 할아버지의 따님이지.

박영진 할아버지(18대)가 박성옥, 박성우, 박성숙 3형제에게 각각 2천 석씩 재산을 분배해 주셨거든. 장자나 차남, 이런거 관계없이. 그리고 본인의 몫으로 1천200석을 남겨놓으시고. 그래서 당대 7,200석으로, 통영

3대 부자라 불린 거지.

그러니, 박성숙 할아버지(19대)가 재산도 많고, 문화적인 기질도 있어서 모던보이이자, 문화운동가였어. 통영청년단회관 건립 기금 모금에도 참여하고, 통영청년단 브라스밴드로도 활약을 하고. 그러니, 백석(1912~1996)하고도 서로 알았을 거야.

그 딸이 '란'이라고 불리는 박경련이야. 문제는 박경련의 부친이

사진 가운데가 백석이 연모한 여인 '란'으로 알려진 박경련(박형균 회장의 고모)

너무 빨리, 32세에 조사한 데 있어. 란은 물론이고 서울로 올라간 통영 유학생들은 태가 다르더란다. 나한테 서울 유학생들 사진이 있는데, 지금 봐도 참 멋지더라고.

그러니, 백석이 반하고, 혼담이 오갈 수도 있지. 하지만 신현중이 백석을 배신하고 란을 낚아채고 그런 게 아니야. 우리 고모님이 생전에 "보소, 조카님. 정말 억울하요" 하고 참 여러 번을 이야기를 하셨더니라.

○ 백석이 친구의 결혼식장에서 고모님이신 박경련을 만나고(1934년 7월), 또 통영을 찾아오고, 통영에 관한 기행문과 시를 남기고(<조광> '통영' 1935년 12월호, <조선일보> '통영' 1936년 1월 23일자), 혼담까지 오고 간 것은 사실이 아닙니까?

건 맞아. 백석이 두 번인가 통영에 온 것도 사실이고, 혼담이 들어온 것도 사실이야. 그때 박경련의 혼담을 결정한 이가 서상호라고, 박경련의 외삼촌이야. 박성숙의 아내 서말희가 서상호의 동생이거든. 아버지를 일찍 여윈 조카 박경련을 온전히 시집보낼 책임이 있단 말이야. 그런데, 당시에는 양가 가문의 격을 매우 중요시 여겼거든. 그러니, 백석의 가

문하고는 격이 안 맞으니, 혼담이 진행될 수가 없지.

뒷줄 오른쪽이 박경련

그 혼담이 완전히 깨진 뒤에, 신현중이 "그렇다면 나는 어떻소" 하고 신청을 한 거지. 지금 소설가들이 쓰듯이, 신현중이 중간에 백석을 배신하고 그런 일은 없었어. 오히려 신현중이 독립운동한 점을 높이 샀지. 박경련의 외삼촌 서상호도 일찍이 통영만세운동에도 참여하고 해서, 독립운동을 했거든.

내 중학교 때 교장이 신현중 교장이라. 기상이 대단했어. "야 이놈들아, 배가 고파도 독수리 같은 기상을 갖고 살아야지, 개나 돼지처럼 묵을 거나 쳐다봐서는 안 된다"고 얼마나 혼을 내던지, 우리가 '독수리 기상 교장'이라고 불렀거든. 고모님(박경련)하고 신현중 교장하고 금실도 좋게, 행복하게 잘 살았고. 훗날에 소설가들이 흥미를 유발하려고 너무 나갔어.

○ 아버님(박희영)과 작곡가 윤이상과는 교분이 있었습니까? 광복 후 통영문화협회분들과도 교류가 있었다고 하는데, 통영문화협회 창립이나 운영과도 관계가 있으신가요?

우리 아버님(1906~1971)하고 윤이상(1917~1995)하고는 연배 차이가 많이 나. 직접적인 교분은 없었다고 봐. 그런데 공통점은 있어. 윤이상이 처음에 바이올린을 배우러 서울로 가잖아(1933년)? 그때 최호영 선생을 찾아가지. 최호영은 프란츠 폰 에케르트의 제자야. 일본에서는 일본 국가國歌인 기미가요를 작곡했고, 대한제국에서는 조선 왕실 음악대장이 된 분이지. (집필자 주: 에케르트는 '대한제국 애국가'도 작곡했다)

윤이상이 최호영 선생한테 바이올린하고, 서양음악을 처음 제대로 배우거든. 그런데, 우리 아버님도 최호영 선생한테 바이올린을 배워. 아버지가 배재고보 다닐 때 서양음악에 관심을 둔 거라. 신학문이며, 서양음악이야말로 그때는 신세계잖아. 아무래도 아버님이 최호영에게 먼저 배우고, 윤이상은 뒤에 최호영 선생을 찾아가지. 두 사람의 공통점이라면 '스승이 최호영'이라는 점일 거야. 그리고 두 분 다 '바이올린'을 연주했지.

아버님은 일본 스즈키(杉木) 바이올린, 그것도 수제를 구입해서 사용하셨어. 수제, 특제, 일반이 있는데, 스즈키가 당대 바이올린의 명인이라, 바이올린 가격이 엄청 비쌌던 모양이라. 아버님께 직접 들은 건데 "스즈키 바이올린 한 대 살려고 쌀 300석을 주었다"고 하셨어. 나는 어릴 때 아버님 말씀을 이해할 수 없었어. 그때는 쌀 30석도 엄청났는데, 300석이라니. 그 바이올린은 사촌 동생 박기영(통영현악4중주단 단원)에게 전해졌어.

○ 이번에는 통영현악4중주단, 이야기를 한번 해볼까요? 무엇보다 이 네 분의 구성, 그 자체가 흥미롭습니다. 왼쪽으로부터 최상한, 윤이상, 박기영, 탁혁수. 이런데요. 아시는 대로, 한 분씩 설명을 좀 해주시겠습니까?

최상한과 윤이상은 통영공립보통학교 1회 선, 후배 사이라. 그래도 음악을 좋아하니 친구가 됐지. 윤이상의 조상은 옛날 통제영을 세울 때 내려온 무관이다. 그래서 통영에서는 양반이라고 하지. 그 집안에 대해서는 들은 바가 있다.

그러니, 통제영이 흥했을 때는 대우를 받는 집안이었지만, 통제영이 폐영이 되고 일제가 들어서니 집안이 몰락을 하지. 그래도 윤이상은 음악을 계속 하고싶어 해. 아버지의 반대에도 서울로, 일본으로 유학을 가잖아. 그때 일본 유학을 오사카로 가잖아(1935년). 그때 찾아간 이가 최상한이다.

최상한이 가보니, 이거는 사람 사는 기 아닌기라. 최상한도 통영에서 중급 이상으로 잘 살았거든. 윤이상은 돈이 없어서 선생을 보고 오사카 음악학교로 갔지만, 최상한은 중산층 이상이라 동경에 있는 정규 대학 교를 가려고 했거든.

그때 윤이상은 오사카에 조선 사람들이 사는 빈민촌에 살았는데, 넝 마주이 맹키로 고철을 줍고 분리해서 고물상에 팔아서 겨우 입에 풀칠 을 했다. 기가 차거든. 그래서 "친구야, 오사카보다는 좋은 선생이 많은 동경으로 가자", "둘이 같이 살면 돈도 절약이 되고" 그리 설득을 하는 기라. 그렇게 최상한하고 윤이상이 동경으로 같이 가지.

그래도 윤이상은 살기가 어렵거든. 그러니 결국 통영으로 돌아오는기 라. 산양면(읍)에 있는 화양학원에서 음악 교사를 하지. 최상한은 일본에 그대로 있고. 그때 윤이상이 문화동(대화정)에 있던 호주선교사하고 접촉 이 된다. 성가대 노래도 지도하고, 합창도 함께 하고.

그러다가, 다시 윤이상이 두 번째로 일본에 건너가지. 이번에는 동경 으로 바로 가서, 이케노치 도모지로에게 작곡을 제대로 배우지. 그때 동 경 최상한의 하숙집에 통영 유학생들이 모여 살았다고 해. 그때 박재성 인가, 박삼성인가가 '진주만 공습(1941년 12월 7일)' 소식을 전해.

통영유학생들은 '12월 15일 통영청년단회관 앞에서 만나자' 하고 약속 을 하고, 헤어졌다고 해. 그리고 일제히 통영으로 돌아온다. 그런데, 조 선으로 돌아오자마자, 일본 경찰의 감시가 더 엄중해진거라. 그리고 그 와중에도 독립을 쟁취할 거라고. 그때 단파라디오 청취 사건이 벌어지 지. 이 이야기 상당수가 윤정모가 쓴 '나비의 꿈'에 나온다. 그 책은 내가 보기에는 윤이상에 대해 제일 잘 썼어.

○ 최상한은 결국 북으로 가잖습니까? 윤이상의 운명에 큰 영향을 미친 '동백림 사건'
 의 원인이 되기도 하고요. 최상한은 왜 사회주의에 빠졌을까요?

지금 생각하는 사회주의하고, 그 당시 생각하는 사회주의는 완전 분위
 기가 달라. 그 당시 외국 유학생들은 대부분 아나키스트, 무정부주의
아니면 사회주의자라. 열에 아홉은 그랬어. 그 당시 막시즘의 인기가 대
단했어. 자본주의가 극심한 문제를 일으키면서, 막시즘이 새로운 대안으
로 떠올랐거든. 막시즘이 당시에는 전세계의 희망이다시피 했어.

 더구나 '일본이 아나키스트나 공산주의에 의해 전복되면 조선이 독립
된다' 그런 생각을 갖고 있었거든. 일본의 붕괴가 조선 독립의 기회라고
생각을 한기라. 우리 통영의 정찬진씨도 대표적인 아나키스트 아이가.
 '일본이 전복되면 조선이 독립된다' 하지. 소위 '코뮨' 국제공산당 사상
으로 전세계가 들끓을 때라. 물론 우리가 20세기 들어와서 그 후유증을
심각하게 앓지만. 당시는 엄청났다.

 알다시피, 윤이상은 (1963년) 북한으로 가잖아. 그때 목적이 2가지였
지. 하나는 '사신도'를 보고 싶어서고. 다른 하나는 친구 최상한을 만나
러 가기 위해서였지. 그리 만나러 갔는데, 친구가 너무도 변해있더란다.
'표정 하나 없는 사람이 되었다' 쿠데. 결국 그 북한행으로 인해 윤이상
은 1967년 '동백림 간첩단 사건'을 겪지.

○ 윤이상과 최상한이 그런 인연이 있었네요. 통영현악4중주단의 다른 단원인 박기
 영은 맨 같은 집안이지요?

그렇지. 내 아버님한테는 사촌 동생이 되고, 나한테는 당숙이 되시지.
 우리 집안에서 음악적인 흐름은 박성숙-박희영-박기영으로 흐른다.
앞에서도 설명한 박성숙은 모던보이에, 통영청년단 브라스밴드 활동을
했고. 그 분의 영향을 받아서 아버지도 음악을 참 좋아했지. 바이올린 뿐
만 아니라 우리 소리도 참 좋아했지.

○ 아버님(박희영)께서 우리 음악도 좋아하셨다고요? 지금까지는 'G선상의 아리아'로 대표되는 서양음악, 클래식을 좋아하신 걸로 알고 있었는데요?

우리 아버님이 소리를 참 좋아하셨다. 할아버지도 그렇고. 예전에 소리꾼들이 어느 마을에 가면 부잣집에서 잠을 신세지잖아. 우리집에도 둘도 오고, 서너 명도 오고 소리꾼이 참 많이 왔다. 그 소리꾼들이 소리를 하면 온동네 사람들이 다 와서 집안 가득이 모여서 들었지. 우리집 사랑채가 있잖아. 그기에 손님 숙소도 있거든. 그기에서 소리꾼이 자는 기라.

한번은 할아버지 손에 손녀처럼 보이는 소리꾼이 왔더라. 조선 옷을 입었는데, 어찌나 곱던지. 아홉이나 열 살이나 묵었을까? 어린 내가 보기에도 참 곱고, 예쁘더라. 아마 명창이 되었을끼라. 누군지를 몰라서 그렇지.

아버님은 직접 소리는 안 하시는데, 소리꾼한테 소리 듣는 것, 그리고 당시 판소리 레코드판을 참 많이 사 모으셨다. 즐겨 들으셨고. 그리고 집에 김홍도가 그린 '참새' 그림이나 김은호가 그린 '풍경' 그림도 참 많았는데, 1951년 농지개혁을 하면서 가세가 기울면서, 하나 하나 다 팔고 남은 게 없다. 지금 생각하면 참 아쉬워.

그런데, 서양 음악도 참 좋아하셨다. 특히 바흐가 작곡한 'G선상의 아리아'를 연주하실 때는 참 아름다웠다. 그래서 어머니(고 제옥례 여사)도 'G선상의 아리아'를 특별히 기억하실 거다. 그리고 사라사테가 작곡한 '집시의 달(지코이네르바이젠)'은 연주가 어려워 몹시도 힘들어하신 기억이 나네. 그 곡도 참 좋다. 집에 서양 클래식 음반이 참 많았다. 그래서 내가 중, 고등학교 다닐 때 음악 수업을 들으면, 웬만한 곡은 이미 우리집에서 들어본 것이었다.

○ 박기영은 수천당으로 많이 알려져 있지요? 원래 집안 어른이 약방을 해서 그런지, 한의사, 양의사가 많으신 것 같습니다. 집안 내력일까요?

원래 17대 박재순 할아버지가 하동약방을 했지. 아버지도 배재고보를 졸업한 후에는 세브란스 의전을 가서 양의사가 되고 싶어했고. 결국 농지개혁 이후에는 가세가 기우니까, 통영군청 앞에서 혜강한의원을 하시기도 했어.

그러고 보니, 우리 형님 박형규도 의사고, 박형무도 최연소 의사네. 내게 당숙이 되는 박기영도 대구의전을 나왔다. 그러고 보니, 우리 집안이 '의학 관련 DNA'가 있는 모양이네.

광복이 되었을 때는 박기영(1925~1979)이 대구의전을 다닐 때거나 막 마쳤을 거라. 군대를 제대하고 1960년대에 부산에서 개업했어. 그런데, 통영 수천당에 의사가 없다. 그러니, 수천당을 인수해서, 그 뒤로 수천당 박기영으로 알려졌지.

○ 그럼, 광복 이전의 수천당과 1960~70년대 수천당의 원장이 전혀 다르네요.

그렇지. 일제때 수천당 원장도 박씨는 맞는데 우리하고는 다르다. 혹시나 통영 역사 공부를 할 때, 헷갈리면 안 된다.

3. "6·25때 해병대 2사단 본부가 하동집"

통제영 때 그 좋던 여황산 소나무…일제 공출로 민둥산
광복 충렬사 만세는 마치 2002년 월드컵 때의 기쁨
좋은 선배들 6·25 때 총살…그 죽음 장면, 지금도 못 잊어
전쟁은 그야말로 지옥 "다시는 끔찍한 전쟁이 없길"

통영제2공립국민학교(충렬국민학교) 상량식

　　1938년생인 박형균 통영사연구회 회장. 초등학교나 중학생, 학창 시절 근현대사의 중
요한 2가지, 광복과 6·25를 겪었다. 이미 1920년대와 1930년대 초반생들이 별세한 시점
에서, 당시를 회고할 수 있는 인물은 이제 통영에서 몇 남지 않았다. 박형균 회장으로부
터 비록 완전하지는 않지만, 생생한 증언을 들을 수 있었다. 다음은 소년 박형균이 직접
보고, 들은 광복과 6·25 시국, 통영의 근현대사 이야기다.

○ 오늘은 광복과 6·25와 맞물린 이야기를 묻고 듣고자 합니다. 일제강점기 부유한 집은 자제 교육을 위해 서당이나 유치원을 보낸 걸로 알고 있습니다. 회장님은 어떠셨습니까?

나는 낳자 심한 열병을 앓아서, 유아기에는 학업이고 뭐고 포기를 했더란다. 우리 형님이나 누나들은 대부분 동부유치원을 나왔는데…. 내가 아니라도 자식이 많이 있으니까(7남3여, 10명 가운데 5남). 그 당시는 나고 얼마 안 있어서 죽는 경우가 많았으니까. 나도 보자기에 쌓아 한쪽으로 밀어놓는 형편이었단다. 그런데, 아버지 친구분 중에 사량도 출신 의사가 한번은 "녹용을 한번 믹이 봐라"고 권하더란다. 아버지도 반 포기한 마음에, 그래도 혹시나 하는 마음이 들어서, 녹용을 찻숟가락에 녹여서 입술에 가져다 대니, 어린 게 먹더라네. 그렇게 차츰 차츰 열이 내려서, 내가 살아는 난 거지.

그런데, 살아는 났어도, 몸에 기운도 없고, 뇌가 녹아서 어릴 때는 저능아, 열등아였다. 내가 충렬국민학교를 7살에 들어갔는데, 3학년이 되니까, 남녀공학이 된기라. 그때 반이 2반인데, 나이 평균을 따져서 평균으로 한반, 많거나 적거나 쭉정이로 한반, 그러니까 열등반을 만들었는데, 내가 열등반에 들어갔다.

체력도, 학업도 못 따라가고. 어떨 때는 나 혼자 그 큰집에 돌아와서 혼자 우두커니 앉아있고. 한참 후에야 뇌 세포가 차츰차츰 살아나면서 중, 고등학교도 나오고 대학도 갔지.

○ 충렬국민학교는 처음 만들어졌을 때도, 지금 정도의 크기였나요?

지금 충렬국민학교 자리가 원래는 묘하고 밭이었다. 그리고 아래쪽은 집이 좀 있었고. 그 집들을 이주시킨 게 '새동네'지. 충렬 맞은편에 작은 암자가 하나 있제? 약새미도 있고. 그 아래쪽이 충렬국민학교 만든다고 이주한 새 동네다. 건물은 지금보다는 적었어도, 학교 전체 크기는 그 정도였다.

○ 일제시대 학교 생활에서 기억나는 일이 있으신가요? 한산신문를 보니 '죽어서도 통영을 사랑한' 에도 카시코(江渡甲子) 선생이야기도 나오던데요. 어떤 인연이 있으셨는지요?

일본인 선생들은 꼭 가정방문을 오면, 집에서 제일 먼저 '변소(화장실)'을 보데. 변소를 보면 그 집의 청결, 위생상태, 문화를 알 수 있대. 에도 선생님 좀 무서웠는데, 그 선생도 꼭 변소를 보더라꼬. 해방 직전에는 국민총동원령이 내려졌어. 그때 어머니들이 와서, 지금 예비군훈련처럼 군사훈련도 했어. 몸뻬를 입고. 제옥례 어머니도 그때 왔어.

상급생들은 비행기 기름 원료한다고 산에 솔방울 뜨으러 다니고. 원래 충렬사 뒤에 몇 백 년된 소나무가 거의 정상까지 있었다. 통제영 때는 금송령을 내려서, 감히 소나무에 손도 못 댔거든. 그런데 일제 말기가 되니까 그 큰 소나무를 목재로 쓰고, 솔기름 쓴다고 다 베어냈다. 지금도 충렬사 뒤에서 산으로 가는 작은 길이 있거든. 그 위로는 바리깡으로 머리를 민 것처럼, 민둥산이 돼버렸다.

내가 그리 늦되니, 졸업하고 아버지가 중대한 결심을 하셨다. 중학교를 안 보내고, 충렬을 한 해 더 보낸 기다. 김동욱 전 국회의원하고 내가

통영제2공립국민학교(충렬국민학교) 제1회 졸업기념(1943년)

통영 충렬사(1951년)

학교를 같이 들어가서 8회거든. 그런데 나는 9회에 졸업을 한 번 더 했다. 나로서는 충격이 컸다.

○ 그럼, 광복이 된 해(1945년 8월 15일)**에 충렬국민학교 1학년이셨나요? 2학년이셨나요?**

光복된 해 내가 1학년하고 2학년하고 중간이라. 그때는 9월에 신학기를 시작했어. 그래서 '9월 신학기'라고 그랬어. 그러니까, 8월 해방이 되었을 때는 내가 1학년을 마치고, 2학년을 시작하려던 참이라.

○ 아, 그랬군요. 그럼, 광복이 되었다는 걸 언제 실감하셨나요?

光복이 될 끼다. 하는 거는 어느 정도 알고는 있었어. 왜냐하면 아버지가 '조선이 곧 해방이 될 끼다'라고 어느 자리에서 말을 잘못해서 경찰에 2번째로 구금되거든. 그때도 형사가 안 오고 서장이 와서 정중히 모시고 가지. 그런데, 문제는 죄명도 없고, 언제 풀어준다는 기약이 없는 거라. 시절이 시절이라 '사형'을 시켜도 그만이고. 그러니 나뿐만 아니라 집안 전체가 불안하지. 광복이 되니 제일 좋은 점은 아버지가 집안으로 돌아오신거라.

그리고, 우리집 바로 앞에 충렬사에서 엄청난 사람들이 몰려와 "만세"를 외쳐댔지. 그게 '독립기념대회'였는데, 공산계열에서 주도했지. 어릴 때는 그걸 아나? 그냥 사람들이 우~~~ 몰려와서 "독립 만세", "독립 만세", "독립 만세"를 외치는데, 감격스럽더라고.

2002년 한일월드컵 때 우리나라가 4강에 올라간다고, 온 나라가 축제 분위기였제. 꼭 그런 분위기였어. 이제 해방이 되었다고. 조선이 독립됐다고. 왜놈들 시대는 끝났다고. 다들 "만세"를 목이 터져라 부르고, 축제도 그런 축제가 없었지. 내 국민학교 때 가장 기억에 남는 일이 그때 '충렬사 만세'였어.

○ 6·25때는 기억나는 일이 좀 있으십니까?

많지. 참 많지. 아주 많지. 6·25때 우리집이 해병대 2사단 본부 아니었
나. 당시는 사단이라고 불렀는데, 실제로는 중대 정도 될 끼다. 그리
고 충렬국민학교에는 38부대(야전병원)가 주둔했고. 당시 국군 장교들은
우리집에서 많이 자고 갔지. 그리고 공산계열이 와서, 우리집 창고를 털
고 간 사건도 있었고.(집필자 주: 해병대 공식 기록에는 이봉출 부대가 3중대로 기재
되어 있다.)

○ 그럼, 6·25가 충렬을 졸업하고 아직 통영중학교에 입학하시기 전에 일어났겠네
요? 저도 충렬국민학교가 야전병원으로 사용됐다는 이야기는 들었어도, 하동집
이 해병대 2사단 본부였다는 말씀은 처음 듣네요.

이봉출 소위(월남전 초대 청룡부대장, 준장)가 우리집에서 중위로 승진했거
든. 그 부부가 참 금실이 좋았다. 아내가 몸이 대꼬챙이라. 남편의 안
위가 걱정이 되어서, 그리 따라 다닌다쿠데.

　우리집(하동집) 창고 2개를, 해병대에서 하나는 식량 창고, 다른 하나는
무기 창고로 썼다. 그 앞에는 그물을 치고. "들어가면 사형"이랬다. 총을
든 보초가 지키고 섰다. 내가 부산에 피난을 갔다가, 집에 돌아왔는데,
안 들여보내줘서 무서워서 울고 그랬다.

○ 아, 부산으로 피난을 가셨습니까? 6·25가 날 거라는 걸 통영 사람들은 언제쯤 알
았습니까?

6·25가 날 거라는 거는 사람들이 대부분 알았어. 다들 '날끼다', '날끼다'
했거든. 해방이 되고 참 기뻐들 했거든. 그런데, 미군하고 소련군이 각
각 남, 북한에 들어왔잖아. "미군은 일본놈보다 더 하다", "러시아놈은 시
계를 빼앗아서 팔뚝에 감고 다닌다" 온갖 소문이 돌았거든.

　그런데, 어느 날부터 전기가 안 들어오고, 38선이 막혀서 남, 북으로 사

람들이 오지도 가지도 못하게 됐잖아. '가거라 삼팔선(1948년 이부풍 작사, 박시춘 작곡, 남인수 노래, 고려레코드)'이라는 유행가도 있잖아.

○ 6·25가 나고, 부산 피난을 결정한 시기는 언제쯤인가요?

인민군이 통영에 들어오기 한달 전쯤이라. 그때 12시배가 창경호인데. 원래는 강구안에 대는데 그날은 항남동 멸치창고(현 한산호텔, 훗날 엔젤호터미널)에 댔어. 마지막 피난선이라. 사람이 얼마나 많이 탔는지, 흘수선이 내려가데. 진짜 쥐가 헤어나가더라. 그걸 보고 사람들이 "쥐가 도망을 가면 배가 가라앉는다는데…" 하고 불안해 했다. 그래도 무사히 부산으로 피난을 갔어.

○ 부산으로 피난을 간 이유는? 아는 분이 누가 있었습니까?

우리집 제일 큰 형님(박형기)이 부산 동대신동에 계셨어. 큰형님이 부산 경남여고 영어선생이었거든. 그래서 미군 통역을 했어. 그때 윤이상이 부산사범학교에 있었고, 김상옥도 부산여고에서 교편을 잡았거든. 셋이 친구라. 그래서 부산에서 자주 만나고 하더라.

또 삼촌도 동대신동에 계셨고. 그때 송병문씨의 아들 송경훤 자형(큰누나의 남편, 송촌학당 이사장)도 남포동에 있었거든. 그 동생이 순훤(서울 을지극장 사장)이라고 사진하고 영상을 좋아했거든. 그러니, 영화인들이 많이 오데. 최은희도 왔는데, 어릴 때 보아도 참 예쁘더라. 그 집이 나중에 부산의 음악다방 '에이원'이 된다. 당시 사람들은 다 안다. 남포동 안골목 음악다방 '에이원'.

○ 부산으로 피난을 갔다가 돌아오신 때, 계기는 무엇입니까?

부산 동대신동으로 기억하는데. 그때 전쟁통에 비행기에서 '삐라'를 많이 뿌렸거든. 아직 애니까, 삐라 뿌려지고 하면 주워서 본단 말이야.

그때 '해병 통영 상륙'인가. 하는 삐라를 본거라. 그러고 나서, 이번에는 '인천상륙작전 성공' 삐라가 뿌려진거라. 그러니, 큰형님이 날더러 "집으로 돌아갈 준비를 해라" 쿠데.

○ 부산으로 피난 가실 때는 여객선 창경호를 타고 가셨는데, 부산에서 통영으로 돌아오실 때는 어떻게 오셨습니까?

해병대 통영상륙작전(1950년 8월 17~19일)이 있고난 후에도 해병대가 통영에 계속 주둔을 했거든. 그때, 통영하고 부산 자갈치하고를 다니는 해병대의 운반선이 있었어. 한 5, 6톤이나 되려나? 작은 목선인데, 그걸 '고도리'라고 불렀어. 그 배가 한번씩 부산에 장을 보러 통영에서 오는기라. 아버지께서 "그 배가 부산 가거든, 우리 애를 좀 데리고 와달라"고 부탁을 하신기라. 그 배를 타고 통영으로 왔어. '서동장'이라고 나보다 몇 해 선배인데, 뒤에 동장을 한 서정기 선배가 해병대에 입대를 해서, 그 배에 타고 있데.

그렇게 통영으로 돌아왔어. 10월 초순이야. 인천상륙작전 성공(1950년 9월 15일) 소식을 듣고 돌아왔으니. 배가 새터에 닿았거든. 걸어서 우리집에 갔는데, 못 들어가게 하는 기라. 총을 든 군인이 "너 이놈, 여기가 어디라고. 못 들어간다" 하는 거라. 무섭고, 서럽고 그렇더라. 분명 우리집인데. 그런데, 조금 있으니까 아는 아주머니가 온거라. 해병대 밥을 해주는 분이라. 해병대 인원이 워낙에 많으니까, 밥을 하고 나면 누룽지가 생기제? 그 누룽지로 명정동 일대 사람들이 허기를 면했다.

그 아주머니가 "이집 아들 맞다" 그러니, 그제서야 들여보내 주더라. 그렇게 집에 들어와보니, 한쪽 창고는 무기고이고, 다른 창고는 식량창고가 됐던거라.

나는 통영이 참 낯설더라. 그때 원문 쪽에서는 여전히 총소리가 들리고, 폭격기가 폭격을 하고. 정말 무섭더라. 한번은 내 눈으로 사람 죽이는 것도 봤지. 총살시키는 걸로.

○ 6·25때 명정동에서 부역자라고 해서, 총살시키는 것을 보신겁니까?

우리가 국군을 환영하듯이, 처음에 인민군이 통영에 들어올 때(1950년 8월 17일 새벽 1시) '인민군 환영회'를 준비한 사람들이 있었을 거 아이가? 그 주모자들이 통영중학교 1기 졸업생들인데, 조모모하고, 윤모모다. 조모는 아버지가 중앙시장에서 장사를 했고, 윤모는 거제 출신이다. 그 선배들은 나름 사상을 가지고 있는지, 죽음 앞에서 초연하더라. 나 평생에 그 사형 장면을 못 잊는다.

그리고 해병대 상륙작전이 성공을 하고, 8월 말이 되면 통영이 안정을 찾으니까 헌병대에서 부역자를 수색해서 잡아낸 거라. 그게 17명이라.

얼굴에 용수를 씌우고, 저 항남동에서부터 가죽고랑으로 해서, 새동네로 해서, 산으로 끌고가서 사형을 시켰지. 그때 본보기를 보인다고 사람들 앞에서 끌고 간 거지. 구경꾼들 틈에서 나도 산에까지 따라가서 사형 시키는 걸 봤지. 한 사람은 나이가 들었는지, 잘 못 걷더라. 그러니, 장교로 보이는 사람이 총을 꺼내서 그 자리에서 쏴서 죽이데.

내가 볼 때는 억울하게 죽은 사람도 많아. 인민군이 총을 들이대고 밥을 해달라고 하는데, 어떻게 밥을 안해주겠노? 그리고 일제 앞잡이들이 이승만 정권때 권력을 잡으니 진짜 독립운동한 사람들 죽이기도 하고. 반민특위 위원들은 그 앞잡이들을 잡아 넣었으니, 이리 저리 죄를 만들어 죽이기도 했지. 전쟁이란 게 참 지옥도라. 지옥도. 군인이야 그렇다지만, 민간인이 무슨 죄가 있노. 그냥 전쟁통에 죽어나는기라.

○ 아버님께서는 인민군에게 고생을 하셨다고요?

인민군들이 통영에 들어오기 직전이라. 아버지 친구 아들이, 통영중학교를 다녔는데···. 하루는 밤에 집으로 왔는기라. 무장한 사람들하고

같이. "아부지, 제가 누굽니다. 창고 좀 열어주십시요" 하고 말은 정중한
데, 그 옆에 사람들은 당장이라도 죽일 분위기라.

당시 아버지는 농사법 연구를 많이 하셨어. 그해 이모작에 성공한거
라. 그래서 8월인데도, 우리집 창고에 추수한 쌀이 들어있었어. 그걸 알
고 창고를 털러 온거라. 우짤끼고? 총, 칼을 들이대고 내놓으라는데. 그
렇게 큰 위기를 겪으셨지.

게다가 그때는 인민군에게 '물' 한번 떠 줘도, 국군이 들어오면 사형을
시킬 때인데, 또 죽을 고비가 기다리고 있잖아? 참 많은 사람들이 도와
줘서, 아버지가 살아났다. 이쪽도, 저쪽도 참 무서웠던 시기인데. 평소
인심을 쌓은 덕분이겠지….

○ 충렬국민학교는 어떻게 됩니까? 국군병원이 들어왔다지요?

38부대(육군병원, 38의료통제파견대)가 학교에 들어왔지. 그때 우리는 수업
을 항남동 멸치창고에서 했고.

그때 낙동강 전선이 치열하니까, 부산쪽은 부산 삼일병원, 경남쪽은
통영 38부대로 후송을 한거라. 후송용 차량이 일본 닛산인데, 파란 칠을
해 가지고 충렬국민학교 앞에 수십대가 줄줄이 서 있었다. 연신 실으러
가고, 실으러 오고. 일본이 우리나라 6·25로 경제 성장의 발판을 삼았다
고 하제? 군인 후송용 차량만 봐도 그렇다.

그 당시 38부대, 부대장이 군의관인데 임병학인가? 성이 임씨인데, 아
버지하고 잘 아시더라꼬. 아버지가 세브란스 의전을 가려고 했으니까, 굉
장히 유명한 분인가 보더라고. 그래서 그 분을 우리집 사랑채에 모셨다.

문제는 상이군인이라. 중병으로 들어올 때는 꼼짝을 못하지만, 조금
낫게 되면 온동네를 돌아다니면서 행패를 부리는 거라.

말도 마라. 상이군인 이꼴(=) 강도다. 자신들은 나라를 위해 목숨을 바
쳤다는데, 국가의 보훈이나, 주민들의 반응이 그렇나? 냉담했지. 그러

니, 술 먹고 땡깡, 자기들끼리 싸움, 양민들에게 시비 걸기는 예사였지.

국민방위군도 학교에 들어왔다. 그때 군인들한테 지급되어야 할 양곡을 착복한 사건이 안 있었나? '6·25 국민방위군 사건'이라고.(국고금 24억 원, 양곡 5만2천섬 부정처분 및 착복)

그 직후라, 통영에 들어온 국민방위군이 양식이 없어서, 집집마다 구걸을 하러 다녔다. 그래서 그 군대를 '걸뱅이군대'라 불렀다. 그만큼 전쟁 때는 국민이고, 군인이고 묵고 사는 게 힘들어지는 기라.

○ 혹자는 야마골이 6·25 전쟁 중에 군부대가 통영에 주둔하면서 형성되었다고 하는데요? 양공주도 그때 생기고요.

6·25 전쟁이 나고, 통영도 경제가 참 어려웠다. 통영 10·3 폭동이라고 폭동도 일어난다. 그 폭동으로 통영군수며 읍장, 경찰도 두드려 맞는다. 미군이 2번을 들어오거든. 그리고 계엄령을 내린다.

그만큼 살기가 어려웠다. 그러니, 경제가 피폐해지고 술에 의지하는 사람도 느는기라. 또 먹고 살기 위해서 막걸리 같은 술을 만들어서 파는 사람도 생기고. 그렇게 서피랑 대밭골 위로 술을 팔고, 여자가 몸을 팔기도 하고.

양공주하고, 조선공주는 다르다. 양공주는 미군을 따라 다니는 여자들인데 통영에선 드물고, 한국군인을 따라다니는 여자들을 조선공주라 했다. 그때는 참 먹고 살기 힘드니, 그렇게라도 입에 풀칠을 한기지.

야마골을 야마호텔이라고 하는 이유는 일본 말로 산山을 '야마'라 쿠제. 서피랑 고지대에 위치해 있으니, 밤에 보니 고층빌딩에 불빛이 들어온 것처럼 보인다. 말이지. 그걸 풍자한 표현이지. 6·25 전쟁통에 차츰차츰 한 집, 두 집 늘어나더니, 자연스레 형성된 기지. 그 뒤에 통발배 사업이 잘 되면서 선원들이 많이 찾았고.

4. 통영중학교가 문화동에 있었다.

1942년 김덕보 할매 땅 기부로 '통영중학교' 설립
전쟁말기 물자 부족, 호주선교사 진명학교에서 개교
봉평동 통영중 입학, 교실 없어 '미군텐트' 치고 공부
독수리 기상 신현중 교장 "이놈들아, 독수리가 되어라"

호주선교사가 운영하던 진명학원 자리에 있던 통영중학교

　박형균 통영사연구회장이 중학교로 진학한 1950년대 전후는 한국(통영) 근현대사의 중대한 2가지, 광복과 6·25를 관통하고 있다. 일제강점기 내내 중학교 없이 국민학교(소학교, 보통학교)만 존재하던 통영에서, 상급 학교인 통영중학교가 1942년 개교한다. 하지만 물자가 귀하던 시절, 문화동과 북신동을 전전한 시기에 대한 증언이나, 교실을 다 못 지어서 미군 텐트에서 공부한 경험은 개인의 경험이자 통영 현대사의 중요한 기록이 틀림없다.

○ 오늘은 통영중학교 시절을 묻고 듣고자 합니다. 당시 교장이나 선생, 학우(친구), 그리고 통영의 여러 상황은 어떠하였습니까?

내가 6·25 전쟁이 터지자, 부산으로 피난을 갔다가 돌아온 게 1950년 10월 초순이라. 통영 원문전투, 인천상륙작전 성공 삐라까지 보고, 해병대 보급선을 타고 돌아왔으니. 그러니까 1951년에 진학했네.

봉평동 통영중학교에 가보니, 브로크(블록)를 쌓다가 중단이 되어 있더라고. 1942년(4월 21일) 설립인가가 나고 입학한 것이 통영중학교 1회라. 그때 김덕보 할매 재산으로 통영중학교 부지를 매입해서, 학교를 설립한 것은 알제?

○ 네. 대략은 압니다. 김덕보 여사의 이야기를 조금 더 들려주시겠습니까?

원래 김덕보(1853~1941) 할매가 기생이었고, 당대 엄청난 부를 축적하고, 정관계까지 연결이 다 되어 있었던 '당대 여걸'이었던 것은 알제? 그 김덕보 여사가 말년에 갑자기 비명에 가게 된거라, 그 거금을 두고. 서로 양자가 되어서 재산을 물려받고자 하지.

그런데, 정확히는 후손이 없으니까, 동네 유지들이 나서게 돼. 그때 서상호(1888년~1964, 독립운동가, 국회의원)씨가 관여를 하지. 그중에서 제일 김덕보 여사와 부합한 인물인 당시 박재율씨가 양자로 낙점을 받아, 김재율이 되지. 초대 통영문화원장을 역임한 김안국씨의 부친이야.

'많은 재산을 물려받았으니, 그 가운데 사회에 기여하라'는 여론이 일어. 그 여론을 받아들여서 통영중학교 부지를 기부하지.

통영중학교 부지도 마련되고, 학교를 운영할 자금도 조선인 유지를 중심으로 마련이 되는데, 일본 정부에서 '사립학교 허가'는 안 내주는 거라. 왜냐면 '사립학교는 (불온)사상을 가르친다'고. 그래서 실질적으로 돈은 조선인 유지가 내지만, 학교는 공립으로 세우게 되지. 그리고 조선인만 다니는 게 아니라 일본인 자녀들도 입학할 수 있도록 하고. 그 전

일제강점기 호주선교사가 운영하던 진명학원 　통영중학교 졸업생인 와타나베와 나카다씨
(1970년대 초반)

에는 일본인 자녀들이 다른 지방으로 유학갔어. 그것도 예삿일이 아니지. 그렇게 해서 통영중학교가 공립으로 설립이 된거라.(1회 입학 생도시험 합격자 한국인 45명, 일본인 10명)

　나한테 중학교 설립 청원서, 허가서가 다 있다. 다 공개할테니, 나중에 젊은 너그가 그걸 자료로 해서, 더 공부를 해라.

○ 아, 그렇게 통영중학교가 개교된 거네요. 그런데, 지금 보여주시는 학교 사진은 봉평동이 아닌 것 같은데요?

통영중학교가 봉평동으로 허가는 났는데, 당시 전쟁 말기라 물자가 부족한 시절이라. 그때 호주선교사들이 1941년인가, 1942년인가 강제 추방을 당해서 문화동 호주선교사의 집, 진명학원이 비어있었거든. 그러니, 진명학원에서 통영중학교가 수업을 하게 돼. 그리고 통영중학교 첫 졸업식도 문화동 진명학원 자리에서 하지.(집필자 주: 일제강점기에도 '진명학원', '진명학교'라는 표현을 혼용하여 사용했다)

　여기 사진에 두 사람이 서 있지? 한 사람은 와타나베(渡辺) 면장의 아들이고, 다른 한 사람은 나카다(中田)씨라. 그 사람들이 1970년대 초반에 통영에 왔는데, 그때 자신들이 졸업한 통영중학교라고 그 앞에서 사진을 찍은 거야. 와타나베 면장 사후에 그 가족들로부터 "통영과 관련된 자료가 많으니 기증을 하고 싶다"고 연락이 왔어. 그래서 내가 일본에 가서 받아 왔어. 그것도 공개를 해야지.

나카다씨는 학교 선생, 역사 교사인데, 통영과 관련된 자료를 참 많이 보내주었어. 그 사람들은 광복 전에 통영중학교를 졸업한 사람들이라 나보다 일제시대 통영에 대해 직접 보고 들은 것도 많고, 일본 쪽에 자료도 많아서 참 많이 보내주었다. 그것도 공개를 해야지.

1942년부터 1945년 8월 15일 광복 때까지는 호주선교사가 건립한 진명학교에서 수업을 한 거지. 그리고 1946년부터는 북신동 일본인학교(통영공립심상소학교, 현 유영초교)에서 수업을 했지.

○ 아, 그럼 통영중학교가 광복 전에는 문화동 (호주선교사) 진명학원에서 수업을 하고, 광복이 된 후인 1946년에는 일본인이 떠난 북신동 통영심상소학교에서 수업을 한 거네요. 그 말씀이 전에 김세윤(1933~2017) 전 통영문화원장님의 말씀과 일치합니다. 김세윤 원장님이 "해방이 되기 전에는 통영, 충렬, 진남 3개 국민학교가 있었는데, 해방된 후 두룡이 생겼다. 그런데, 두룡국민학교는 교사(학교)가 없어서, 진명학원 자리에서 공부했다"고 하셨거든요. 두룡국민학교가 문화동 진명학원에 들어갔을 때, 통영중학교가 북신동 심상소학교로 간 시기랑 딱 맞네요.

그리 되겠다. 통영중학교 1기들 사진을 보면 문화동 진명학교가 맞아. 일본인들이 광복 때까지 3기를 다녔다. 그리고 광복 후 1946년에는 북신동으로 다녔고.

나는 봉평동으로 다녔다. 입학을 하고, 통영중학교와 통영고등학교가 분리(1951년 10월 1일)가 됐지. 그래서 전에 선배들은 통영중학교만 몇 기, 몇 기. 그렇고 나는 통영중학교 몇 회, 통영고등학교 몇 회가 됐지.

그때, 교장 선생이 신현중이라. 별명이 '독수리 기상' 신교장으로 불렸지. 신현중 교장이 젊은 날에 독립운동을 해놓으니, 해방 후에도 그 기상이 살아있었어.

우리더러 "야 이놈들아, 너그가 돼지처럼 쳐묵고 배만 부를래. 아무 인생의 지표도 없고, 국가에도 일절 도움이 안 되는 놈이 될것가!", "독수리처럼 배가 고파도 천공을 나르고(이상을 높게 하고), 멀리 내다 보고, 목표를 향해 내리꽂는 독수리 기상을 가져야 한다."

그렇게 얼마나 강조를 하는지. 별명이 '독수리 기상' 신교장이라. 교장 훈시 때는

신현중 교장과 박경련 부부

물론이고, 뭐 틈만 나면 그리 강조를 하는 기라. 당시 학교를 다닌 사람들은 다 안다. 독수리 교장.

그때 통영중학교가 축구부가 쎘다. 신교장이 지는 걸 못 참는 기라. 학교 대항전을 하면, 담당 선생보다 신교장이 더 열을 낸다. 교장이 그리 열정적이다 보니, 학교 선생님들도, 학생들도 축구에는 더 관심을 갖고, 운동을 더했지. 좋은 성적도 많이 냈다. 그때 통영은 축구하고 권투, 그리고 배구가 전국 최고였다.

○ 그런데, 신현중 교장이라면. 죄송하지만 백석과 연인 '란'에 나오는 그 신현중 아닙니까?

일부는 맞고, 일부는 틀리다. 흔히 백석이 사모했다는 여인 '란' 박경련이 우리 고모(아버지 박희영의 사촌 여동생)다. 그런데, 지금 백석 관련 책에 나오는 그런 상황이 아니다. 분명히 백석이 우리 고모님하고 결혼을 하고 싶어서, 혼담이 오간 것은 맞다. 하지만 집안 차이가 너무 커서, 혼담이 아예 성사가 안됐다.

그 혼담이 깨진 후에 우리 고모부(신현중)가 "그럼 나는 어떻소?" 하고

혼담 이야기를 꺼낸 거다. 당시 그 혼담은 박경련의 외삼촌인 서상호가 결정했다. 서상호의 누이동생(서말희)이 박경련의 어머니다. 아버지 박성숙은 일찍 돌아가셨고.

서상호씨는 과거 신현중이 독립운동에 투신했던 기상이 있는 사람이라는 점을 높이 사서, 그 혼담을 성사시켰다. 그리고 우리 고모님하고 고모부는 참 금실이 좋으셨다. 그런 부부에게, 백석 운운하는 것은 마땅치가 않다.

우리 고모부인 신현중 교장은 광복 이후로는 교육계에 몸을 담으셔서, 통영중학교, 부산여중 등지에서 후학을 길러내신 훌륭한 교육자셨다.

○ 오늘 새벽에 제가 '남망산 충무공 이순신 동상' 자료를 하나 정리하고 왔는데, 1953년에 남망산에 건립합니다. 중학교 다니실 때인데, 혹시 그 때 일이 기억이 나십니까?

충무공 동상을 도천동 지금 박물관(옛 통영군청) 앞에 있는 농협 창고에서 만들었다. 그때 조각가가 뒤에 알고 보니 참 유명하던데(김경승), 그 동상이 몇 년이 걸리니 아예 가족이 이사를 왔다. 그래서 그 아들이 통영중학교에 다녔거든.

우리는 친구 아버지가 이순신 장군 동상을 만든다고 하니, 구경을 하러 갔지. 그런데, 동상이라면 금속으로 뭘 만들 거 같았는데, 황토 같은 걸 비비고 모양을 잡데. 참 신기하더라. 당시 쌍둥이로 두 개를 만들었는데, 하나는 통영 남망산에 세우고, 다른 하나는 부산 용두산공원(우남공원)에 세웠다.

진해가 1952년 제일 먼저 충무공 동상을 세우는데, 그기는 원래 일본 신사가 있던 자리라 쉬웠고, 통영 남망산은 그냥 산 꼭대기라. 우리 학생들이 터를 닦는 작업을 하기도 했다.

통영공립중학교(통영중학교/ 통영고등학교) 연혁

- 1942년 4월 3일 학교설립인가/ 4월 27일 생도 입학 합격자 발표/ 4월 30
  일 개교 및 입학식. 문화동 호주선교회 (진명)학원 건물

- 1946년 1월 20일 북신리 구.일본인국민학교로 교사 이전

- 1951년 11월 1일 동호동 전 수산고교로 교사 이전
  (통영중/ 통영고 분리. 통영중은 봉평동 교사/ 통영고는 동호동 교사 각각 사용)

- 1969년 12월 10일 봉평동 신축교사(현 교사) 이전

※ 참고: 1951년 2월 21일 통영공립수산중학교 인평동 445번지 현 교사로 이전
  (자료: 〈통수 100년사〉)

5. 짚차 타고 다닌 금수현 통고 교장

서울서도 모시기 힘든 분, 젠틀한 음악가
전기가 자주 나가던 해저터널 '깜깜한 암흑'
해피나룻배, 강산촌 가던 길 '해수욕장과 사쿠라'
일본 전투기 추락, 수상비행기 착륙 '지금도 선명'

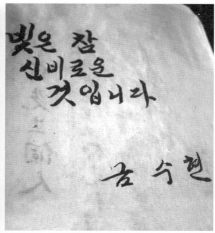

충무시 개청기념(1955년) 류완영 사진전 방명록. 금수현 부분 @류태수 사진 작가

6·25는 통영에 시련을 주기도, 영광을 주기도 했다. 북한군의 공격으로 한때 통영 시내가 점령된 적도 있었으며, 치열했던 원문고개 전투도 벌어졌다. 수많은 사람들이 죽거나 다치고, 굶주려야 했다. 그러나, 한편으로는 통영의 문화, 예술에 큰 기회가 되기도 했다. 수많은 문화, 예술인들이 6·25 전란을 피해 통영으로 피난왔다. 지금은 유명해진 화가 이중섭도 그 중에 하나였다. 이번 박형균 통영사연구회장의 인터뷰에서는 '금수현(1919~1992)'이라는 뜻밖의 이름을 듣게 된다. 지금은 아들인 지휘자 금난새가 유명하지만, 당시 금수현의 명성은 대단했다. 이번 인터뷰에서는 통영고등학교 교장 금수현으로 시작해, 학교 선생님, 학창 생활, 당시 통영의 시대상을 들어본다.

○ 이번에는 통영고등학교를 중심으로 설명을 듣고자 합니다. 통영고교 시절 가장 기억 나시는 부분이 무엇인가요?

아무래도 교장선생님이지. 교장이 금수현이었으니까. 무엇보다 그 유명한 금수현 교장이 군용 짚차를 타고 학교를 다녔거든. 당시만 해도 국회의원이나 장차관급이나 짚차를 타지 아무나 못 탔거든. 통영 상공인들 가운데서도 김용제나 공봉회씨 정도나 탔을까?

군용 짚차에다 탭을 씌워서 다녔는데, 상상을 한번 해봐라. 당시 차가 하루에 겨우 몇 대 다닐 때인데, 젠틀한 신사 차림의 금수현 교장이 짚차를 타고 학교에 들어서는 모습을. 몇 번을 봐도 얼마나 신기하던 지. 지금도 뚜렷하게 기억에 남아.

○ 그렇다면, 당시 해저터널을 통해서 짚차를 타고 등교를 했습니까?

아니지. 당시 통영고등학교는 동호동에 있었다. 통수(통영공립수산중학교)가 51년에 인평동으로 가고, 그기에 통영고등학교 교정이 있었지.

○ 금수현 교장이 그때도 대단했나요? 혹시 직접 음악을 가르쳤습니까?

금수현 교장이 일본에서 음대(도쿄음악대학 성악학 학사)를 나와서, 이미 경남도립극장장(당시 경남도청은 부산에 소재)을 했고, 뒤에는 숙명여대에서 교편을 잡았지. 대단한 작곡가야. 6·25 전쟁이 아니면 통영 같은 곳에 올 분이 아니야. 당시 '금수현 교장 졸업장을 받느냐, 못 받느냐'를 두고 학생들 전체가 깊은 관심을 가질 정도였지.

나보다 한해 선배인 정순덕 전 국회의원은 금수현 교장한테 졸업장을 받았거든. 아쉽게도 나는 교장이 바뀌어서 못 받았지. 그런데, 금수현 교장이 직접 음악을 가르치지는 않았어도, 그 영향력은 대단했어. 우선 통영 출신이고 서울대 음대를 나온 배종구 선생을 통영고등학교 음악선생으로 모시고 왔어.

통영고등학교가 남망산 아래 동호동에 있던 때(통영고등학교 12회 졸업기념)

전에 통영현악4중주단 이야기를 했지. 해방 후에 1차가 최상한, 윤이상, 박기영, 탁혁수 4명잖아. 6·25를 전후한 2차 통영음악4중주단이 배종구 선생을 중심으로 박기영, 박태주, 북한에서 온 최ㅇㅇ이었지.

정관호 선생도 있었지. 정관호 선생이 충무시민의 노래(충무시가: 작사 김상옥, 작곡 정관호)를 만들었거든. 그런 분들이 직·간접적으로 금수현 교장하고 관련이 있지.

6·25 이후 음악가 윤이상은 프랑스로, 소설가 김용익은 미국으로 가지. 그 전에 통영항 강구안에서 옥싹옥싹하던 분들이 외국으로 나가면서, 통영의 음악과 문학이 세계화되는 계기가 된 거지.

○ 통영중학교 다닐 때, 1950년대 해저터널의 상황은 어떠했나요?

명 정동에서 도천동 바닷가 둑방으로 해서, 해저터널을 지나서 봉평동 통영중학교로 등교했지. 그때 불이 얼마나 자주 가고 물이 잠기는지, 고생을 참 많이 했어. (충무교 개통 1967년 6월)

통영쪽에서 해저터널 안쪽으로 가다보면, 물 퍼는 동키(펌프)가 있었거든. 전기가 자주 나가니 그게 작동을 안 하는 거라. 그래서 해저터널 안이 칠흑처럼 컴컴했거든. 그라모 이쪽에서 "짐이요. 짐" 하고 외치는 기라. 그럼 반대편에서 "요도 짐이요, 짐" 이러면 서로 피해가고. 말이 없으면 그대로 가고

그라고, 저쪽에서 사람이 급히 오면, 물소리가 '철렁철렁' 나니까 알기도 하고. 그러다가 불이 켜지면, 막 뛰어가는기라. 그런 시절이었지.

6·25때는 동키가 오랫동안 작동을 안 해서 해저터널 안이 물에 잠겨 있었거든. 그때 해저터널의 도천동 쪽은 인민군이 지키고, 미수동 쪽은 국군 헌병이 지키기도 했어. 물이 터널 중간을 가로막고 있으니, 가능했던 일이지.

○ **그럼, 해저터널이 물에 꽉 막혔을 때는 학교를 어떻게 갑니까? 혹시 해피**(해핑이) **나룻배를 타셨나요?**

해핑이 나룻배를 아네. 지금 서호시장 옆에서 해핑이로 가는 배가 2종류가 있었다. 하나는 서호동하고 바로 맞은편 해핑이를 왕복으로 오가고. 다른 하나는 해핑이를 들렀다가 강산촌(오카야마무라)으로 가는기라.

강산촌 조금 못 가서, 지금 신아조선소 있제? 신아조선소하고 강산촌 사이에 해수욕장이 있었다. 뒤에 굴공장이 서곤했다.

처음 일본인들이 공설해수욕장을 만든 곳은 남망산하고 장좌섬 사이였지. 원래는 수산학교 있제? 학교 전용으로 만들었고, 뒤에는 일본인들만 사용하다가 차츰 조선 사람들도 수영장을 찾았지.

한 번은 그기에 일본 비행기가 추락을 한기라. 그래서 내가 가봤다. 동네 어른들이 "구경 났다"고 다들 가는기라. 그래서 나도 따라갔지. 대여섯 살 쯤 됐을 때라.

당시 일본의 주력 전투기 '제로센(零戰)'이 아닌가 싶어. '그 비행기가

미군들하고 공중전을 하다가 탄환을 맞아서 추락했다'쿠데. 조종사는 무사하고. 조금 있으니, 진해쪽에서 비행기가 날아오더라. 서호시장쪽으로 원형을 그리면서 비행하더니, 바다 물 위에 착 내려앉데. 수상비행기였어. 어린 마음에 얼마나 신기했던지, 지금도 선명하게 기억이 나.

○ **부친**(하동집 당주 박희영)**께서 역사 이야기를 많이 해주셨습니까?**

우리 태어나기 전에 통제영 이야기도 해 주시고, 충렬사 이야기도 많이 해주셨지.

러·일 전쟁의 상황 이야기, 식민지가 된 이야기, 그리고 남북이 갈리고, 남한에 미군이 들어오게 된 이야기까지…. 거시적으로 해주셨지.

아무래도 배재학당에서 미국인 선교사 아펜젤러한테 배우고, 조도전(早稻田, 와세다)대학 강의록도 보시고 해서, 그 시대 다른 분보다 안목이 넓으신 것 같애.

○ **대학을 서울이 아니라 부산으로 가신 이유는 무엇인가요?**

1951년 농지개혁으로 집안 가세가 많이 기울어졌어. 그때 동생이 모범생인데다 공부를 잘했거든. 동생은 처음부터 서울을 목표로 했지. 그래서 고려대를 갔어. 큰형님이 계시니까. 나는 누님 세 분이 부산에 계셨거든. 송병문씨 집안의 송경훤씨 부인이 큰누님이니까. 그래서 나는 부산대학으로 진학했지.

송병문씨 집안의 원찰이 미래사야. 미륵산에 미래사 창건할 때랑 중창할 때 송씨 집안에서 많이 지원을 했어. 안정사 주지 있지. 주지도 송씨거든. 안정사도 그렇고, 미래사도 송씨 집안에서 불사 참여를 많이 했지.

○ **송병문씨 집안이 미래사 창건에 기여를 많이 했군요?**

송병문씨 집안의 원찰이 안정사, 그리고 뒤에 미래사라면, 우리 하동
집은 관음사였어. 원래 어머니가 불교였거든. 관음사에 큰 연못이 있
제? 그기 잉어를 진해에서 사다가 넣었다. 그 불탑 있는 데 있제? 그것 말
고도 관음사의 여러 불사에 참여했지. 어머니가 돌아가시고 관음사에서
제를 지내기도 했어.

6. 충렬사에 전해지는 이야기들

일본해군도 이순신 장군을 군신軍神으로, 충렬사 참배
서호만에 일본군함 상륙, 구령에 맞추어 일본식으로 절
충렬사 향사에는 남자, 여자할 것 없이 흰 옷 입고 모여들어
왜경 형사 팔사품 훔쳐, 밤새도록 대숲에서 헤맨 이야기도

일제강점기 통영 충렬사 @ 국립중앙박물관

박형균 통영사연구회장은 2008년~2012년 재단법인 통영충렬사 이사장을 맡기도 했다. 하동집 역시 충렬사 바로 앞에 있어 충렬사 경내가 놀이터일 정도였다고 한다. 일본 해군들이 충렬사를 참배하는 광경을 직접 목격하기도 했다. 이번 인터뷰에서는 손수 〈충렬사의 모습〉, 〈일본 해군의 참배〉, 〈부친의 설명〉, 〈오혁진, 이정규, 이순필, 김천호, 김정숙 등 원로로부터 들은 충렬사 이야기〉 등을 준비해오기도 했다.

○ 충렬사 앞에서 자라셨고, 충렬사 이사장을 역임하셨으니, 누구보다도 충렬사에 대해 많이 아실 것으로 생각됩니다. 저도 지난해 국사편찬위원회 사료조사위원으로 충렬사에 있는 사료를 조사하기도 했습니다. 먼저, 1895년 통제영 폐영 이후 충렬사 제향을 어떻게 이어가게 되는지부터 설명해 주시겠습니까?

예전 통제영 시절에는 선조 39년(1606) 이운룡 통제사가 왕명을 받들어 충렬사를 건립한 이후부터 충렬사의 재산이며, 제례까지 통제영에서 주관을 했거든. 왕으로부터 사액을 받은 사액사당이니, 통제사가 국격에 맞춰서 제례를 지냈거든.

통제영이 1895년 폐영이 되니, 충렬사의 주체가 없어지지. 재산은 진위대로 가고, 제향은 유림이 맡게 되지. 그리고 진남군이 만들어지고 용남군으로 바뀌고, 거제군과 통합해서 통영군이 되는 과정에서도 재산은 군청에서 맡아.

그럼, 제수비용이며 충렬사 원장 비용은 어떻게 마련했느냐? 충렬사 유지를 위한 제우(위)답이 있잖아. 그 소유는 군청에서 하는데, 그 소출 즉 추수에 대한 권한은 유림이 갖는거라. 한때 '조계종 다음으로 통영 충렬사 추수가 크다'고 할 만큼, 추수를 많이 했거든.

유림들 가운데는 충렬사영구보존회가 제일 컸지. 그 안에 고적보존회도 있고, 이순신탄신기신회도 있고 여러 갈래가 있었지.

○ 사전에 준비하신 자료에는 '충렬사의 모습 퇴락'이라고 쓰셨는데, 어릴 때 충렬사의 모습은 어떠했습니까?

외삼문에서 정문으로 올라가는 참배로가 있지. 그 양쪽으로 동백나무가 쭉 있잖아? 그 밖으로는 전부 동네가 있었다. 물론 동네라고 해도 전부 집만 있는 건 아니었고, 집도 있고 밭도 있었다.

동백나무도 지금은 오른쪽밖에 없지만, 내가 어릴 때는 오른쪽, 왼쪽에 다 있었다. 그런데, 그때도 왼쪽은 영 세가 약하데. 추측하건데, 충렬

2019년 통영 충렬사 춘계향사. 초헌관(경상대학교 해양과학대학 학장 김무찬) 아헌관(충무고등학교 교장 박양동) 종헌관(재단법인 통영충렬사 대의원 김철규)

충렬사 향사의 제수는 굽거나 삶지 않고, 생으로 올리는 혈식血食으로 준비된다.(충렬사 제수 및 접대 음식은 충렬사 바로 앞 정문집에서 도맡았다.)

사를 정비한 통제사가 한 분 있었는데, 그분으로부터 추산하면 250~300년 정도 되었으니, 동백도 노쇠하였다 싶어.

오른쪽 동백나무들은 그때도 기세가 좋았어. 나도 그렇고, 아이들도 그렇고 마치 원숭이처럼 동백나무 가지 사이로 타고 올라가서 놀았다. 동백나무 꽃이 다른 꽃과는 다르다. 다른 꽃들은 시들고 나서 떨어지는데, 동백은 떨어져서야 시들어. 그래서 금방 떨어진 꽃은 싱싱하거든. 아이들이 짚에다가 동백꽃을 줄줄이 엮어서 목에 걸고 다니고 그랬다.

경충재가 있는 중간마당까지는 마음대로 들어가서 놀았다. 태산목 아래에서 구슬치기도 하고, 그런데, 정당에는 지키는 영감이 있어서, 함부로 못 들어갔다.

○ 일제시대에도 충렬사 정당은 지키는 분이 계셨네요?

고 직이라고, 정당을 지키는 영감이 있었다. 수직이라고도 하는데, 그 영감이 무서워서 아예 정당 쪽으로는 얼씬도 못했다.

○ 일본 해군이 충렬사에 참배도 했었다고요?

일본 해군이 충렬사를 참배하는 광경은 당시에는 참 큰 구경거리였다. 일본 군함, 그 큰 배가 서호만에 정박하면, 항남동 해안까지 상륙정이 실어 내린다. 다시 도열을 해서, 충렬사 앞까지 오거든. 국방색 옷에, 견장을 제대로 차고.

충렬사 앞에 와서는 외삼문 앞에 도열을 해. 구령에 맞추어서 일제히 무릎을 꿇고 앉아 일본식으로 절을 올리데. 내가 어릴 때 2번을 봤다. 아마 높은 사람들은 따로 충렬사 안으로 들어가서 참배했겠지. 뒤에 연구를 해보니, 일본 해군에서는 진해 통제부에 별도의 예산 항목을 만들어서, 공식 행사로 충렬사 참배를 하도록 했더라.

일제시대 통영에 살던 일본인들도 '이순신 장군의 도시'라고 해서 자부심이 대단했던 것 같아. 일본인들이 히데요시가 누구야? 영웅 아이가? 그 영웅을 이긴 사람이 이순신 장군 아이가. 그러니까, 이순신을 '군신軍神'이라고 존경을 했지.

실제 충렬사에 조선사람들, 유림이 춘추 제향을 올릴 때, 통영에 살던 일본사람들도 참배를 하고, 헌성금을 내고 했어.

○ 아버님께서도 이순신 장군이나 충렬사에 대한 이야기를 해주셨나요?

왜정시대는 아니고, 광복 이후에 많이 들려주셨어. 광복 이후에 제일 처음 이순신과 관련돼서 나온 책이 〈민족의 태양(이충무공기념사업회, 1951년 발간)〉이라는 책인데, 밝은 남색에 금박으로 글을 쓴 양장판이었던 걸로 기억해. 아버지께서 그걸 읽고, 참 많은 말씀을 해주시더라.

대제국 러시아 북양함대 36척을 일본 해군이 이긴 것도 이순신 장군의 학익진 전법을 응용한 덕분이라고도 하셨어.

○ 충렬사 제향의 분위기는 어떠했나요?

그야말로 통영의 축제지. 춘추향사 올리는 날이 되면, 가죽고랑은 물론
이고 서문고개쪽으로 흰 한복을 입은 사람들이 걸어서 온다. 그날은
남자고 여자고가 없다. 여자들도 많이들 온다. 남자들처럼 제관을 못 맡
아서 그렇지. 여자들도 옷을 정갈하게 입고 온다.

그리고 제례악이 울리지. 지금이야 충렬사 앞으로 자동차가 다니는 시
절이지만, 그 시절에는 전기불도 제대로 없던 시절이라, 밤이 되면 깜깜
했지. 횃불이 켜지고, 제례악이 온 명정동으로 울려퍼지는 거야. 그리고
사람들은 충렬사를 향해 몰려들고. 참으로 축제야, 축제.

그때 음식을 정문집에서 했거든. 충렬사 제수도 제수지만, 향사에 온
사람들 밥을 먹여야 할 것 아이가. 상을 수백 개를 차려야 하거든. 그러
니, 정문집에서 통제영 시절부터 충렬사 제례 음식을 도맡았지. 나중에
우리 어머니(제옥례)도 집안 내력으로 통제사 음식을 잘하셨지만, 본래 충
렬사 제례 음식은 그 집안에서 도맡아 했어. 그 집은 효열로 정문旌門을
받았지만, 삼천진 군관을 할 정도로 통제영의 오랜 호족이지. 그리고 충
렬사 원장도 두 분인가 나왔고.

○ 광복 이후의 충렬사는 어떠했나요?

해방이 되고, 충렬사 추수만 해도 엄청났다. 그 추수를 맡을 거라고 경
쟁을 할 정도였지. 그러니 해방 이후 그 어렵던 시절에는 무슨 행사
만 있으면 충렬사에 찬조를 받았다. 축구대회를 해도, 교육 행사를 해도
충렬사 원장을 찾아 뵙고, 찬조를 받았지. 뒤에 한산대첩축제도 시청이
아니라, 충렬사에서 논의를 하고, 첫 시작을 했지.

그리고, 1951년 재단법인 충렬사가 되면서, 여러 가지 면이 달라진다.
예를 들어 착량묘 같은 경우에는 일제 시절에 임진왜란 공신인 탁연 장
군을 중심으로 민간에서 재산권을 갖고, 제례도 지냈지. 그러다가, 1951

년 재단법인 통영 충렬사로 통합되었지. 그러니까, 충렬사가 재산을 갖고, 재산권을 행사하기 시작한 것이 1951년이라. 그런데, 그때부터 새로운 문제가 발생했지.

○ **재단법인 충렬사가 되면서, 새로운 문제가 발생을 해요?**

재단법인은 민법과 상법상에 재단이 있고, 이사가 있고, 그 책임자가 이사장이 되지. 요즘 말하는 '충렬사 이사장'이 그런 의미지. 그런데, 종전에는 충렬사에 원장이 있었단 말이야. 충렬사 원장의 가장 큰 일은 '춘추향사'를 제대로 지내는 것이거든. 400년 전통을 제대로 지키면서도 시대에 맞게 제례를 올리는 것이 원장의 가장 큰 역할이지.

그러니까, 충렬사에 이사장이 있고, 원장이 있는 체제가 된거라. 이정규 이사장 때, 원장이 이순필씨라. 두 분 다, 학문에도 조예가 깊고, 제향에 대한 식견도 높았지.

그런데, 재산 가치가 달라지면서 위답토에서 나오는 추수로는 직원들 월급도 못 줄 상황이 되는거라. 그래서, 원장 제도를 없앴지. 당대는 별 문제가 없었어. 이정규씨도 워낙에 제향에 관한 식견도 깊고, 집례들도 다 집에서 고례에 따라 제사를 지내 본 경험들이 있어서.

그런데, 김정숙 이사장 때 문제가 커지기 시작한 거라. 김정숙씨는 내가 대한제망에서 과장으로 있을 때 상무로 모신 분이라 잘 알아. 이 분이 참으로 후덕하신 분이거든. 그러니, 퇴직 이후에 충렬사 이사장을 20년 동안 맡거든.

문제는 종전에 직장을 다닐 때, 이 분이 충렬사에 관여를 안 하셨던 분이라, 고례를 잘 모르는 거라. 자, 그런 상태로 20년이 지나니, 그것도 뒤에 5년은 병 앓이를 하셨어.

그리고, 시대는 바뀌고. 이제는 충렬사 제례에 대해 식견과 권위를 갖고, "자, 이리하면 된다"고 말씀을 하실 분이 없어. 그러니, 충렬사에서 제례 방식을 두고 그 사단이 난거라.

이제라도 충렬사가 옳게 가려면 충렬사의 행정을 총괄하고 대외적인 기능을 하는 이사장하고, 충렬사 고유의 제향 의식을 주관하는 원장, 양 체제로 가야해.

○ 충렬사에 전해지는 전설도 있다고요?

통영경찰서에 왜경 고등계 아라이 타네타마(新井鍾玉, 박종옥)라는 형사가 있었다. 어느날 제사에 뛰어들어 "너희는 국가가 망하여 다 없어진 주제에 제사는 무슨 제사냐" 하면서 이충무공의 위패를 칼로 쳐서 부수고, 외삼문의 태극문양을 일장기로 덧칠하여 바꾼 뒤, 정당에 각목으로 못질을 한 악질 형사였다. 원래는 조선사람인데, 친일형사다. 이름이 박종옥이라고.(광복 이후 대한청년단 통영지회장을 한 박종옥과는 동명이인)

어느날 밤에 이충무공의 명예와 민족정기를 완전히 꺾어놓기 위해 정당의 담벽을 넘어들어와 귀도 같은 팔사품을 훔쳐 대숲으로 달아났다고 해. 밤새도록 헤맸어도 밖으로 못 나가고 그대로 대밭이라. 그야말로 미로에 빠져버린거라. 탈진한 끝에 신령한 힘을 깨닫고 칼을 도로 제자리에 돌려놓자, 눈앞이 보여 황급히 뒷산 여황산으로 도망쳤다가, 뒤에 자수를 하고, 죄상을 실토했다고 해.

※ 朴鍾玉(반민특위 기록)
慶北特委에 자수한 朴種玉(33歲)은 倭政時 統營警察署 高等係刑事로 '忠武公 碑文'을 깎아 일제에 충성을 다한 자라 한다.

7. "이순신, 일본 자료 수집·연구해야"

통영사연구회 발족, 30년 동안 이순신 통제영 연구 매진
통영상고 교사 때 '발라드' 저서에 충격, 일본 자료도 분석해야
'조선해전' 번역 발간, "조선자료 중심" 학계에 경종
적장 와키자카 야스하루도 알아야 "이제 후예들이 맡아주길"

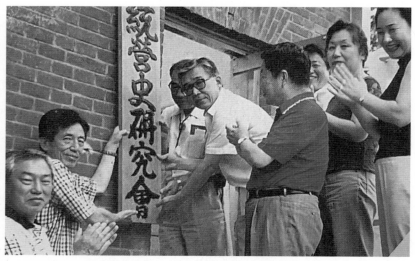

1990년대 지방자치시대를 맞아 '우리 지역에 대한 자료를 수집하고 연구해보자'며 의기투합해 통영사연구회를 설립했다. 그리고 활발한 활동을 펼쳤다.

박형균 통영사연구회장은 1991년 '지방자치시대'를 맞아 충무시의원을 역임하면서 '국사'와 더불어 '향토사'의 중요성을 인식, 뜻이 맞는 이들과 '통영사연구회'를 창립한다. 고 김상조, 고 김세윤, 정갑섭, 김일룡, 이원식 등이 참여한 연구회는 2005년 첫 회지 '井蛙(정와)'를 발간하는 등 이순신과 통제영, 그리고 일제강점기에 대한 연구가 30년을 눈앞에 두고 있다. 최근 통영학의 필요성이 대두되는 가운데, 통영사연구회의 창립 배경과 연구 성과, 그리고 앞으로 통영사의 연구 방향에 대해 묻고, 들었다.

○ 통영의 향토사 연구에서 통영사연구회가 큰 역할을 해왔습니다. 통영사연구회 창립의 배경은 어떻게 됩니까? 그리고 초기 참여 회원들은 어떤 분인가요?

19 91년 지방자치시대가 열리면서 내가 충무시의회 의원을 맡거든. 시의원으로 활동을 해보니까, 대반에 느껴지는 게, 지금까지 역사가 '국사' 중심으로 편제가 되어있는데, '지방사'는 옳은 기록이 안 되어있더라고.

예전부터 듣기를, 통영은 통제영 300년의 도시라고 하고, 큰 역사가 있었다고 하는데, 우리도 자라면서 북장대(북포루), 서장대(서포루), 동장대(동포루)나 간창골, 선창 등등 지명을 익히 들었는데, 그게 기록으로 정리가 안 되어있는기라.

그래서, 내가 갑섭이(정갑섭 전 통영사연구회장, 친구)하고 먼저 의논을 안 했나. "이제 지방자치시대가 열리는데, 지방사가 중심이 되어야 할 것 아이가. 잘못하면 넘의 묏등에 절하는 격이 될끼다"라고 하면서 말이야. 그래서 "우리 지역에 대한 자료를 수집해 보자"라는 취지에서 시작이 됐지. 그때 이름은 '충무공이순신연구회'라.

우리가 고등학교 때 '나인클럽'이라고 연구동아리를 만들어 본 경험이 큰 도움이 됐다. 갑섭이하고는 고등학교때 친구지, 대학도 같이 다녔지. 기질도 맞아서 평생의 친구지.

그리고 선배로 김세윤(후에 통영문화원장), 후배로는 김일룡(현 통영문화원장), 그리고 김문환(수조도 대가), 박청정(물때 연구), 김홍종(현 무형문화재 제6호 통영오광대 보유자) 등 7명으로 출발을 하지.

1992년이 마침 '한산대첩 400주년'이자 '31회 한산대첩 기념제전'을 할 때라, 그래서 이충무공연구의 대가 이종학 선생을 모시고 '임진왜란의 역사적 의의'를 발표하고, 후배라도 향토사료 수집을 열심히 해온 김일룡(현 통영문화원장)을 '우리지역 향토사적 고찰' 발표에 우리 대표로 나서게 했지.

그러다가, '충무공이순신연구회'라고 명칭을 쓰니까 아무래도 이순신

박형균 통영사연구회장이 번역한 책 〈조선해전〉과 〈조선 이순신전〉, 통영사연구회에서 발간한 〈정와井蛙〉

하고 임진왜란 연구에만 중점을 두는 거라. 그런데, 통영은 '통제영'에 기반을 안 하나? 통영의 향토사 전체를 아울러 연구하려면 명칭을 '통영사연구회'로 변경을 해야 되겠더라.

　　종전 임의단체 성격에서 2003년에 사단법인체로 등록하고. 이때는 한문과 통영사 연구에 밝은 김상조 선생, 거북선 연구의 대가 이원식 선생도 참여를 하지.

　　○ 벌써, 30년을 눈앞에 두고 있네요. 그동안 어떤 활동을 하셨습니까?

'풀뿌리 민주주의는 향토역사와 정체성 규명이 선행돼야 한다'라는 사명감으로 학술발표회를 연이어 열고, '적 일본을 알아야 한다'면서 통신사의 길을 따라 대마도나 히젠나고야성 탐방도 하고, 미륵산 봉수대 지표조사 건의, 한산도 망산 봉수대 답사, 삼천진 답사, 욕지도 천왕봉 이세선 통제사 친행암각문 조사도 하지.

　　각종 자료 수집에도 나서서, 규장각 도서 중에서 통영 관계 도서 및 자료 79종 81책 복사, 일본 출장을 통해서 한산해전에 참전했던 일본 수군장의 희귀한 참전 기록과 중세 일본수군, 근세 일본해군의 이순신 연구에 대한 고서 19책과 관련사료 32점을 확보하기도 하지. 일본 자료 수집 때는 일본 해전사연구가 사도오 카즈오(佐藤和夫)씨의 도움이 컸지.

한산해전 때 일본의 주력함대를 이끌고 참전한 와키자카 야스하루(脇坂安治)의 고장인 오카야마 타쓰노시(龍野市)를 방문해서, 타쓰노시 향토사료관과 통영사연구회간 한산해전에 관한 기록을 중심으로 임진왜란에 관한 학술교류 및 공동연구에 원칙적인 합의를 봤지.

1999년 '통영시지'도 그 힘으로, 그 연장선에서 만들어졌지. 정갑섭 친구가 상임집필위원을 맡아서 조율을 하고, 우리 멤버들이 '확'하고 전력으로 달려들었지.

아쉬운 점은 통영사연구회 회지 '정와井蛙'를 1집만 내고, 그 뒤로 내지를 못했어. 연구는 지속적으로 계속해왔는데….

정와를 한번 보면, 내가 '16세기 격동기와 통영의 탄생' 그리고 '이순신 역사 세계화 작업을 위한 사료수집 보고'를 했고, 정갑섭 친구가 '통제영 복원 유감'과 '통영지도 부수기', 조도삼 전 통영시 총무국장이 '옥포해전 소고', 이부원(현 통영문화원 부원장)이 '(충렬사 제례)홀기에 관한 연구' 김상조 선생이 '착량묘 중수기'를, 이원식 선생이 '이순신 창제 귀선의 설계구조와 복원에 대한 고찰'을 썼지. 그리고 허순채 회원과 김부기 회원이 '어머니의 손맛(유곽, 털게부침, 전통비빔밥)'과 '욕지예찬'을 썼지.

○ 이순신 연구나 향토사에 관심을 가지신 계기는 무엇입니까?

아무래도 아버지의 영향이 컸지. 아버지께서 이순신 장군이나 통제영 통제사 이야기, 청일전쟁과 러일전쟁 이야기, 우리가 왜 식민지가 되었나? 하는 이야기를 학창 시절에 많이 들려주셨거든. 충렬사도 바로 우리집 옆에 있고.

그런데, 큰 충격을 받은 일이 있어. '통영상고에 선생이 모자란다'고 해서 내가 24살에 교편을 잡고, 고등학생들을 가르쳤거든.

이때 교과서에 영국해군 제독이었던 G. A Ballard가 쓴 '일본의 정치사에 미친 해양의 영향(The Influence of Sea on The Political History of Japan)' 일부

를 보고, 깜짝 놀랐어. 그때부터 조선총독부에서 남겨진 자료, 그리고 일본측 자료에 관심을 가지게 됐지. 그리고 마침내 2015년에는 〈조선해전〉이라는 제목으로 번역본을 발간하게 되지.

발라드가 쓴 책을 보고, 내가 놀랄 것이, 우리나라가 해방되어도 1950년대나 1960년대까지 이순신 장군의 사적을 제대로 돌보거나 학술적인 연구를 할 형편이 못 되었던 거라.

그런데, 1921년 영국해군 제독이었던 발라드가 이미 '임진왜란에서 이순신 장군의 역할'에 관심을 가졌더라고. 발라드의 자료를 찾다보니, 자연히 조선총독부 자료까지 찾게 되었어.

그 자료를 보니, '일본인들이 이순신 장군을 세계화'시켰더라. 그 이유가 있는데 일본이 명치유신에 성공하고 정치적인 캐치프레이즈로 '탈아입구脫亞入歐'를 내세운다. 아시아를 벗어나서 유럽(서양)을 배우자. 특히 현縣의 장래를 위해 경쟁적으로 유럽으로 유학을 보내더라꼬. 해군은 영국으로, 육군은 프러시아(독일, 프로이센)로 주로 보내데.

'명치해군의 현대화'라는 기치를 들고, 영국 해군에서 배워오거든. 그러니, 당시 일본인들이 주목한 것은 오로지 '넬슨'이라. 그러다가 청일전쟁을 일으키지. 청일전쟁이 뭐꼬? 조선을 식민지로 삼아서, 중국까지 집어삼키겠다는 거 아이가? 400년 전 임진왜란하고 똑같지.

그런데, 400년 전에 '저 힘 없는 조선에 왜 졌느냐?' 그 이유부터 찾자. 그래야 조선을 이길 수가 있으니까. 그래서 자세히 디다봤어. 제일 인기 있는 책이 '징비록'이라. 일본 사람들이 제일 참고를 많이 한 책이 징비록이라.

그때나 지금이나 스파이를 보내서 조선을 정탐했는데, 임진왜란 때 '조선은 육군이 해군보다 강하다'고 보고 덤벼들었는데, 막상 전쟁을 해보니 거꾸로 돼버린거라. 왜? 하고 들여다보니까, 병참 작전에 실패를 했다. 누구냐? 이순신 장군 때문이다. 왜? 학익진이다.

그동안 우리는 영국을 배우면서, '넬슨'만 알고 'T자형 전법'만 알았는데, 이미 서구보다도 300년 전 조선에 '이순신'이 있고, '학익진'이 있었네! 그래서 대륙 원정에 실패했네. 그런 깨우침을 갖게 된 거라.

게다가 당시만 해도 일본에 아직 일본 해군의 군신 '도고 헤이하치로(東鄕平八郞)'가 주목을 받기 전이라. 그러니, 아직 옳은 리더도 없고, 리더십도 없었단 말이지. 그때부터 일본 해군사관학교에서 이순신하고, 해전, 전법을 공부하는기라.

그래서 조선보다 일본에서 더 이순신 연구 붐이 일어나지. 이순신과 임진왜란, 해전에 대한 자료를 수집하고, 이를 바탕으로 한 논문이 쏟아져 나오지. 심지어 조선에 와서 자료를 먼저 챙겨가는 거라. 대표적인 책이 명치 25년(1892년) 석향생惜香生이 쓴 〈文祿征韓水師始末 朝鮮李舜臣傳(문록정한수사시말 조선 이순신전)〉 아이가.(집필자 주: 발라드와 석향생의 저서는 통영사연구회 박형균 회장이 국역 〈조선해전〉, 〈조선 이순신전〉으로 2015년 발간하였다.)

○ 일본어 공부. 말씀을 하시니, 세간의 오해를 하나 여쭙고자 합니다. 일각에서는 하동집의 재산이 엄청났고, 일본측 자료도 많이 인수했기 때문에 지금 일본어도 이만큼 하시고, 일본측 자료도 이만큼 모았다는 설이 있습니다.

분명히 말하는데, 그건 아니다. 일본 사람들이 광복 직전에 정확히 언제 패망할지는 몰라도, 패망할거라는 소문이 퍼지니까, 우리 아버지를 찾아온 것은 맞다. 왜? 우리집에 재산이 많으니까, 믿고 잠시 맡겨둔 후에 10년, 20년 뒤에 되찾아갈 거라고. 모모 제망공장하고, 통조림공장 사장도 그랬다. 그런데 아버지는 거절했다.

그리고 나는 해방이 되었을 때 겨우 1학년이었다. 그때는 9월부터 학기 시작이라, 1944년 입학해서 1945년 8월에는 아직 1학년이었다. 겨우 히라가나 외울 정도였다. 그것도 해방 이후에 일본말, 글을 안 쓰니 잊

혀지더라.

한번은 내가 일본어 공부를 하니, 정말 친한 친구가 "니 쪽발이 편 될 래?" 하고 묻더라. 그래서 내가 친구한테 "니 일본이 밉제? 우릴 식민지로 만들고, 조선 사람 탄압하고?", "그런데, 일본을 이기려면 일본을 알아야 한다. 일본놈들은 우리나라를 식민지로 만들기 위해서 얼마나 우리나라를 공부했는지 아나?" 하고 설득을 했어. 그때는 이해를 못하더니, 한참 뒤에 세월이 지나서, "친구야, 내가 오해를 했다. 미안타" 하고 마침내는 이해를 해주더라. 일본쪽 자료 확보는 통영중학교 1기인 박기영 선배가 도움을 많이 주었다.

○ 다시 질문을 드리자면, 그 말씀은 그동안 우리가 이순신이나 임진왜란을 연구할 때 난중일기, 임진장초, 징비록, 조선왕조실록 등 너무 조선의 기록만을 의지해서 편협적인 연구를 했다? 그런 비판이 될 수도 있겠네요? 일본 자료를 더 찾아봐야 한다는 말씀이신가요?

그렇지. 임진왜란은 기본개념이 '국제 전쟁'이다. 스페인이 영국과의 해전에서 패전하는 바람에 세계 주도권을 빼앗깄제? 그리고 '해가 지지 않는 나라' 대영제국의 시대를 맞이했잖아.

마찬가지로 조선이 일본을 제압하지 못했다면, 명까지 쳤을 거야. 당시 명은 제국의 피로도가 너무 심해서, 불면 넘어질 듯한 위기였어. 반대로 생각하면, 대륙 세력인 스페인이 해양 세력인 영국을 막아낸 것과 같은 이치지. 역사가 얼마나 바뀌었겠노?

그런 국제 해전에 조선 국내의 기록만을 연구해서 되겠나? 우리가 그리 자랑하는 '한산대첩'에 대해서도 아직 옳은 연구가 없다. 예를 들면, 이순신 장군의 장계에는 '견내량 유인작전' 내용이 나온다꼬. 그런데, 그 안에 어느 장수가 유인작전에 나섰는지, 나오나? 왜놈들도 뻔히 이순신을 쫓아서 온 것인데, 유인작전을 한다고 그냥 오나? 아니다. 전선이 투입돼서 사정 거리 안에 들어가서 조총에 맞아가면서 총상을 당하고 배도 상해가면서 유인했을 거다. 그게 정상이겠제? 그런데, 장계에는 '배가 한 척도 안 상하고, 아무도 안 죽었다'고 보고한다. 그게 정상이가?

그리고 아직도 한산대첩 때 조선 수군의 참전 선박의 숫자가 정확히 파악이 안 됐다꼬.

그걸 찾으려면, 이순신 장군의 장계나 난중일기만을 찾아서는 안 되지. 그렇다면, 다른 한산대첩 참전 장수의 자료도 찾아봐야지. 그리고 전쟁의 상대편인 일본측 자료도 찾아봐야지. 임진왜란 전체 해전을 살펴보기 위해서는 국제해전인 만큼 중국측 자료도 찾아봐야지. 그래야 우리나라뿐만 아니라, 중국과 일본도 동의할 수 있는 연구 결과가 나오지. 그래야 진정한 이순신 장군의 세계화가 이뤄진다.

○ 저도 사실 지난해 '통영학 정립' 연구 용역을 공동으로 수행하면서, 깜짝 놀란 점이 통영에서 자랑하는 한산대첩도 그렇고, 당포해전도 제대로 된 단독 논문이 없더라구요. 명량해전이나 노량해전만 해도 단독 논문이 있는데요?

당포해전을 한번 제대로 살펴 보자. 당포해전에서 적장의 배에서 금부채 한 자루를 노획하제? 그 부채에 오른쪽에는 '우시축전수(羽柴筑前守)', 왼쪽에는 '구정류구수전(龜井琉球守殿)', 그리고 중앙에는 '수길(秀吉)' 서명이 있다꼬. 그래서 종전 연구에서 그 부채의 주인을 '가메이 고레노리(龜井玆矩)'로 추정을 했다. 그래서 당포해전에서 사살한 적장을 가메이 고레노리라고 해왔다고. 조선 자료만 갖고, 속 편하게.

그런데, 최근 일본측 연구를 통해 1592년 당포해전에서 사망했다는 가메이 고레노리가 1600년 도쿠가와 이에야스(德川家康) 측에 장수로 세키가하라전투 참전, 38,000석의 영지를 가진 시카노번의 초대 번주가 된 기록을 찾아냈다. 가메이 고레노리가 좀비가? 아이지?

임진왜란 해전사를 이순신장군의 장계만으로 풀려고 하니, 도저히 의

문이 안 풀리지. 일본쪽 자료를 찾아서 풀면, 풀린다꼬.

○ 이번 인터뷰를 정리하자면, 이순신이나 임진왜란을 연구하고자 한다면 조선측 자료에만 집착하지 말고, 일본과 중국측 자료까지 찾아야 한다는 말씀이시죠?

그렇지. 그동안 근 30년 동안 내가 일본쪽 자료를 나름대로 찾는다고 찾았어. 이 자료를 바탕으로 하고, 앞으로 우리 후예들이 일본과 중국쪽 자료를 찾고 모아서, 이순신이나 임진왜란, 그리고 통영에 대한 연구를 했으면 좋겠어. 그래야 옳은 성과가 나온다.

8. "조선, 일제시대 자료 공개하겠다"

일제강점기 1915년 〈경남 통영군 안내〉 1932년 〈통영 안내〉 번역
일제강점기 긍정적, 부정적 측면 모두 있어 "배울 교훈 분명히 있다"

박형균 통영사연구회장의 인터뷰를 듣기 위해 찾은 젊은 후학들

　　최근 구.통영청년단 내 통영사연구회를 찾는 발걸음이 늘었다고 한다. 통영인뉴스 〈나의 삶, 나의 통영〉에 박형균 통영사연구회 회장의 인터뷰가 진행되면서, 통영사에 대한 새로운 자료들이 공개되고 박형균 회장이 살았던 시대가 재조명되면서, 후학들의 걸음이 이어지고 있는 것. 그리고 일제강점기 독립운동 자료를 찾는 연구자들도 늘고 있다.
　　이번 박형균 통영사연구회 회장의 인터뷰에서는 "지난 20년 동안 모은 조선시대, 일제시대, 그리고 그 이후 자료를 모두 공개하고 싶다"는 의사를 밝히면서 "이 자료를 바탕으로 후학이 성장하길 바란다"는 마음을 담았다.

○ 지난 번 조선시대 통영(임진왜란과 통제영)에 관한 이야기를 나누었습니다. 이번에는 일제강점기 이야기를 해보려합니다. 통영사연구회 회장을 역임하면서 〈경남 통영군 안내〉나 〈통영 안내〉를 번역하는 작업을 하였습니다. 그리고 핫토리 겐지로(服部源次郎)에 대한 자료를 발굴해 부산대학교 차철욱 교수에게 제공함으로써, 한 권의 책으로 발간된 바 있습니다. 이러한 자료, 이러한 활동들이 가지는 의미는 무엇인가요?

기본적으로 역사는 단절이 되면 안 되잖아? 일제강점기의 역사도 우리가 지나왔던 터널이잖아? 좋든, 싫든, 역사에는 긍정적인 측면과 부정적인 측면이 있는데, 아무래도 긍정적인 측면만 찾으려는 경향이 있지. 하지만 부정적인 측면에서도 배울 교훈이 있거든.

"왜 우리가 일제에 지배를 당했노?" 하는 연구도, 다음에 그런 불행한 일이 일어나지 않도록 하는 좋은 뒷받침이 될 거거든. 일제강점기 통영에서 살았던 일본인들의 삶을 찾아서 분석해 보면, 이들이 오늘날 통영에 미친 영향, 통영 사람들의 삶에 미친 영향을 알 수 있을 거거든.

역사는 지우거나 부정할 수가 없잖아? 유럽의 역사를 이야기할 때 로마가 유럽을 지배한 시기를 빼고 서술할 수 있나? 없거든. 마찬가지로 통영 역사에서도 일제강점기 역사를 서술해야지.

그동안 국가기록원 보관소 자료하고 조선총독부 문서를 많이 찾아봤지. 덕분에 통영의 도시 건설에 대한 자료는 제법 모았어. 덕분에 1915년 〈경남 통영군 안내〉, 1932년 〈통영 안내〉를 번역해서 각각 책으로 내놓을 수 있었어.

○ 이 부분에서 참 아쉽습니다. 1915년과 1932년 사이인 1920년대와, 1940년대 자료(통영 안내)가 있으면, 참 많은 자료를 비교해 볼 수 있을텐데요.

1931년 만주사변, 1937년 중일전쟁을 비롯해서 특히 1941년 12월 진주만 공습 이후 태평양전쟁이 확산되면서, 일본 본토도, 조선 지역도 경제가 무척이나 어려웠어.

일본 '통영회' 전국대회(1984년 후쿠야마시 토모노우라)

　오늘날 김천-통영-거제를 연결하는 남부내륙철도를 한참 추진 중이
잖아? 그런데, 원래는 1920년대 이미 '통영에 철도를 연결해야 한다'는
공감대가 형성되거든. 그래서 1920년대 말에는 김천-(진주)-통영 노선
이냐? 대전-(마산)-통영이냐? 하는 노선을 두고 한참 논쟁이 벌어지거
든. 결국 마산에서 통영으로 오는 노선으로 정해. 그리고 1930년대 초가
되면, 통영으로 올 예정 선로를 조사하기도 하거든. 그리고 민간 자본을
모으기 위한 기성회를 조직하기도 하거든. 하지만 전쟁이 워낙 커지니
까, 결국에는 관도, 민간도 포기를 하는거라.

　마찬가지로 전쟁으로 인해 다른 예산이 확보가 안 되니까, 책을 발간
못 한 것 같아. 그래도 고마운 게. 1915년 〈경남 통영군 안내〉는 김세윤
전 통영문화원장이 원본을 갖고 있어서. 그 자료를 내게 보여준 게 큰 도
움이 됐지.

○ 일본 자료를 모으는 과정에서 통영에서 태어난 일본인들이 많은 도움을 주셨다는데, 그 상황은 어떠했습니까?

통영사연구회를 만들고 나서, 일본쪽 자료를 본격적으로 모으기 시작했지. 그때, 두 파트에서 내게 큰 도움을 주었어. 하나는 현재 일본에 살고 있는 통영 출신 일본인들의 모임인 '통영회統營會'야. 1981년(소화 56년) 회원이 700명이 넘었지. 그 사람들이 통영을 추억하면서 회합도 하고, 통영에 대한 자료를 모았지. 그 자료를 내게 보내줬어.

그리고, 히로시마의 나카다 슈우호(中田修輔), 고베 히노 이쓰오(日野逸夫). 이 두 사람이 일본쪽 자료를 찾는 데 큰 도움을 주셨어.

내가 2004년하고, 총 3번을 일본에 자료를 수집하러 갔거든. 그때 이 두 사람을 만났지. 두 사람이 모두 통영국민학교를 1941년에 졸업하고, 통영중학교 4년제를 1회로 졸업했거든.

그때 집에 가니, 한일국교 정상화(1965년) 이후에 이미 통영을 방문했더라고. 그리고 자신들의 추억이 담기거나 중요한 건물, 시가지 사진을 찍어두었더라고. 1970년대만 해도 일제시대 풍경이 통영에 많이 남아있을 때잖아. 통영중학교 같은 경우에는 그 사람들은 지금 봉평동이 아니라 문화동 진명학교를 나왔으니, 지금 호주선교사의 집 복원하겠다고 하는 그 자리 앞에서 사진을 찍었더라.

우리는 통영에 살면서, '그냥 통영에 사니까, 시가지 사진을 찍어둘 이유가 없잖아?' 이리 생각하지. 그래서 1970년대, 80년대 사진이 없잖아? 우리로 봐서는 너무 흔한 일상이니

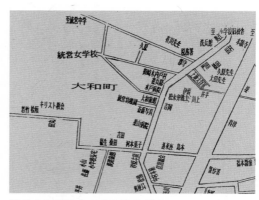

일제시대 대화정 거리와 상점 배치도

까. 저 사람들로서는 그것도 엄청 변한거라. 그러니, 시내 곳곳을 사진으로 남겼지.

지금 세월이 지나서 보니까, 그 사람들이 찍어놓은 사진을 보면서, '아, 이만큼 변했구나' 하고 실감이 나. 다행히도 그 사진들이 내게로 와서 잘 보관하고 있어. 기회가 되면 그걸 공개할게.

○ 2004년만 해도 통영 출신 일본인들의 모임인 통영회 멤버들이 많이 생존해 계실 때가 아닙니까?

19⁶²년 한산대첩축제를 시작하거든. 그때 불꽃놀이, 하나비(花火)를 보내온 사람이 도쿄에서 유리공장을 하던 이금옥씨라(공봉회 대한어망 사장의 친구, 일본에서 자수성가).

당시 한일국교가 정상화되기 전이라. 사전에 공봉회씨하고 연락을 해서 일본에서 하나비 재료를 보냈는데, 통관이 안 되는 거라. 그래서 시비가 일어났어. 많은 사람들이 나서서, 그걸 들여오도록 했지. 그 하나비로 통영한산대첩축제 때 불꽃놀이를 시작하게 되는거라.

○ 이미 알고 계시다시피, 개항 이후부터 1960년대까지 통영의 근대건조(축)물 전수조사를 제가 참여해서 하고 있습니다. 그동안 많은 자문을 해주셔서 감사합니다. 앞으로 통영시나 시민들도 일제시대 건축물을 적극 보존하고 활용할 것 같습니다. 이 즈음에 그동안 수집하신 자료를 공개하실 의향이 있으십니까?

내가 자료를 적극 공개해야지. 내가 쥐고 있으모 뭐할끼고. 내가 아직 건강하니, 그동안 내가 모아 놓은 자료를 가지고, 각각의 분야에 관심 있는 후학들이 참여해서 공부를 더 했으면 좋겠다. 그리고 필요한 자료는 공개해야지. 그동안 내가 모은 조선시대, 일제시대 역사 자료, 그리고 인물 자료들도 앞으로 다 공개할 거다. 그리고 자료를 잘 보관할 수 있는 여건과 맞으면 전부 기증할 의사도 있어.

그리고 꼭 책으로 내고 싶은 자료들도 있어. 이순신 장군과 통제영에 관한 자료들, 그리고 이순신의 적장이었던 일본 장수들에 대한 자료들이야. 상당 부분을 수집했으니, 번역할 것은 번역해서, 편집할 것은 편집을 해서 책으로 세상에 내놓고 싶어.

　일제시대의 경우에도 일본 통영회와 나카다, 히노씨로부터 받은 자료, 그간 내가 국가기록원이며 일본 출장을 통해 모은 자료도 상당해. 그리고 개인적으로 주변 어른들과 선배들로부터 수집해 놓은 자료들도 있고. 마침 통영시에서 근대건축물 보존과 활용에 관심을 갖고, 추진한다니, 내 자료도 공개를 더 하지.

　무엇보다 일제강점기 통영읍내의 각종 지도, 거리별 상점 배치도, 통영회에서 모은 자료들을 활용해서, 당시 통영의 역사, 정치, 경제, 교육, 사회, 그리고 인물들에 대한 책을 써놓고 싶어. 내 대에서 할 일은 그렇게 하고, 다음 대에는 김기자 같은 사람이나, 후학들이 그 자료를 바탕으로 통영의 미래에 도움이 될 연구를 더 해야지. 내가 도울 수 있는 부분은 성심껏 도울게.

9. "통영의 역사, 후학들이 단디 더 연구해주길"

공덕귀, 박경리, 박봉삼, 장하보 같은 통영의 큰 인물들 연구 미흡
"평생 모은 자료 더 공개, 젊은이들이 통영의 미래를 밝혀주길"

2019년 5월 통영의 미래인 젊은이들과 통영의 역사가 담긴 길을 함께 걷는 박형균 통영사연구회장

2019년 2월 18일 시작된 박형균 통영사연구회장과의 인터뷰는 5월 7일까지 이어졌다. '그 마무리를 어떻게 할까?' 생각하다가 통영의 미래를 향해 나아갈 젊은이들과 함께 통영을 걷는 이벤트로 마감을 지었다. 세병관 앞 벅수에서 시작된 걸음은 오행당 골목을 지나, 서호동 아적제자를 거쳐 명정동 삼거리에서 정점을 찍었다. 그리고 박형균 회장이 태어나, 거의 평생을 함께 해온 하동집에서 차 한잔과 함께 젊은이들과의 대화를 나누었다.

○ 세병관 벅수 앞에서 "세병관, 지과문 세운 뜻은"

임진왜란, 그 큰 전쟁을 치르고, 경상도 전라도 충청도 삼도수군을 지휘할 총본부가 통영에 자리를 잡았지. 그때 가장 먼저 세운 건물이 세병관이고, 세병관으로 들어가는 문이 지과문이야. 그럼, 왜 세병관이라, 지과문이라 이름을 붙였을까? 그리고 세병관에서 미륵산 방향으로 마주 보이는 정자 '만하정'은 무슨 의미를 가질까?

옛말에 "간과식지 현가아송교화숭(干戈息止 弦歌雅誦敎化崇)"이라고 했거든. 여기에서 간干은 방패, 과戈는 창이라. "방패와 창을 쉬게 한다"는 의미를 갖고 있거든. 그 간과 과를 합친 글자가 '무武'라. 세병관으로 들어가는 문이 바로 '지과문止戈門'이거든.

그리고 세병관, 그리고 세병관과 마주보는 만하정은 두보의 시 '세병마행洗兵馬行'에서 '안득장사만천하 정세갑병장불용安得壯士挽天河 淨洗甲兵長不用'에서 따왔거든. "하늘의 은하수를 끌어와 피묻은 갑옷과 병기를 씻고 다시는 사용하지 않겠다"는 의미라.

이곳 통영에 큰 수군의 병영을 세우면서도, '큰 전쟁을 치루겠다'는 결사항쟁의 의지가 아니라, 방비를 튼튼히 하여 '길이 평화롭게 하고자' 하는 의미를 담았어.

지금은 벅수가 통제영 주차장 앞에 있지만, 원래 위치는 조금 더 아래라. 통제영에는 동서를 가로지르는 큰 대로와, 지금 우체국 인근 남문(청남루)에서 세병관으로 올라오는 남북대로가 있었어. 그런데, 그 교차점이 바로 이어지지 않고, 약간 어긋나 있어. 그 이유는 행여 전쟁이 일어났을 때, 적이 곧바로 진군하지 못하게 하기 위함이라. 방어에 유리하게 하기 위함인 점을 알아두면 좋겠어.

○ 오행당 골목에서 "통제영 당시 선창거리"

오행당 골목은 원래 통제영 당
시 전선戰船에 물자를 공급하
던 선창이라. 지금 간선도로 4차선
쪽은 전선이 정박하던 바다였고,
지금 보이는 '바늘그림'이나 '경아'
가 있는 건물 자리가 원래 포수
청砲手廳과 사공청沙工廳 같은 수
군과 관련된 건물이 있던 곳이야.

오행당 골목 입구에서

명성레코드가 있던 뒤쪽에 향원(만복으뜸빌라) 자리가 유명한 최천씨 집
이라. 최천씨는 동아일보 통영지국장, 신간회 통영지부장을 지냈고, 국
회의원이 되기도 했지. 경상남도 경찰국장도 맡았어.

그 전에 일제시대에는 핫토리 겐지로(服部源次郎)의 집이었지. '통영 상
업의 지배자'라고 불릴 정도로 통영 경제계에서 대단한 인물이었지. 경
영 수완도 좋았고. 주산 보급에도 앞장섰지. 해방 이후에 통영 경제계에
서 활약한 사람들 중에서, 그 사람 밑에서 배우거나 그 사람의 재산(적산)
을 바탕으로 기업인이 된 사람들이 많아. 일본인이라고 해서, 일제시대
라고 해서 무조건 배척하기보다는 '우리가 어두운 터널을 지나왔듯'이
그 역사를 있는 그대로 기록하고 기억했으면 해. 그래야 오늘날 우리가
있고, 미래가 있어.

'희락장喜樂莊'은 일제시대 코다마(兒玉鹿一) 읍장 집이라. 코다마가 통영
해산, 조선제망, 통영무진처럼 통영 경제계에서도 중진이었지만, 해방될
때 통영읍장을 했거든. 그 사람 집이야. 일제시대 통영에서 정원이 아름
다운 집이 몇 있었는데, 서호동 장공장하고 이 집이 당시에 유명했어.

그런데, 보통 우리는 '1945년 8월 15일 광복이 됐다'고 인식하고 있는데,
우리 통영 사람들이 실제 해방을 느낀 것은 훨씬 뒤야. 해방 소식을 듣고

1. 공덕귀 여사 생가(명정동 380번지) 2. 박경리 거주지(명정동 382번지) 3. 장하보 집터(명정동 379번지) 4. 박봉삼 집터(명정동 247번지) 5. 서상호 집터(명정동 366번지)

통영에서는 향병대가 조직되거든. 그런데, 지금 충무데파트 자리에 경찰서가 있었단 말이야. 그 자리를 일본 경찰하고 군인들이 여전히 지키고 있었거든. 그런데, 9월 29일 경찰서 정문에서 입초병하고 시비가 붙은 거라. 그때 발포로 임정복이 사살당하거든. 격분한 향병대원들이 경찰서로 쳐들어가고, 일본인들의 무기를 회수하고 유치장에 가두거든. 그때 통영읍장으로 행정 등등 일을 마무리하던 코다마도 체포됐어. 원래 절름발이였다고 하는데, 격분한 향병대한테 곤욕을 많이 당했다고 해.

○ 벼락당 당산나무 아래에서

지금 흙구덕이라면 어디를 알고 있노? 통영에는 흙구덕이 크게 3군데 있어. 일제때 중앙시장(부도정시장) 자리를 매립하면서 지금 충무교회 뒤편의 흙을 깎아서 메웠거든. 그리고 지금 서호시장 자리를 '새터'라고

주봉진 집터(뒤로 충렬사 정문이 보인다)

하잖아. 그기도 비치호텔 뒤편의 산을 깎아서 메웠거든. 그리고 여기 '민속촌' 뒤편 서피랑 절벽쪽도 깎아서 통영읍사무소(충무시청, 오늘날 통영수협 상호금융본부), 통영적십자병원이 있는 쪽을 메웠어.

지금은 벼락당에 당산나무라고 저기 한, 두 그루밖에 없지. 내가 어릴 때는 상록수 숲을 이루고 있을 만큼 큰 군락을 이루고 있었다고. 통영에서 숲이 좋기로는 충렬사 주변 숲하고, 도천동 백운서재 주변, 그리고 여기 벼락당 숲이 참 좋았다.

○ 명정동 삼거리에서

공덕귀, 박경리, 박봉삼, 장하보 같은 통영의 큰 인물들. 오늘 다른 거는 다 기억을 못하더라도, 이 자리는 꼭 기억을 해줬으면 좋겠어.

나는 조선시대 풍수지리를 보는 게, 오늘날 일종의 '(도시)환경영향평가'라고 생각하거든. 풍수지리가 기본적으로 바람은 잦아들면서, 사람들이 살기에 꼭 필요한 물이 있는 곳, 그리고 볕이 적당한 곳을 선택하잖아. 혹은 부족하면 보완을 하기도 하고.

통영에 군영이 자리 잡자, 충무공 이순신 장군을 모시는 사당 '충렬사'를 세우잖아? 충렬사가 자리잡을 정도니, 명정동이 얼마나 풍수가 좋겠어. 덕분에, 근세에 큰 인물들이 많이 났거든. 특히나 '명정동 삼거리'가 그 자리다.

명정동사(무소)에서 올라오는 길에 공덕귀 여사(윤보선 대통령 부인, 명정동 380번지)와 박경리(382번지)가 꿈을 키운 집터가 있고, 충렬사에서 서피랑으로 가는 방향으로 통영기독교청년회장이자 1919년 3·1통영만세운

박형균 통영사연구회장 "그동안 모은 자료 바탕으로, 후학이 성장하길 바란다"

동을 주도한 박봉삼(247번지)이, 그리고 망국의 한을 시로 노래한 장하보 (379번지)의 집터가 바로 이 자리야.

그 주변으로 독립운동가이자 재력가인 서상호(366번지), 그리고 피리는 물론 삼현육각에 두루 능했던 주봉진 어른이 있고, 나전장에 오규한 장인의 집터가 있거든. 나는 이 역사의 현장이 우연이 아니라고 봐. 통제영의 서문과 충렬사 사이의 성하城下 거리이자, 호주선교사의 집(진명학원) 아래에 위치한 지정학적인 영향이 컸다고 보지.

명정동은 조선시대부터 충렬사의 영향으로 학문을 하는 인물들이 많았다고 그래. 여기에야 서양의 최신 문물을 전하는 호주선교사들의 영향까지 있으니, 명정동 삼거리를 중심으로 이 일대에 새로운 기운, 새로운 인물들이 많이 태어난거라.

통영 3대 부자집에서 지금은 한옥 스테이 '잊음'이 된 하동집에서, 젊은이들과 마지막 차 한잔을 나눈다.

색다른 통영 관광을 꿈꾸는 이랑협동조합 조민철 대표는 "오늘 그동안 몰랐던 통영에 대해 새롭게 알게 해주셔서 너무 감사합니다. 앞으로도 건강하셔서 더 많이 알려주세요"라고 소망을 전했다.

박형균 통영사연구회 회장은 "내가 태어나고 자란 하동집에서 이렇게 통영의 젊은이들과 대화를 나누니 여러 소회가 든다. 내가 여러분 같은 나이 때도 통영에 대한 자료가 귀해서 (당시) 어른들을 모시고 옛 이야기를 들었다. 평생 동안 자료를 모으기 위해 힘을 써왔다.

그동안 모은 자료를 앞으로 더 많이 공개할 계획이다. 오늘 이렇게 '통영을 배우고자 하는' 젊은이들과 함께 걷고, 대화를 나누니 통영의 미래가 한결 밝아 보인다. 앞으로 후학들이 그 자료를 바탕으로 옛 모습을 익히고 배워서 미래를 환하게 밝혀 달라"고 당부했다.